形势与政策

主　编　高晓波
副主编　田素美　张文富
李安峰　杨　腾
苏　波

中国经济出版社
CHINA ECONOMIC PUBLISHING HOUSE

图书在版编目（CIP）数据

形势与政策 / 高晓波主编. -- 北京：中国经济出版社，2024.8
ISBN 978-7-5136-7588-8

Ⅰ. ①形… Ⅱ. ①高… Ⅲ. ①时事政策教育—高等学校—教材 Ⅳ. ①G641.41

中国国家版本馆CIP数据核字（2023）第233360号

选题策划 雷 生
责任编辑 彭 欣
责任印制 马小宾
封面设计 牧野春晖

出版发行 中国经济出版社
印 刷 者 三河市悦鑫印务有限公司
经 销 者 各地新华书店
开　　本 787 mm × 1092 mm 1/16
印　　张 10.5
字　　数 242 千字
版　　次 2024 年 8 月第 1 版
印　　次 2024 年 8 月第 1 次
定　　价 39.80 元
广告经营许可证 京西工商广字第 8179 号

中国经济出版社网址 www.economyph.con 社址 北京市东城区安定门外大街 58 号 邮编 100011
本版图书如存在印装质量问题，请与本社销售中心联系调换（联系电话：010-57512564）

导 言

“形势与政策”课程是一门以马克思列宁主义、毛泽东思想、邓小平理论、“三个代表”重要思想、科学发展观、习近平新时代中国特色社会主义思想为指导的理论武装时效性、释疑解惑针对性、教育引导综合性很强的高校思想政治理论课，属于全国高等学校学生必修课程。

一、学习“形势与政策”的目的

学习本课程的主要目的是：深入学习贯彻习近平新时代中国特色社会主义思想，全面贯彻落实党的二十大精神，及时推动党的创新理论“三进”，深刻理解党在新阶段坚持的基本理论、基本路线、基本方略，提升运用马克思主义立场、观点和方法认识、分析当前形势与政策和解决现实问题的能力。本教材以“形势与政策”课程学习目的为依据，遵循高校教育教学发展规律，紧紧围绕立德树人的教育目的与培养社会主义合格建设者和可靠接班人的基本任务，根据大学生的学习特点，对学生进行国际国内形势与政策等基本知识教育，帮助学生认清国际国内形势，及时正确地了解国家的大政方针政策，培养大学生坚定的政治立场和运用马克思主义理论与方法分析解决实际问题的能力，使大学生增强“四个意识”、坚定“四个自信”、做到“两个维护”，树立正确的人生观和价值观，形成正确的“形势与政策”观。引导学生学懂弄通悟透党的创新理论，弘扬伟大建党精神，坚定走好中国道路和实现中华民族伟大复兴的信心和决心。

二、学习“形势与政策”的意义

第一，掌握前沿动态，把握时代脉络。本课程的学习可使学生了解国内的政治、经济、文化等各个方面的发展动态和趋势，抓住热点问题，使学生能够在很短的时间内掌握国内外重大事件，了解社会发展的前沿动态问题，为学生正确看待国内外重大理论与实践问题提供了方法论。学生通过掌握“形势与政策”的前沿动态，把握时代脉络，进而了解党和国家根据国际国内形势变化制定重大战略决策和基本方针政策的依据，把思想和行动统一到国家重大决策的部署上来，更加自觉地投身于中国特色社会主义建设的宏伟事业中。

第二，提高政治素质，坚定理想信念。“形势与政策”课程教育紧跟社会现实，符合学生思想实际，既对当前形势与政策以及重大事件进行理论阐释，又针对学生的思想实际问题进行指导，帮助学生正确认识党和国家面临的政治、经济、文化等国际国内形势，以及现实社会、经济、文化各领域中存在的问题，增强学生辨别是非的能力，引导学生正确认识社会热点和难点问题。能够不断巩固马克思主义在意识形态领域的指导地位，对提高大学生思想政治素质和坚定中国特色社会主义理想信念具有重要的现实意义。

第三，培养忧患意识，增强斗争本领。国际形势乌云密布、矛盾重重，国内改革又进入攻坚阶段，社会矛盾越发突出。面对西方国家的打压遏制，中国已进入战略机遇与风险挑战并存时期，各种难以预料的因素不断增多。学习本课程可使学生了解国际国内形势，树立居安思危的忧患意识，同时保持战略自信，进行思想淬炼，在十分复杂的国内外环境下，依然坚持底线思维，坚定斗争底气，增强斗争本领，以更加饱满的精神状态和转危为机的政治勇气，因势而动、顺势而为、把握主动、勇毅前行。

三、教材编写背景

目前，“形势与政策”课程内容依据教育部办公厅发布的《高校“形势与政策”课教学要点》，选取当前国内外重大事件，分专题讲授，且每年都要随着形势的发展不断补充新内容。自高校开设“形势与政策”课程以来，尚无规范具体的教学大纲和教材，也没有形成一个较为稳定的教学体系和教材体系。学生在学习这门课程时，注重国际国内等重大战略和举措的“现实性和时效性”，忽略了课程自身内在的规律性和整体性。实际上，学生要认清、分析和把握国内外重大事件、热点问题、现实问题，更需要一套理论体系予以指导。编写“形势与政策”课程教材，最根本的目的是为学习“形势与政策”课程提供方法论，并尝试建立学生分析国际国内形势的理论体系。本教材主要针对本课程内容变化性强、时效性短的特点，以提高学生分析现实问题的理论方法为抓手，探索和研究“形势与政策”课程稳定的教材体系，充分发挥教材对课程教学的实际指导作用。

四、教材编写框架

“形势与政策”课程教材是以党的二十大精神为指导思想，依据中国特色社会主义“五位一体”总体布局的逻辑框架编写而成的，内容涵盖政治、经济、文化、社会、生态五大领域的主题，以及中国式现代化、党的建设、国际形势三大热点问题，形成了一个较为完整的教材体系。本教材能够使学生更深刻全面地学习理解教育部办公厅《高校“形势与政策”课教学要点》的相关内容，进一步提高分析国内外形势与政策的理论素养，是大学生了解、分析国际国内重大事件或热点问题的理论指导性教材。

五、教材的主要内容及其课程意义

第一，深入学习贯彻习近平新时代中国特色社会主义思想，全面落实党的二十大精神。青年学生要全面系统地学习领会党的二十大精神，深刻理解党的二十大主题、认真感悟新时代十年的伟大变革、深刻领会新时代新征程中国共产党的使命任务等。

当代中国青年生逢其时，施展才干的舞台无比广阔，实现梦想的前景无比光明。通过学习以上内容，学生能够自觉地用习近平新时代中国特色社会主义思想武装自己的头脑，用新时代十年的伟大成就鼓舞自己，用实现第二个百年奋斗目标的宏伟蓝图激励自己，深刻领悟“两个确立”的决定性意义，增强“四个意识”、坚定“四个自信”、做到“两个维护”，在思想上政治上行动上同以习近平同志为核心的党中央保持高度一致，努力成为担当民族复兴大任的时代新人。

第二，扎实推进全过程人民民主，保障人民当家作主。党的十九届六中全会通过的《中共中央关于党的百年奋斗重大成就和历史经验的决议》，把“发展全过程人民民主”列为习近平新时代中国特色社会主义思想的重要内容，并纳入党的十八大以来党和国家事业取得的历史性成就进行总结。要使学生了解国家扎实推进全过程人民民主，保障人民当家作主的过程和具体措施，包括“全过程人民民主”重大理念提出的时代背景、全过程人民民主的显著优势、制度体系和参与实践、完善与发展过程等。

通过学习以上教材内容，可以引导学生了解两会的制度安排、运行程序、重大成果，深刻理解我国民主制度的优势和实践成效，引导学生深入认识当前国内外形势和任务，了解党和国家重大的政治部署或战略步骤，坚定中国特色社会主义制度自信。

第三，新常态下中国经济发展格局转变与政策选择。学生要了解“新常态”的特征和面临的主要问题，认识到新常态下我国经济格局的发展与转变的依据和过程，尤其是要全面了解党的二十大对加快构建新发展格局、着力推动高质量发展作出的战略部署。

新常态下中国经济发展格局转变与政策选择是了解当前国内经济重大政策的一把钥匙。通过学习以上内容，全面了解经济发展的韧性和优势，正确看待我国经济发展面临的困难与挑战，能正确认识当前我国经济发展面临的国内外环境，以及所面临的经济恢复中的各种压力，引导学生清醒认识我国经济发展的复杂形势，树立把握机遇与应对挑战并存的科学态度，增强对我国经济发展整体可控、长期向好的信心。

第四，使学生了解党的十八大以来我国文化建设取得的历史性成就、发生的历史性变革，认识到文化强国建设在全面建设社会主义现代化国家中的地位和作用，以及文化自信自强的重要意义。

通过文化建设内容的学习，使学生透彻地理解在世界大变革大调整时期，在各种思想文化交流交融交锋的背景下，文化软实力在国家综合国力竞争中的地位和作用，以及国家文化强国政策的合理性和重要性，进而分析当代国内外文化大交流、大合作、大发展的现象，并通过学习掌握文化传承民族精神的基本原理，奠定文化自信的基础。

第五，使学生了解在党的领导下，决战决胜脱贫攻坚扎实推进共同富裕的历史过程，认识到加强社会建设、保障和改善民生是共产党的使命、责任与担当；掌握社会建设尤其重点了解民生建设的理论与实践，了解提高保障和改善民生水平、加强和创新社会治理的措施和基本经验。

社会建设中突出以民生为重点使学生认识到共产党的初心与使命。通过学习民生建设的理论与实践过程，使学生正确看待中国经济社会发展不平衡的现象，用基本的社会建设理论分析什么是人民最关心、最直接、最现实的利益问题。帮助学生理解当前以不断提高人民生活水平、改善人民生活环境为目的的社会建设政策在构建社会主义和谐社会中的重大战略意义。

第六，使学生深刻理解生态文明建设的核心理念、宗旨要求、战略路径、系统观念、制度保障和社会力量，了解贯彻人与自然和谐共生的理念和推进生态文明建设的新举措，认识党对生态文明建设全面领导的重要性与生态文明建设在党和国家事业发展全局中的重要地位。

生态文明建设蕴含着人与自然和谐共生、人类命运共同体理念，统摄着社会生活各个领域。通过学习相关理论，帮助学生认清生态危机对人类社会发展的重大危害，理解中国生态文明建设理念的普世性，并科学地看待国内生态文明治理的基本措施和中国参与全球气候治理的国际意义。

第七，使学生了解中国式现代化道路形成与发展的历史过程，掌握中国式现代化道路的中国特色和本质要求；了解当前以中国式现代化全面推进中华民族伟大复兴的举措及实践中遇到的问题，坚定中国式现代化道路成功的信心。

中国式现代化理论是党的二十大的重大理论创新，是科学社会主义的最新重大成果，是我们党领导全国各族人民在长期探索和实践中历经千辛万苦、付出巨大代价取得的重大成果。学生要掌握中国式现代化理论体系，深刻理解全面建设社会主义现代化的国家战略布局的科学性与必要性，并且能够用中国式现代化理论科学认识和全面分析当代全面建设社会主义现代化国家面临的新局面、新任务。

第八，使学生了解中国共产党自我革命精神的百年演进、含义特征、基本内容，以及全面从严治党的战略方针；认识中国共产党以自我革命推进社会革命的历史逻辑、理论逻辑、实践逻辑，以及推进自我革命制度体系建设的必要性；认清在全面建成社会主义现代化强国的伟大征程中，坚持党全面领导的重要性。

通过回顾百年党史，尤其是党的自我革命史，帮助学生理解新时代全面从严治党的重要意义，全面了解中国共产党的执政规律，理解党以人民为中心的执政理念，用科学的政党理论客观地分析西方国家多党制存在的弊端，从而坚定地拥护中国共产党的领导。

第九，使学生了解中国国家安全形势的新变化，以及国际形势变化对中国的影响，深刻认识以新安全格局保障新发展格局的重大战略意义；明确党的十八大以来，以习近平同志为核心的党中央统筹新时代“两个大局”和国家安全形势任务，全面把握总体国家观和当前国家安全战略的依据，以及当前国际安全形势的变化与发展状况。

引导学生在中华民族伟大复兴战略全局和世界百年未有之大变局背景下去客观地分析国际国内形势变化，掌握总体国家安全观的基本理论，并以此去分析国际安全形势，用鲜明的马克思主义理论品格深化对新时代国家安全事业的认识，立足国际秩序大变局把握国家安全规律，在地缘政治、零和博弈、单边主义等全球治理失灵的背景下，认清并勇敢地面对国家安全面临的重大挑战。

六、如何用好本教材，学好本课程

第一，通过学习教材，掌握课程知识体系和分析形势与政策的理论与方法，并与《高校“形势与政策”课教学要点》的内容结合起来，用教材提供的学习“形势与政策”课程的方法论去正确分析国际国内热点问题。

第二，要结合教材学习课程，并养成阅读刊载国际国内重要时事的报纸、网站的习惯，全面了解国内外的形势与政策，将课堂学习的“形势与政策”内容与当前时事结合起来，勤于思考，形成一个有关“形势与政策”的完整的知识链条。

第三，在课程学习过程中，要与社会现实问题相结合。这个过程实际上是实践检验理论的过程，同时也是理论指导实践的过程。经过反复实践，不断提升学生用理论解决现实问题的能力，使学生用学到的知识与理论去观察、分析当代社会现实问题，达到学以致用的目的和要求。

第四，用教材知识培养理论思维、底线思维。学生要学习把握国内外形势与政策背后的理论思想精髓，学会紧密结合实际情况，从规律中总结理论与方法。学习中要有问题导向意识，用心用脑，带着问题去学，不断提升自身的思想理论水平。另外，要通过全面了解国内外形势与政策，培养底线思维，增强居安思危的忧患意识，提高应对各种风险挑战的能力。

七、学习领会党的二十大精神

学习领会党的二十大精神

目录

理论篇

时事篇

理论篇

上

第一章

扎实推进全过程人民民主，保障人民当家作主

民主是人类共同追求的核心价值，是人类政治文明重要成果，是人类文明进步的主要标志。在新民主主义革命时期、社会主义革命和建设时期、改革开放和社会主义现代化建设新时期、中国特色社会主义新时代各个历史时期，我们党始终高举人民民主的旗帜。

2021 年 10 月 13 日，习近平总书记在中央人大工作会议上指出："民主是全人类的共同价值，是中国共产党和中国人民始终不渝坚持的重要理念。"[①] 这再次向世人庄严表明我们党和国家对于民主的一贯态度和坚定立场。放眼全球，自人类开启现代化进程以来，民主大潮浩浩荡荡，势不可当。民主事关人们对美好生活的向往，也事关全人类的福祉。

中国的民主是人民民主，人民当家作主是中国民主的本质和核心。习近平总书记指出"人民民主是一种全过程的民主"，强调"发展全过程人民民主"。习近平总书记在党的二十大报告中指出："我国是工人阶级领导的、以工农联盟为基础的人民民主专政的社会主义国家，国家一切权力属于人民。人民民主是社会主义的生命，是全面建设社会主义现代化国家的应有之义。全过程人民民主是社会主义民主政治的本质属性，是最广泛、最真实、最管用的民主。必须坚定不移走中国特色社会主义政治发展道路，坚持党的领导、人民当家作主、依法治国有机统一，坚持人民主体地位，充分体现人民意志、保障人民权益、激发人民创造活力。"[②] 中国特色社会主义进入新时代，以习近平同志为核心的党中央深化对中国民主政治发展规律的认识，大力推进全过程人民民主，民主价值和理念进一步转化为科学有效的制度安排和具体现实的民主实践。今天，民主的阳光照耀中华大地，中国人民的民主自信更加坚定，中国的民主之路越走越宽广。

一、"全过程人民民主"重大理念提出的时代背景

党的十九届六中全会通过的《中共中央关于党的百年奋斗重大成就和历史经验的决议》，把"发展全过程人民民主"增列为习近平新时代中国特色社会主义思想的重要内容，既从党的十八大以来党和国家事业取得的历史性成就的高度进行总结，又从未来发展的战

① 习近平：《在中央人大工作会议上的讲话》，《求是》2022 年第 5 期。

② 习近平：《高举中国特色社会主义伟大旗帜　为全面建设社会主义现代化国家而团结奋斗——在中国共产党第二十次全国代表大会上的报告》，人民出版社 2022 年版，第 37 页。

略高度作出部署。习近平总书记在党的二十大报告中，进一步对全过程人民民主作了总结和新的部署，强调中国式现代化的本质要求包括发展全过程人民民主，使全过程人民民主制度化、规范化、程序化水平进一步提高，总体目标是全过程人民民主制度更加健全。这是我们学习领会全过程人民民主的一把钥匙。

（一）全过程人民民主是马克思主义民主理论的最新发展成果

全过程人民民主，是人民当家作主，是中国特色社会主义民主政治的本质和核心。党的十八大以来，习近平总书记深化对民主政治发展规律的认识，提出“全过程人民民主”这一重大理念，生动阐明了我国社会主义民主的性质和优势，总结了我们党百年来为实现和保证人民当家作主不懈奋斗的宝贵经验，丰富和发展了马克思主义关于人民民主思想的理论创新成果，是对马克思主义民主政治理论的原创性贡献，是我们党关于中国特色社会主义民主政治的最新理论概括和集大成。

我们党把“发展全过程人民民主”列为习近平新时代中国特色社会主义思想的重要内容，即“明确新时代我国社会主要矛盾是人民日益增长的美好生活需要和不平衡不充分的发展之间的矛盾，必须坚持以人民为中心的发展思想，发展全过程人民民主，推动人的全面发展、全体人民共同富裕取得更为明显的实质性进展”①。这就进一步把“发展全过程人民民主”确立为我国社会主义民主政治建设的指导思想，为新时代发展社会主义民主政治、建设社会主义政治文明指明了正确方向、提供了根本遵循。

2022年10月16日，习近平总书记在党的二十大报告中，在总结过去五年的工作和新时代十年的伟大变革时，强调“扎实推进全过程人民民主”“全面发展全过程人民民主”。在全面阐述新时代新征程中国共产党的使命任务时，明确把发展全过程人民民主确定为中国式现代化本质要求的重要内容之一，强调全过程人民民主是社会主义民主政治的本质属性，并对“发展全过程人民民主、保障人民当家作主”作出全面部署、提出明确要求。全过程人民民主，是中国共产党团结带领人民追求民主、实现民主、发展民主的伟大创造，既具有鲜明中国特色，又充分体现人类共同追求，为推动人类政治文明进步贡献了中国智慧。

（二）全过程人民民主立足新的历史方位

党的十八大以来，习近平总书记反复强调，坚持以人民为中心、人民至上，必须把人民放在心中最高位置，始终以百姓心为心，“我将无我，不负人民”，“人民对美好生活的向往，就是我们的奋斗目标”。为人民利益而奋斗，是我们党和国家事业的根本出发点和落脚点。习近平总书记指出：“人民立场是中国共产党的根本政治立场，是马克思主义政党区别于其他政党的显著标志。”② 中国特色社会主义进入新时代，我国社会主要矛盾从人民日益增长的物质文化需要同落后的社会生产之间的矛盾，转化为人民日益增长的美好生

① 《中共中央关于党的百年奋斗重大成就和历史经验的决议》，人民出版社2021年版，第24页。
② 习近平：《在庆祝中国共产党成立95周年大会上的讲话》，人民出版社2016年版，第18页。

活需要和不平衡不充分的发展之间的矛盾。我国人民群众对物质文化生活的需要呈现出多样化、高质量特征，在民主、法治、公平、正义、安全、环境等方面的要求日益增长，物质生产和社会交往的局部性质变，必然会投射到人民的政治生活之中，这就对当前及今后一段时间内发展全过程人民民主提出了新要求。

全过程人民民主是中国人民追求美好公共生活的时代呼唤，是新时代构建人民美好生活的重要路径。民主是"要用来解决人民要解决的问题的"，这一重要论述至少有两层含义。其一，这里的"问题"，是"人民"而不是什么其他主体想要解决的问题，阐明了社会主义民主的人民性。所以说，这里的指向性是很明确的。其二，人民民主的推进要有更明确的现实导向性，能同人民现实利益相关联。实现机制的优化与调整，也是对人民民主真实性、有效性的生动诠释。

新时代是全过程人民民主提出的现实背景。也可以说，全过程人民民主是基于中国场景的具有显著优越性的高质量民主。当前，我们已经开启全面建设社会主义现代化国家新征程，踏上实现第二个百年奋斗目标的"赶考"之路，面临着改革、发展和稳定的繁重任务，对人民民主的实现机制也提出了新的要求。

（三）全过程人民民主根植于党领导人民的奋斗实践

人民民主理论和制度是中国共产党领导人民经过长期实践反复探索形成的，是经过实践反复检验得出的理论性认识和制度体系，是历史的产物、实践的产物。在抗日战争初期，我们党根据中国革命实践和国家历史任务的需要，推动马克思主义民主理论中国化，提出了人民民主的概念。在人民民主理论的指引下，党带领人民探索创立人民民主的实现形式，开启了人民民主的政治实践。在系统总结实践经验的基础上，我们党相继提出了人民民主的"三统一"（坚持党的领导、人民当家作主、依法治国有机统一）和"协商民主"两大理论论断，不断深化我国的民主形式与人民民主本质内在关系的理论。

党的十八大以来，习近平总书记围绕发展全过程人民民主发表了一系列重要讲话，科学回答了新时代坚持和发展什么样的人民民主、如何发展和扩大人民民主等重大课题。特别是 2019 年 11 月，习近平总书记提出了"人民民主是一种全过程的民主"这一重要论断。2021 年 10 月，习近平总书记在中央人大工作会议上，全面系统地阐述全过程人民民主，高度凝练和总结概括了我们党领导的人民民主理论与实践。

民主制度是一个国家政治发展和社会治理的基本组成部分，象征着这个国家的政治底色。中国共产党为实现全过程人民民主，源源不断地注入理论智慧和实践内涵。中国共产党创造的保障人民当家作主的人民代表大会制度以及切实保障人民的民主权利，使人民民主真正实现了"全过程的民主"。强调要"扩大人民有序政治参与，保证人民依法实行民主选举、民主协商、民主决策、民主管理、民主监督"，"保证人民依法享有广泛权利和自由。巩固基层政权，完善基层民主制度，保障人民知情权、参与权、表达权、监督权"。全过程人民民主是体现人民意志、保障人民权益、激发人民创造活力的新型民主形态，是中国人民自己在社会实践中创造和选择的民主政治模式。

（四）全过程人民民主为人类政治文明贡献中国智慧

长期以来，以美国为首的西方国家妄图用“民主”作为突破口，蓄意攻击、恶毒诋毁中国的政治制度。特别是近些年来，受国际金融危机、新冠肺炎疫情等的严重冲击，许多资本主义国家经济发展迟滞，社会问题严峻复杂，社会矛盾日益尖锐，西方的民主理论和实践均持续不断地受到很大冲击且面临严峻挑战。为了转移本国的国内矛盾和视线，一些西方国家变本加厉地操弄国际舆论，大肆抹黑中国的民主政治。

美国自诩为“民主灯塔”“民主教师爷”“民主样板间”，认为自己的民主才是真正的民主，“要么你和我们一样，否则你就是在反对我们”。例如，美国政客将 2021 年 1 月发生在本国的国会山事件视为暴行，却把反中乱港暴行称为“美丽风景线”；在美国、西欧等国家和地区发生恐怖袭击后，美国忧心忡忡，并对恐袭受害者表达同情之情，而在中国、俄罗斯、中东等国家和地区发生恐怖袭击后，美国很少谴责恐怖分子或组织，反而借题发挥，指责这些国家和地区存在所谓的“人权问题”。美国对于“民主”的定义和裁判体现了美式民主的虚伪和双标，也充分暴露了“美式民主”的真面目。

“全过程人民民主”重大理念的提出，可谓恰逢其时。这既是对西方民主理论的一种有力回击，也是对社会主义民主理论的有力促进，有利于我国社会主义民主政治的发展，也有利于人类政治文明的发展。

在传统意义上，民主尤其是西方资本主义民主政治运作，主要体现在选举环节，即每隔几年投票选举国家和地方主要领导人，更看重一人一票的选举过程。而这种简单计数式的民主，是“伪全民性民主”，“隔绝”了全体国民的参与，使其沦为职业政客和既得利益集团的工具，在实质上限制了公民享有权利和自由。由于西方资本主义民主不是全过程的，民众的政治参与难以对政府的公共政策产生实质性影响，加上政党出于私利操纵政治、党派斗争等因素，更难以保证公共政策的“公共性”。在新冠肺炎疫情发生初期，美国时任总统特朗普为了谋求连任，一味“淡化”疫情，上演“甩锅”戏码，导致疫情在美国大规模暴发。之后，两党之间的斗争让美国疫情防控陷入“政治化内耗”，没有采取有效措施保障人民基本的生命权。

在全球新冠肺炎疫情此起彼伏、其他地方确诊人数和死亡人数持续攀升的背景下，中国最大限度地保护了人民生命安全和身体健康，充分体现了我国疫情防控的坚实实力和强大能力，充分彰显了中国共产党的领导和我国社会主义制度的显著优势。

说到我国国家制度和法律制度具有的显著优越性和强大生命力，就不能不说开创性提出并大力推进的全过程人民民主。这是我国民主区别于西方各种各样的资产阶级民主的显著特征。我们可以看到，“全过程人民民主”不仅超越西方“少数人民主”“一次性民主”“伪全民性民主”，确保中国人民享有最广泛的民主权利，真正实现人民当家作主，而且打破了西方国家民主道路、民主样板的“神话”，彻底破除了对西方民主政治的“迷思”。

总之，全过程人民民主这一制度优势的治理效能愈加凸显，面对新冠肺炎疫情等重大突发危机，在国家治理、社会治理和凝聚民心民力上发挥出远超西式民主的强大制度优势。全过程人民民主在不断发展完善中展现出持久的生命力，为全面建设社会主义现代化国家、实现中华民族伟大复兴的中国梦赋予源源不竭的制度活力。历史和实践充分证明，我国全过程人民民主是行得通、真管用的社会主义民主。全过程人民民主作为一种中国式民主的新形态和人民当家作主的新实践新机制，在推进国家治理体系和治理能力现代化的同时，也以其有别于资产阶级民主的显著特征和超脱于西式民主的独特优势，彰显了中国特色社会主义民主的优越性，为促进人类政治文明进步，形成人类文明新形态作出了充满中国智慧的贡献，因而具有重要的世界意义。全过程人民民主体现全人类共同价值，为人类政治文明不断演进贡献中国智慧。

二、全过程人民民主是人类政治文明新形态

人民民主是中国共产党始终高扬的光辉旗帜，是社会主义的生命。全过程人民民主是对人民民主在实践操作层次形成的新形态的一种理论概括，是对马克思主义民主观的具体运用。全过程人民民主在民主主体、覆盖领域和参与过程三个维度创造出了人民群众有效参与国家事务和社会事务管理的新机制与新形态，将人民群众的意志贯彻到了政治生活的各领域、各方面、各环节，丰富了人民民主的实现方式，提升了人民民主的运行质量，拓展了人类政治文明新视野。

（一）全过程人民民主是一种全覆盖的民主

民主作为一种国家制度，属于政治上层建筑的范畴，由一定的经济基础决定并为其服务。恩格斯指出，在历史上的大多数国家中，公民的权利是按照财产状况分级规定的，这直接宣告国家是有产阶级用来防御无产阶级的组织。无论是在雅典和罗马的奴隶制国家，还是在中世纪的封建国家，抑或在现代资本主义国家，都存在这种情况。列宁进一步从经济的视角剖析了民主的本质，明确指出生产关系、财产权和所有制是判断民主的性质以及民主所服务对象的根本标准。

全过程人民民主维系了人民民主的价值取向，是实现人民政治的理想政治建构。社会主义民主应当覆盖到最广泛的人群，使广大人民都享有最充分的民主权利。全过程人民民主的广泛性，首先体现在人民内部不设置排他性的社会条件，不分财产多寡，不分种族、性别和信仰，保证所有人民平等地享有民主权利；其次体现在在中国共产党的领导下，通过政党协商、人大协商、政府协商、政协协商、人民团体协商、基层协商以及社会组织协商，以凝聚理性共识为指引，广泛地凝聚各政党、各团体、各阶层的意志，找到最大公约数，画出最大同心圆，形成人民最广泛的大团结大联合；最后体现在以国家、民族和人民的整体利益、长远利益和根本利益为出发点和落脚点，超越了只代表部分利益的局部政治，还原了民主政治本应具有的公共性与普遍性，进而引领社会进步和国家发展，最终实现最广大人民的根本利益。

（二）全过程人民民主是一种全领域的民主

马克思主义认为，政治民主是社会民主的前提和基础，社会民主则是民主政治的落

脚点和归宿。资产阶级革命带来的政治解放将市民社会中的等级差别转变为没有政治意义的社会差别，使公民在政治领域获得了平等的政治权利，创造了政治领域的民主。但政治民主依旧是形式上的民主，仍然服务于市民社会中占据统治地位的阶级的经济利益。只有将民主从政治领域扩展到社会领域，消除市民社会领域中的不平等，实现社会解放，才能创造社会民主。它构成了未来无产阶级民主或社会主义民主的实现形式。因此，真正的民主不应只局限于国家的政治生活，还应当在经济生活、社会生活中广泛存在。

全过程人民民主不仅是政治领域的民主，还是经济领域和生活领域的民主，广泛地涉及社会生活的各个方面。中国特色社会主义民主在实践中逐步发展出了一套人民当家作主的制度体系，主要包括人民代表大会制度、中国共产党领导的多党合作和政治协商制度以及三种基层直接民主形态，即以村民自治和居民自治为核心的城乡社区基层群众自治制度、以职工代表大会为基本形式的企事业民主管理制度和以恳谈会等方式为表现形式的决策议事协商会议民主制度。这些逐渐成熟定型的民主制度将民主的原则与运行机制在空间上贯彻到了城乡社区、党政机关、企事业单位和两新组织等区域单元和职域单元，在议题上纳入了有关社会生产和社会生活各个领域的公共问题，促进了政治民主、社会民主和生活民主的有机统一，使社会主义民主拥有了广泛和深入的社会基础，成为人们社会生活不可分割的部分。

（三）全过程人民民主是一种全链条的民主

马克思主义认为，社会主义国家的权力源自人民，国家应当由人民管理并进行监督。列宁在论述苏维埃政权建设时也提出了要广泛吸收工农兵群众参加国家行政机关和经济管理机关、改组工农检察院、加强群众对国家机关的监督，以克服官僚主义和形式主义。习近平总书记指出，人民是否享有民主权利，要看人民是否在选举时有投票的权利，也要看人民在日常政治生活中是否有持续参与的权利；要看人民有没有进行民主选举的权利，也要看人民有没有进行民主决策、民主管理、民主监督的权利。社会主义民主不仅需要完整的制度程序，而且需要完整的参与实践。可见，人民群众的持续参与是衡量民主质量的重要标志。全过程人民民主一方面通过充分运用群众路线、调查研究、协商对话、开门决策等方式以及法律制度的规范手段，为选举权、知情权、参与权、监督权、表达权的行使提供保障，使人民群众可以在日常政治生活中依法、主动、积极、持续地参与国家事务和社会事务的管理，实现民主的形式与内容之间的统一；另一方面通过紧扣公共政策中规划、决策、执行、监督与反馈环节的整个流程，有效贯通了民主选举、民主协商、民主决策、民主管理、民主监督的全链条，提升了决策的科学性，加强了执行的有效性，强化了监督的公正性，保证人民群众能够在民主的不同环节和不同领域行使不同类型的民主权利，从而将人民的持续参与贯穿于国家治理和社会治理的全过程，实现民主的过程与绩效的统一。

中国共产党与人民群众是鱼水关系，站稳人民立场，牢记初心使命，是我们党领导人民进行革命、建设和改革不断取得胜利的根本保证。全过程人民民主生动地彰显出了人民民主的鲜明特质和独特优势，为落实人民当家作主的价值取向和制度框架提供了实践操作层次的保障，为破解当今世界面临的民主赤字、治理赤字和发展赤字提供了行之有效的中国方案，拓展了人类政治文明的视野，是一种能够维护人民根本利益的最广泛、最真实和最管用的民主。

三、全过程人民民主的制度体系和参与实践

《中华人民共和国宪法》规定："中华人民共和国的一切权力属于人民。"全过程人民民主的核心和本质，是人民当家作主。坚持人民至上，以人民为中心，权力为人民所有，是全过程人民民主的理论基石与现实要求。只有权力在人民手中的民主，才能真正实现最广大人民群众的根本利益。民主的真谛就在于说到做到。全过程人民民主既是价值原则，也有完整的制度程序和参与实践，不断焕发着生机与活力，使人民的获得感、幸福感、安全感不断提升。全过程人民民主具有严密系统的制度体系和完整得力的操作程序，实现了过程民主和成果民主、程序民主和实质民主、直接民主和间接民主、人民民主和国家意志的统一。它是全链条、全方位、全覆盖的民主，具体体现在民主选举、民主协商、民主决策、民主管理、民主监督之中，镌刻在民主的细节之中，是维护人民根本利益的最广泛、最真实、最管用的民主。

全过程人民民主的制度体系和参与实践

四、全过程人民民主的完善与发展

党的十九届六中全会通过的《中共中央关于党的百年奋斗重大成就和历史经验的决议》，强调发展全过程人民民主。党的二十大报告对"发展全过程人民民主、保障人民当家作主"作出全面部署、提出明确要求。习近平总书记关于全过程人民民主的重要论述，具有鲜明的时代背景、深刻的理论内涵和清晰的实践指向，为新时代坚持和发展人民民主提供了科学指南和根本遵循。这对于新时代大力推进中国特色社会主义民主政治建设，以全过程人民民主进一步彰显中国之治的巨大优势，持续激发亿万人民群众的积极性、主动性和创造性，不断开辟中国之治新境界，坚持和发展中国特色社会主义，齐心协力奋进新征程、创造新辉煌，具有重大而深远的意义。在以习近平同志为核心的党中央坚强领导下，坚持中国特色社会主义政治发展道路，不懈探索民主真谛、推动民主发展，中国全过程人民民主建设必将取得更大成就。

全过程人民民主的完善与发展

小　结

人民民主制度，是中国共产党的伟大政治创造。中国共产党领导是全过程人民民主的根本政治保证，要进一步加强党的领导，丰富人民民主样态，持续提升全过程人民民主质

量，发挥好社会主义民主政治的先进性和优越性。民主没有最好，只有更好。历史已经证明，中国共产党将领导中国人民不断丰富和发展中国式人民民主，让民主之树在中华大地上枝繁叶茂，永远常青。“乔木亭亭倚盖苍，栉风沐雨自担当。”在第一届全国人民代表大会第一次会议上，毛泽东同志向世人宣告：“我们正在做我们的前人从来没有做过的极其光荣伟大的事业。我们的目的一定要达到。我们的目的一定能够达到。”新的伟大征程上，更加需要坚定制度自信，不断发展具有强大生命力的全过程人民民主。

学习思考

1. 为什么说全过程人民民主是人类政治文明新形态？
2. 全过程人民民主与西方资本主义民主有怎样的区别？
3. 全过程人民民主的显著优势体现在哪些方面？

拓展阅读文献

1. 习近平：《高举中国特色社会主义伟大旗帜　为全面建设社会主义现代化国家而团结奋斗——在中国共产党第二十次全国代表大会上的报告》，人民出版社 2022 年版。
2. 习近平：《论坚持人民当家作主》，中央文献出版社 2021 年版。
3. 习近平：《论坚持全面依法治国》，中央文献出版社 2020 年版。
4. 习近平：《在中央人大工作会议上的讲话》，《求是》2022 年第 5 期。
5. 赵纪萍：《全过程人民民主的显著优势和世界意义》，《光明日报》，2021 年 5 月 29 日。
6. 陈家刚：《全过程人民民主与中国共产党民主观念的历史演进》，《教学与研究》2023 年第 3 期。

案例链接

案例阅读

第二章

新常态下中国经济发展格局转变与政策选择

2023年以来，在以习近平同志为核心的党中央坚强领导下，我国各地区各部门更好统筹国际国内两个大局，更好统筹疫情防控和经济社会发展，更好统筹发展和安全。我国疫情防控取得重大决定性胜利，经济社会全面恢复常态化运行，宏观政策靠前协同发力，需求收缩、供给冲击、预期转弱三重压力得到缓解，经济增长好于预期，市场需求逐步恢复，经济发展呈现回升向好态势，经济运行实现良好开局。当前我国经济运行好转主要是恢复性的，内生动力还不强，需求仍然不足，经济转型升级面临新的阻力，推动高质量发展仍需要克服不少困难和挑战。恢复和扩大需求是当前经济持续回升向好的关键所在。积极的财政政策要加力提效，稳健的货币政策要精准有力，形成扩大需求的合力。我们要把思想和行动统一到党中央的经济发展决策部署上来，坚定不移推进中华民族伟大复兴历史进程，奋力谱写全面建设社会主义经济强国的崭新篇章。

一、何为“新常态”

“新常态”指中国经济在新的发展阶段出现的经济增长率下降、滞胀等一系列新失衡、新机遇现象。这些正逐渐成为经济发展中较长时期稳定存在的现象。2014年5月，习近平总书记根据当时中国经济发展状况首次谈到这一概念。所谓常态，就是正常状态；新常态，就是经过一段不正常状态后重新恢复到正常状态。人类社会就是在从常态到非常态再到新常态的否定之否定中发展，人对社会的认识就是在从常态到非常态再到新常态的否定之否定中上升。贯穿在“常态—非常态—新常态”中的主线，是事物的本质与规律。人类总是经历事物的正反面发展、总结正反面经验，经过感性—知性—理性、具体—抽象—具体的否定之否定后，才对事物有一个完整的认识，才能认识事物的规律与本质。经济新常态，就是人类经济发展“肯定—否定—否定之否定”波浪式前进的成果；经济学新常态，就是人类经济认识“肯定—否定—否定之否定”螺旋式上升的结晶。①

何为“新常态”

① 陈世清：《新常态经济学的理论建构》，中国经济网，2015年4月21日。

二、新常态下我国经济格局的发展与转变

新常态下我国经济格局的发展与转变

在2014年5月习近平总书记首次提及新常态后，2014年中央经济工作会议上不仅首次在公报中出现“新常态”一词，而且结合当前经济形势，首次对“新常态”一词作了九大特征的系统阐述，其中包括消费需求的变化、投资需求的变化、出口和国际收支的变化、生产能力和产业组织方式的变化、生产要素相对优势的变化等。只要细加研读，我们就会明确感知到，本次中央经济工作会议对新常态的系统阐述，不仅极其符合发展经济学的理念，而且牢牢把握住了我国经济从高速增长转向中高速增长这一现实。在经济增速匀速下滑的过程中，我国经济的各个层面不仅应主动适应经济新常态，而且应通过积极的转变，为我国经济下一阶段的可持续发展夯实基础。

三、新常态下中国经济发展的政策选择

（一）创新和产业融合发展已经成为中国新常态下的核心问题和基础性问题

党的十九届五中全会是在我国将进入新发展阶段、实现中华民族伟大复兴正处在关键时期召开的一次具有全局性、历史性意义的重要会议，重点研究了“十四五”规划问题，擘画了我国未来发展蓝图，为全国上下明确了前进方向和奋斗目标。当前，中国经济可持续发展中的突出问题之一，就是如何推进与加快创新和产业融合发展的重大问题。对于中国而言，要正确理解并真正落实创新驱动发展战略，加快推进供给侧结构性改革，其中的核心问题就是创新和产业的结合与深化问题、创新和宏观经济的融合与发展问题，这些问题已经成为当前中国新常态下的重大经济发展问题。

首先，中国经济进入新常态阶段所面临的核心问题，浅层次来看是经济结构的调整问题，深层次来看是经济增长动力动能的转换问题，也就是如何通过推进和加快创新和产业的融合发展，谋求以“双创”（大众创业、万众创新）和“三新”产业（新兴产业、新型业态和新商业模式）为主的中国经济新动能新动力的发展壮大，夯实以制造业为主的实体经济部门对中国宏观经济的核心支撑能力，促进维持中国经济在今后相当长的一段时期内保持中高速增长的基础条件的形成。

其次，需要认清的事实是，从促进中国经济新旧动能转换和经济新动能加快形成的角度来看，创新和产业融合发展问题已经成为其中的关键性问题及基础性问题。从2016年下半年连续三个季度的6.7%到2017年上半年连续两个季度的6.9%，在中国经济迈上一个“小增长台阶”的同时，国内外对中国经济发出了是否重走粗放型驱动和投资驱动老路的质疑声。然而，在我们看来，2017年上半年中国经济增长实质上呈现出“新格局”的重大苗头，站在了“新周期”的起点。

最后，当前中国正处于全面进入创新和产业融合发展所主导的经济“新周期”的关键时期，如果偏离创新和产业融合发展的既定轨道，就会错失中国经济“企稳向好”“稳固

向好”“持续向好”的战略发展机遇期。一方面，从突破阻碍中国经济新动能形成的关键短板来看，深入推进供给侧结构性改革和实施创新驱动发展这两大改革战略的结合，是促进中国经济结构转型升级、调整投资结构与投资效率、提升经济潜在增长率、重塑经济增长内生动力的重要途径。供给侧结构性改革瞄准的是产业方面的问题，创新驱动发展战略着眼于自主创新能力提升方面的问题，然而，这两者不能以割裂或孤立的角度来看待，必须用融合的角度加以对待。因此，这两大改革战略的成功实施，就必须最终落实到和体现在产业和创新的融合发展方面。另一方面，中国经济新格局的重要特征之一，就是逐步摆脱“过度依赖投资”的发展老路，逐步进入消费和投资共同驱动的平衡增长路径之中。2023 年第一季度国内生产总值同比增长 4.5%，增速比上年第四季度提高 1.6 个百分点，环比增长 2.2%，我国对“一带一路”共建国家进出口增长 16.8%；对 RCEP 其他成员国的进出口增长 7.3%，其中出口增长 20.2%。这就深刻表明，中国以消费主导的内生型增长模式正在形成。从中国当前的现实状况来看，创新和产业的融合发展，是促进和强化中国经济发展进程中“经济向好支撑消费升级向消费升级拉动经济持续增长”这个良性循环机制形成的核心途径之一，因此，必须认清创新和产业融合发展对中国经济可持续增长动力机制所具有的决定性作用。①

（二）坚持对外开放，加快构建“双循环”新发展格局

党的二十大报告中强调，必须完整、准确、全面贯彻新发展理念，坚持社会主义市场经济改革方向，坚持高水平对外开放，加快构建以国内大循环为主体、国际国内双循环相互促进的新发展格局。“十四五”时期是我国全面建成小康社会、实现第一个百年奋斗目标之后，乘势而上开启全面建设社会主义现代化国家新征程、向第二个百年奋斗目标进军的第一个五年，我国将进入新发展阶段。习近平总书记强调：“新发展阶段，就是全面建设社会主义现代化国家向第二个百年奋斗目标进军的阶段。这在我国发展进程中具有里程碑意义。”②

构建以国内大循环为主体、国际国内双循环相互促进的新发展格局，是党中央根据我国发展阶段、环境和条件变化，特别是我国比较优势变化，审时度势作出的重大决策，是事关全局的系统性、深层次变革，是立足当前、着眼长远的战略谋划，对于我国实现更高质量、更有效率、更加公平、更可持续、更为安全的发展，意义重大而深远。构建以国内大循环为主体、国际国内双循环相互促进的新发展格局是实现中华民族伟大复兴、建设社会主义现代化国家的主动调整，不是被动之举，也不是应对国际环境变化的权宜之计。

新发展格局是实现中国经济高质量发展的内在要求、新阶段维护国家经济安全的客观需要、有效应对全球经济不确定性的战略选择、主动塑造和延长战略机遇期的必然选

① 林岗、王一鸣、马晓河、高德步主编：《中国经济改革与发展研究报告——创新：引领发展的第一动力》，中国人民大学出版社 2018 年版，第 71–72 页。

② 中华人民共和国中央人民政府网：《认识新发展阶段　贯彻新发展理念　构建新发展格局　为全面建设社会主义现代化国家开好局、起好步》，https：//www.gov.cn/xinwen/2020-11/03/content_5556836.htm。

择，能推动经济增长方式转变和高质量发展。以国内大循环为主体的循环是全国统一大市场的循环，通过把扩大内需和深化供给侧结构性改革相结合，实现国内市场主导国民经济循环，实现更高水平的供需平衡。国际国内双循环相互促进的循环是以国际国内循环互动来促进国内经济发展，带动全球经济复苏，实现互利共赢、互联互通。换言之，以国内大循环为主体、国际国内双循环相互促进，就是要充分发挥我国超大规模市场优势和内需潜力，使国内市场和国际市场更好联通。历史和我国发展现状也表明，唯有立足自身，有效打通国内循环体系，消除国内循环障碍，充分激发国内市场活力，才能最小化国际影响，增强我国在应对各种严峻复杂挑战中的经济竞争力和可持续发展能力。

当今世界正在变成一个日益密切的整体，无论哪个国家都不能孤立，经济全球化仍是世界经济的主题，开放合作还是历史潮流，各国分工协作、互利共赢依旧是人心所向。人类发展史表明，世界经济开放则兴，封闭则衰。改革开放四十多年来的实践经验和成就也启示着我们，开放带来进步，封闭必然落后。我国将始终站在历史正确的一边，积极践行真正的多边主义，坚持扩大高水平对外开放。近年来，中国对外开放的步伐不断加快，从提出“一带一路”并积极加以推进，到签署实施《区域全面经济伙伴关系协定》；从成功举办 4 届中国国际进口博览会，到设立 21 个自由贸易试验区。这些充分表明中国绝对不会自我封闭，中国开放的大门永远也不会关上，只会越开越大，在更大范围、更宽领域、更深层次上提高开放型经济水平，以更加积极主动的姿态走向世界。

对外开放是我国的基本国策。无论世界如何变化，中国开放的决心永远也不会动摇。因而，建设以国内大循环为主体的新发展格局并不意味着自我循环，不注重对外开放，反而是要扩大对外开放，用自身的良好“内循环”带动世界经济的“外循环”。

（三）加快绿色发展顶层规划设计，构建低碳经济新格局

在 2020 年气候雄心峰会上，中国进一步提高了减排目标，计划到 2030 年单位国内生产总值二氧化碳排放（碳强度）比 2005 年下降 65% 以上，将中国的绿色可持续发展之路提升到了新高度，也为从国家到地方如何开展低碳减排与绿色发展工作提出了指引。作为一个发展中国家，亦是全球碳排放量最大的国家，尽管在实现“碳中和”目标上面临着比发达国家更大的压力和挑战，但中国依然向世界展现了坚定不移的减排决心和大国担当。与此同时，全球目前已有 110 多个国家相继提出了 21 世纪中叶的“碳中和”目标承诺，国际“碳中和”之战正式打响。全球正在构建低碳经济新格局，世界产业经济的颠覆性转变与升级将开始。

可以看出，新冠肺炎疫情令世界人民充分意识到可持续发展的重要性，应对全球气候变化也已经成为世界各国刻不容缓的首要任务。当前，世界各国纷纷布局未来三十年的绿色经济发展和节能减排工作，例如，欧盟的绿色债券革命、日本的太阳能电池技术、韩国的能源政策升级等。各国在低碳新格局之中将不断进行合作与竞争，组建“碳中和全球联盟”以共同应对全球气候环境变化，守护人类的唯一家园。在这场低碳经济之战中，中国对外将加强国际气候合作，抓住机遇、应对挑战，对内将加快绿色发展顶层规划设计，推动产业经济的全面升级转型，更要将绿色发展在各个地区落到实处，推动各市之间的绿色

经济相互协同合作。

中国经济发展存在显著的地区差异，各市的资源、环境、产业发展等均具有其自身的区域特色与历史沿革。同样在绿色发展领域，各市在生态环境治理、节能减排贡献、绿色产业扶持政策等方面也具有明显不同之处，最终使得各市在绿色发展水平和潜力上存在差距。对此，中国需要从国家到各市、从政府到企业全面贯彻绿色可持续发展理念，其当务之急是尽快探索和制定各个产业与地区的减排路径和阶段性目标计划，将绿色发展落到实处。这不仅需要国家层面的顶层设计与目标规划，更需要各个省市和地区的全力配合，积极开展气候环境治理与推动产业经济绿色转型，加强区域之间的协同合作。

为了更有效地落实各地区减排工作、努力实现“碳中和”的远大目标，我们需要一套区域绿色发展评价的框架体系与方案，对各市的绿色发展水平利用统一的标准和测算方法进行综合评价，根据评价结果探索与制定各市碳中和路径与规划，并在未来不断进行动态调整，根据各市的实际发展进度优化区域环境政策，推动减排工作的稳定开展与完全可控，助力达成碳中和的阶段性任务与最终目标。

对各市绿色发展进行综合评价，不仅能客观对比各市的绿色发展水平，判断部分市的劣势与不足以推动相关资源尤其是绿色资金的合理配置、发掘部分市的优势以借鉴相关的先进经验，将发展水平作为相关的环境政策制定和招商引资的重要参考依据；也能根据各市的绿色发展、历史进程以及产业综合评级来制定未来的城市碳中和路径规划，从城市到国家、从局部到整体，科学统筹“碳中和”目标下的减排工作；更能作为城市绿色发展的动态指标，推动相关金融投资指数的开发和应用。各市必须因地制宜地发展绿色经济，推动产业绿色转型与资源合理优化配置，在环境、能源、贸易、金融等领域的绿色新政策上充分考虑地方特色，在“碳中和”大目标下充分发挥各自的资源环境优势。

总之，应对21世纪全球气候变化是世界各国迫在眉睫、必须重视的重大议题，中国必须抓紧开展减排行动，严格按照既定目标做好生态文明布局，自上而下动员全国力量参与到这场世界低碳经济之战中，为实现“30 · 60”（二氧化碳排放力争于2030年前达到峰值，努力争取2060年前实现碳中和）远大目标而不断奋斗！

小　结

当前，中国经济正处在历史发展的重要转折点上，过去三十多年赖以维系的高速增长发展模式走到了面临改革调整的关键时期。事实上，在向形态更高级、分工更复杂、结构更合理的逐步演化过程中，我国经济已经进入“新常态”的发展模式，正从高速增长转向中高速增长，经济发展方式正从规模速度型粗放增长转向质量效率型集约增长，经济结构正从增量扩能为主转向调整存量、做优增量并存的深度调整，经济发展动力正从传统增长点转向新的增长点。可以看到，作为一个有着十四亿多人口的大国，中国仍然有着广阔的增长空间和增长动力，当下国际国内的社会经济形势，恰为中国经济转型提供了充足的动力和必备的空间。新常态下，我国经济发展的政策选择需注重创新和产业融合发展、注重坚持对外开放加快构建“双循环”新发展格局、注重加快绿色发展顶层规划设计，构建低碳经济新格局，如此，我国有望在新的起点上实现经济长期平稳健康发展。总而言之，认识新常态，适应新常态，引领新常态，是当前和今后一个时期我国经济发展和改革的基本遵循和主要任务。

学习思考

1. 中国经济进入“新常态”的内涵、特征和基本内容是什么？
2. 为什么说经济新常态将给中国带来新的发展机遇？
3. 中国经济格局的转变对世界经济发展的意义是什么？

拓展阅读文献

1. 习近平：《高举中国特色社会主义伟大旗帜　为全面建设社会主义现代化国家而团结奋斗——在中国共产党第二十次全国代表大会上的报告》，人民出版社 2022 年版。
2. 中共中央宣传部、国家发展和改革委员会：《习近平经济思想学习纲要》，人民出版社 2022 年版。
3. 国家发展和改革委员会：《深学笃行习近平经济思想　谱写高质量发展新篇章》，中国计划出版社 2023 年版。
4. 韩保江：《构建新发展格局需统筹好几个关系》，《经济日报》，2023 年 2 月 21 日。
5. 任平：《勇毅前行，中国经济行稳致远》，《人民日报》，2022 年 12 月 14 日。

案例链接

案例阅读

第三章

坚定文化自信，建设新时代社会主义文化强国

文化是民族的灵魂和精神标识，也是民族生存和发展的重要力量。文化是一个国家、一个民族的灵魂和精神基因，是一个国家和民族区别于其他国家和民族的独特标识。党的二十大站在全面推进中华民族伟大复兴新的历史起点上，进一步擘画全面建设社会主义现代化国家宏伟蓝图时，把建成文化强国、增强国家文化软实力作为基本实现现代化的重要目标，强调要“推进文化自信自强，铸就社会主义文化新辉煌”。党的二十大报告还对未来五年乃至更长一段时间的文化强国建设作出了新的战略部署。

一、坚持中国特色社会主义文化发展道路

文化是一个国家、一个民族的灵魂。对于一个国家、一个民族而言，其领土可能会发生变化，其人口会增长或减少，甚至其血统会随着通婚而有所改变，但它因长期以来形成的文化传统会保持相对稳定而得以延续和发展。中华民族近代以来遭受了深重的民族灾难，甚至一度濒临亡国灭种，但每当危难关头，伟大的民族精神总能焕发出强大的力量，各族人民在民族精神的感召下，团结一致，自强不息，英勇斗争，使中华民族凤凰涅槃、浴火重生。习近平总书记指出：“文明特别是思想文化是一个国家、一个民族的灵魂。无论哪一个国家、哪一个民族，如果不珍惜自己的思想文化，丢掉了思想文化这个灵魂，这个国家、这个民族是立不起来的。”①

文化具有构建民族心理、造就民族性格、形成民族传统、塑造民族精神的作用。文化及其认同是维系民族团结统一、国家稳定发展的纽带。共同的文化、理想和价值追求，将一个群体紧密团结起来，超越血缘、种族、地域的差异而构成稳固的共同体。中华民族之所以具有强大的凝聚力和向心力，根本的原因在于文化心理的自我认同感和超地域的文化归属感。加强中华民族大团结，维护国家的统一和完整，最根本的是提升民众的文化认同感，培育中华民族共同体意识，建设各民族共有的精神家园。

文化安全事关国家的总体安全水平。国家的生存和发展离不开文化的滋养，尤其是处理国与国之间的关系时必定要考虑文化利益。在一些特定的时刻，文化会成为决定国家、

① 习近平：《在纪念孔子诞辰二千五百六十五周年国际学术研讨会暨国际儒学联合会第五届会员大会开幕会上的讲话》（2014年9月24日），人民出版社单行本，第9页。

民族及个人命运的关键因素。对文化资源的占有和控制也逐渐反映到国际竞争中，文化利益冲突成为引发国际冲突的重要因素。以文化安全促进国家安全，是提升国家总体安全水平的重要途径。从国家内部看，民众越是认同自己国家的文化，就越能增进彼此的团结。从国际上看，一个国家的文化、价值理念越得到国际社会认可，就越有利于增强自身的影响力。当今世界，一个国家要想增进自身国家安全，在国际社会中产生影响力，就必须立足国情，面向世界和人类未来发展，确立起具有强大感召力，能够获得国内民众认同、得到国际社会认可的文化价值观念。

文化自信是更基础、更广泛、更深厚的自信，是一个国家、一个民族发展中更基本、更深沉、更持久的力量。习近平总书记强调："没有高度的文化自信，没有文化的繁荣兴盛，就没有中华民族伟大复兴。"[①] 坚定中国特色社会主义道路自信、理论自信、制度自信，说到底是要坚定文化自信。

独特的文化传统，独特的历史命运，独特的基本国情，注定了我们必然要走适合自己特点的发展道路。中国特色社会主义文化发展道路揭示了我国文化发展规律，是推动社会主义文化繁荣兴盛的唯一正确道路。要发展中国特色社会主义文化，加强社会主义精神文明建设，激发全民族文化创新创造活力，建设社会主义文化强国。

发展中国特色社会主义文化，就是以马克思主义为指导，坚守中华文化立场，立足当代中国现实，结合当今时代条件，发展面向现代化、面向世界、面向未来的，民族的、科学的、大众的社会主义文化，推动社会主义精神文明和物质文明协调发展。要坚持为人民服务、为社会主义服务，坚持百花齐放、百家争鸣，坚持创造性转化、创新性发展，不断铸就中华文化新辉煌。

中国特色社会主义是精神文明和物质文明全面发展的社会主义。一个民族要实现复兴，既需要强大的物质力量，也需要强大的精神力量。只有物质文明建设和精神文明建设都搞好，国家物质力量和精神力量都增强，全国各族人民物质生活和精神生活都改善，中国特色社会主义事业才能顺利向前推进。在坚持以经济建设为中心、抓好物质文明建设的同时，必须锲而不舍、一以贯之抓好精神文明建设。

文化是最需要创新的领域。"不日新者必日退"。在人类发展的每一个重大历史关头，文化都能成为时代变迁、社会变革的先导。要自觉承担起举旗帜、聚民心、育新人、兴文化、展形象的使命任务，不断增强脚力、眼力、脑力、笔力，努力在实践创造中进行文化创造，在历史进步中实现文化进步。坚持守正创新，重点抓好理念创新、手段创新、基层工作创新，让一切文化创造源泉充分涌流，使中国特色社会主义文化始终反映时代精神、引领时代潮流。

文化是民族的精神命脉。党的十八大报告指出，建设社会主义文化强国，必须走中国特色社会主义文化发展道路；党的十九大报告强调，要坚持中国特色社会主义文化发展道路，激发全民族文化创新创造活力，建设社会主义文化强国；党的十九届五中全会明确指

① 习近平：《决胜全面建成小康社会，夺取新时代中国特色社会主义伟大胜利——在中国共产党第十九次全国代表大会上的报告》，新华网，2017 年 10 月 27 日，http：//jhsjk.people.cn/article/29613458。

出，到2035年建成文化强国，文化建设的重要性愈加凸显；“十四五”规划和2035年远景目标纲要进一步强调，发展社会主义先进文化，提升国家文化软实力，到2035年建成社会主义文化强国；党的二十大报告提出，推进文化自信自强，铸就社会主义文化新辉煌，对建设社会主义文化强国作出了战略部署，把文化建设放在了全局工作的突出位置，提升到了一个新的历史高度。这体现了我们党对文化强国建设重要地位及其规律认识的新境界，彰显了我们党坚持中国特色社会主义文化发展道路的高度文化自觉。中华优秀文化传承坚守本根、与时俱进，社会主义文化强国建设久久为功、持之以恒，这使中华民族既保持了坚定的民族自信和强大的修复能力，又培育了共同的情感和价值、共同的理想和精神。

二、坚定文化自信建设文化强国是实现中华民族伟大复兴的必然要求

文化是一个国家、一个民族的灵魂。文化兴国运兴，文化强民族强。没有高度的文化自信，没有文化的繁荣兴盛，就没有中华民族伟大复兴。要坚持中国特色社会主义文化发展道路，激发全民族文化创新创造活力，建设社会主义文化强国。文化自信是支撑道路自信、理论自信、制度自信的基础，是更基础、更广泛、更深厚的自信，是更基本、更深沉、更持久的力量。只有坚定文化自信，才能不断完善与发展中国特色社会主义文化，把我国建设成社会主义文化强国。习近平总书记强调，坚定文化自信是事关国运兴衰、事关文化安全、事关民族精神独立性的大问题。坚定文化自信，才能推动文化繁荣，才能为当代中国发展进步、为实现“两个一百年”奋斗目标和中华民族伟大复兴的中国梦提供不竭精神动力和强大文化保障。

（一）建设文化强国是坚持和发展中国特色社会主义的必然要求

只有社会主义才能救中国和发展中国，只有坚持和发展中国特色社会主义才能实现中华民族伟大复兴，这是我们从中国近代以来的历史变迁中得出的重要结论。实践已经证明并将继续证明，坚持和发展中国特色社会主义是实现中华民族伟大复兴的必由之路。我们搞的中国特色社会主义，不是别的什么主义，而是物质文明、精神文明、政治文明、社会文明、生态文明全面协调发展的社会主义。习近平总书记指出：“中国特色社会主义是全面发展、全面进步的伟大事业，没有社会主义文化繁荣发展，就没有社会主义现代化。”①建设社会主义文化强国是统筹推进“五位一体”总体布局，推进中国特色社会主义伟大事业的需要。

（二）建设文化强国是建设社会主义现代化强国的战略任务

中国式现代化是物质文明和精神文明相协调的现代化。我们要建设富强民主文明和谐美丽的社会主义现代化强国，文化的地位不可替代，文化的作用举足轻重。文化贯穿于现

① 习近平：《在教育文化卫生体育领域专家代表座谈会上的讲话》，《人民日报》，2020年9月23日第02版。

代化建设全过程、各方面，融入经济、政治、社会、生态之中，为其他领域的现代化提供精神动力、智力支持和人才保障。党的二十大指出，“中国式现代化是物质文明和精神文明相协调的现代化”，实现全体人民共同富裕，既要物质富足，也要精神富有，并且明确将“建成教育强国、科技强国、人才强国、文化强国、体育强国、健康中国”作为2035年基本实现现代化的奋斗目标。党的二十大报告还提出，未来五年，我们要“加快建设制造强国、质量强国、航天强国、交通强国、网络强国、数字中国”，加快建设农业强国、海洋强国、贸易强国、体育强国等。由此可见，建设文化强国是建设社会主义现代化强国的重要目标。

（三）建设社会主义文化强国是我们党团结带领人民长期奋斗追求的重要目标

中国共产党是具有高度文化自觉的马克思主义政党，始终致力于建设一个文化繁荣、文明昌盛的社会主义中国。从新中国成立到改革开放，我们党总是结合时代变化和实践发展，与时俱进地提出文化纲领、文化目标、文化政策，引领文化建设不断取得新成就。进入新时代，以习近平同志为核心的党中央把文化建设提升到一个新的历史高度。2012年，党的十八大明确提出了“扎实推进社会主义文化强国建设”的目标任务。2017年，党的十九大报告强调，要坚持中国特色社会主义文化发展道路，激发全民族文化创新创造活力，建设社会主义文化强国。2020年，党的十九届五中全会进一步提出了到2035年建成文化强国的远景目标，并对“十四五”时期推进社会主义文化强国建设进行了战略部署。可见，建设文化强国一直是我们党的奋斗目标，也是新时代中国共产党要完成的重要历史任务。

（四）建设社会主义文化强国是满足人民精神文化需求的必由之路

为中国人民谋幸福、为中华民族谋复兴是中国共产党的初心和使命。人民的幸福不仅来自物质需要的满足，更来自比物质需要更高层次的精神需要的满足。习近平总书记指出，“满足人民日益增长的美好生活需要，文化是重要因素”。[①] 进入新时代，我国社会主要矛盾已经转化为人民日益增长的美好生活需要和不平衡不充分的发展之间的矛盾，人民群众对多样化、立体化、个性化的精神文化生活的需要越来越多，对文化产品质量、品位和风格的要求也越来越高。只有不断推进文化强国建设，繁荣发展中国特色社会主义文化，为人民提供丰富的精神食粮，才能让人民精神文化生活迈上新台阶。

（五）建设文化强国是构建人类命运共同体的必然要求

当今世界正处于百年未有之大变局，伴随着经济全球化和世界多极化的推进，越来越多的国家把提高国家文化软实力作为重要发展战略，世界范围内各种思想文化交流交融交锋更加频繁，文明冲突论、文明优越论沉渣泛起，国际思想文化领域斗争依然深刻而复杂，不同意识形态的斗争仍将长期存在，有时会相当复杂、尖锐。这些因素对构建人类命运

① 习近平：《在教育文化卫生体育领域专家代表座谈会上的讲话》，《人民日报》，2020年9月23日第02版。

运共同体提出了严峻挑战。只有不断推进文化强国建设，提升中国的文化软实力，塑造更多为世界所认知的中华文化形象，才能充分发挥中国文化的引领作用，从而推动文明相通、文化相融，拉紧各国人民相互尊重、相互理解的精神纽带，才能更好推进人类命运共同体建设进程。

（六）建设文化强国是创造人类文明新形态的重要途径

文明是现代化国家的显著标志。中国式现代化开创出不同于以往发展模式的现代化新路径，其本质要求中的“创造人类文明新形态”，蕴含着中国共产党对现代化发展和人类文明向何处去的战略思考。要推进文化自信自强，建设文化强国，就要使中华民族最基本的文化基因与当代文化相适应、与现代社会相协调，不断提升国家文化软实力和中华文化影响力。中华优秀传统文化是提高国家文化软实力最深厚的源泉。习近平总书记强调：“统筹推进‘五位一体’总体布局、协调推进‘四个全面’战略布局，文化是重要内容；推动高质量发展，文化是重要支点；满足人民日益增长的美好生活需要，文化是重要因素；战胜前进道路上各种风险挑战，文化是重要力量源泉。”[①] 我们要培育健全的国民文化心态，大力弘扬中华优秀传统文化中跨越时空、超越国度、富有永恒魅力、具有当代价值的文化精神，以更加坚定的心态、更加宽广的胸怀广泛参与世界文明对话，大胆吸收和借鉴人类文明的优秀成果，推动中国特色社会主义文化繁荣兴盛。

三、坚持马克思主义指导地位，牢牢掌握意识形态工作领导权、管理权、话语权

能否做好意识形态工作，关系党的前途命运、国家长治久安、民族凝聚力和向心力。党的十八大以来，习近平同志把意识形态工作放在战略全局的高度，提出一系列创新性的思想观点，作出一系列重大部署，针对存在的突出问题，从多方面发力，采取多种方法，有力扭转了意识形态领域一度出现的被动局面，进一步巩固了马克思主义在意识形态领域的指导地位，巩固了全党全国人民团结奋斗的共同思想基础。

坚持马克思主义指导地位，牢牢掌握意识形态工作领导权、管理权、话语权

充分认识意识形态工作的极端重要性。习近平强调：我们中国共产党人能不能打仗，新中国的成立已经说明了；我们中国共产党人能不能搞建设搞发展，改革开放的推进也已经说明了；但是，我们中国共产党人能不能在日益复杂的国际国内环境下坚持住党的领导、坚持和发展中国特色社会主义，这个还需要我们一代一代共产党人继续作出回答。他强调，做好意识形态工作，做好宣传思想工作，要放到这个大背景下来认识。[②]

① 习近平：《在教育文化卫生体育领域专家代表座谈会上的讲话》，《人民日报》，2020 年 9 月 23 日第 02 版。

② 闻言：《坚定文化自信，建设社会主义文化强国——学习〈习近平关于社会主义文化建设论述摘编〉》，《人民日报》，2017 年 10 月 16 日第 07 版。

意识形态关乎旗帜、关乎道路、关乎国家政治安全。历史和现实都警示我们，一个政权的瓦解往往是从思想领域开始的，思想防线被攻破了，其他防线就很难守住。我国正处在大发展大变革大调整时期，国际国内形势的深刻变化使我国意识形态领域面临着空前复杂的情况。各种敌对势力一直妄图颠覆中国共产党领导和我国社会主义制度，他们选中意识形态领域作为突破口，目的就是要同我们争夺阵地、争夺人心、争夺群众，把人们思想搞乱，然后浑水摸鱼、乱中取胜，最终推翻中国共产党领导和中国社会主义制度。这是我国政权安全面临的现实危险。在意识形态领域斗争上，我们没有任何妥协、退让的余地，一刻也不能放松和削弱意识形态工作，否则就要犯不可挽回的历史性错误。

四、培育和践行社会主义核心价值观，提高全民族思想道德水平

文化的影响力首先是价值观念的影响力。培育和弘扬核心价值观，有效整合社会意识，是社会系统得以正常运转、社会秩序得以有效维护的重要途径，也是国家治理体系和治理能力的重要方面。当前，各种思想文化相互激荡，不同文明交流交融交锋更加频繁。在这样的情况下，如何提高整合社会思想文化和价值观念的能力，扩大主流价值观念的影响力，掌握价值观念领域的主动权、主导权、话语权，是我们必须解决好的重大课题。

用社会主义核心价值观凝魂聚力。习近平同志强调：任何一个社会都存在多种多样的价值观念和价值取向，要把全社会意志和力量凝聚起来，必须有一套与经济基础和政治制度相适应，并能形成广泛社会共识的核心价值观。我国是一个有着十四亿多人口、五十六个民族的大国，确立反映全国各族人民共同认同的价值观“最大公约数”，使全体人民同心同德、团结奋进，关乎国家前途命运，关乎人民幸福安康。他指出：在当代中国，我们的民族、我们的国家应该坚守的核心价值观，就是要倡导富强、民主、文明、和谐，倡导自由、平等、公正、法治，倡导爱国、敬业、诚信、友善。社会主义核心价值观是当代中国精神的集中体现，是凝聚中国力量的思想道德基础。我们要从巩固全党全国各族人民团结奋斗的共同思想基础、巩固党的执政地位的战略高度，持续加强社会主义核心价值体系建设，把培育和弘扬社会主义核心价值观作为凝魂聚气、强基固本的基础工程，作为一项根本任务，切实抓紧抓好，以更好构筑中国精神、中国价值、中国力量，为中国特色社会主义事业提供源源不断的精神动力和道德滋养。

切实把社会主义核心价值观贯穿于社会生活方方面面。培育和践行社会主义核心价值观，贵在坚持知行合一、坚持行胜于言，在落细、落小、落实上下功夫，使之像空气一样无处不在、无时不有，成为百姓日用而不觉的行为准则。习近平同志对如何践行社会主义核心价值观提出明确具体的要求。他指出：要把社会主义核心价值观日常化、具体化、形象化、生活化，使每个人都能感知它、领悟它。要通过教育引导、舆论宣传、文化熏陶、实践养成、制度保障等，使社会主义核心价值观内化为人们的精神追求，外化为人们的自觉行动。要健全各行各业规章制度，完善市民公约、乡规民约、学生守则等行为准则，使社会主义核心价值观成为人们日常工作生活的基本遵循。要发挥政策导向作用，使经济、政治、文化、社会等方方面面政策都有利于社会主义核心价值观的培育。要把社会主义核

心价值观的要求融入精神文明创建活动之中，建立和规范礼仪制度，发挥党和国家功勋荣誉表彰的精神引领、典型示范作用，积极传播主流价值。他强调：核心价值观的养成绝非一日之功，要坚持由易到难、由近及远，区分层次、突出重点。少年儿童要做到“记住要求、心有榜样、从小做起、接受帮助”，扣好人生第一粒扣子。广大青年要不断养成高尚品格，身体力行社会主义核心价值观。广大教师要用好课堂讲坛，做社会主义核心价值观的坚定信仰者、积极传播者、模范践行者。广大文艺工作者要把培育和弘扬社会主义核心价值观作为根本任务，用高质量高水平的作品形象地告诉人们什么是真善美，什么是假恶丑。他特别要求，广大党员、干部必须带头学习和弘扬社会主义核心价值观，用自己的模范行为和高尚人格感召群众、带动群众。

培育和弘扬社会主义核心价值观必须立足中华优秀传统文化。牢固的核心价值观，都有其固有的根本。抛弃传统、丢掉根本，就等于割断了自己的精神命脉。中华民族能够在几千年的历史长河中生生不息、薪火相传、顽强发展，很重要的一个原因就是有一脉相传的精神追求、精神特质、精神脉络。习近平同志指出：中华文明绵延数千年，有其独特的价值体系。我们生而为中国人，最根本的是我们有中国人的独特精神世界，有百姓日用而不觉的价值观。中华优秀传统文化已经成为中华民族的基因，植根在中国人内心，潜移默化影响着中国人的思想方式和行为方式。社会主义核心价值观，就充分体现了对中华优秀传统文化的传承和升华。今天，我们提倡和弘扬社会主义核心价值观，必须从中华优秀传统文化中汲取丰富营养，否则就不会有生命力和影响力。中华文化延续着我们国家和民族的精神血脉，既需要薪火相传、代代守护，也需要与时俱进、推陈出新。要认真吸收中华优秀传统文化的思想精华和道德精髓，深入挖掘和阐发中华优秀传统文化讲仁爱、重民本、守诚信、崇正义、尚和合、求大同的时代价值，并结合新的时代条件加以继承和发扬，使之成为涵养社会主义核心价值观的重要源泉。

在社会主义核心价值观中，最深层、最根本、最永恒的是爱国主义。爱国主义是中华民族精神的核心。爱国主义精神深深植根于中华民族心中，是中华民族的精神基因，维系着华夏大地上各个民族的团结统一，激励着一代又一代中华儿女为祖国发展繁荣而不懈奋斗。习近平同志指出：必须把爱国主义教育作为永恒主题，把爱国主义教育贯穿国民教育和精神文明建设全过程，贯穿培育和践行社会主义核心价值观全过程。要增强人民的爱国主义情怀和意识，生动传播爱国主义精神，唱响爱国主义主旋律，让爱国主义成为每一个中国人的坚定信念和精神依靠。要让爱国主义精神在广大青少年心中牢牢扎根，让爱国主义精神代代相传、发扬光大。他特别强调：弘扬爱国主义精神，必须坚持爱国主义和社会主义相统一。祖国的命运和党的命运、社会主义的命运是密不可分的。只有坚持爱国和爱党、爱社会主义相统一，爱国主义才是鲜活的、真实的，这是当代中国爱国主义精神最重要的体现。

突出道德价值的作用，持续深化社会主义思想道德建设。在核心价值体系和核心价值观中，道德价值具有十分重要的作用。核心价值观，其实就是一种德，既是个人的德，也是一种大德，就是国家的德、社会的德。国无德不兴，人无德不立。必须加强全社会的思想道德建设，激发人们形成善良的道德意愿、道德情感，培育正确的道德判断和道德责任，提高道德实践能力尤其是自觉践行能力，引导人们向往和追求讲道德、尊道德、守道德的生活，形成向上的力量、向善的力量。他强调：要理直气壮继承和弘扬中华民族传统美德，对先人传承下来的文化和道德规范，要在去粗取精、去伪存真的基础上，采取兼收并蓄的态度，坚持古为今用、推陈出新的方法，有鉴别地加以对待，有扬弃地予以继承，努力实现中华传统美德的创造性转化、创新性发展，不断提高人们道德水平，提升人们道德境界。要大力加强社会公德、职业道德、家庭美德、个人品德建设，弘扬真善美、贬斥假恶丑，营造全社会崇德向善的浓厚氛围，夯实中国特色社会主义的思想道德基础。要通过文艺作品传递真善美，传递向上向善的价值观，引导人们增强道德判断力和道德荣誉感。要发挥好道德的教化作用，以道德滋养法治精神，强化道德对法治文化的支撑作用，为依法治国创造良好人文环境。要深入实施公民道德建设工程，深入开展道德模范宣传学习活动，把道德模范的榜样力量转化为亿万群众的生动实践。习近平同志高度重视家风建设，强调要注重家庭、注重家教、注重家风，发扬光大中华民族传统家庭美德。

五、推动文化大发展大繁荣，提高国家文化软实力

繁荣社会主义文艺，发展文化事业和文化产业，提高国家文化软实力，讲好中国故事，是建设社会主义文化强国的重要任务。习近平同志对这些领域的工作作了全面深刻的阐述，提出明确要求。

推动文化大发展大繁荣，提高国家文化软实力

六、推动中华优秀传统文化创造性转化、创新性发展，建设中华民族现代文明

中国文化源远流长，中华文明博大精深。只有全面深入了解中华文明的历史，才能更有效地推动中华优秀传统文化创造性转化、创新性发展，更有力地推进中国特色社会主义文化建设，建设中华民族现代文明。2023 年 6 月 2 日，中共中央总书记、国家主席、中央军委主席习近平在文化传承发展座谈会上发表重要讲话，强调推进中国特色社会主义文化建设、建设中华民族现代文明，需要把握三个问题。

推动中华优秀传统文化创造性转化、创新性发展，建设中华民族现代文明

小　结

文化是民族的灵魂和精神标识，文化自信是更基础、更广泛、更深厚的自信。全面建设社会主义现代化国家，必须坚持中国特色社会主义文化发展道路。文化自信自强是实现中华民族伟大复兴的必然要求。增强文化自信，围绕举旗帜、聚民心、育新人、兴文化、展形象建设社会主义文化强国，发展面向现代化、面向世界、面向未来的，民族的、科学的、大众的社会主义文化，激发全民族文化创新创造活力，增强实现中华民族伟大复兴的精神力量。我们要坚持马克思主义在意识形态领域指导地位的根本制度，坚持为人民服

务、为社会主义服务，坚持百花齐放、百家争鸣，坚持创造性转化、创新性发展，以社会主义核心价值观为引领，发展社会主义先进文化，弘扬革命文化，传承中华优秀传统文化，满足人民日益增长的精神文化需求，巩固全党全国各族人民团结奋斗的共同思想基础，不断提升国家文化软实力和中华文化影响力。

学习思考

1. 中国特色社会主义文化具有哪些特征?
2. 社会主义核心价值观的内容是什么?
3. 如何理解坚定文化自信是实现中华民族伟大复兴的必然要求?

拓展阅读文献

1. 习近平:《高举中国特色社会主义伟大旗帜　为全面建设社会主义现代化国家而团结奋斗——在中国共产党第二十次全国代表大会上的报告》,《求是》2022 年第 21 期。
2. 习近平:《担负起新的文化使命　努力建设中华民族现代文明——在文化传承发展座谈会上的讲话》,《人民日报》, 2023 年 6 月 3 日第 01 版。
3. 习近平:《把中国文明历史研究引向深入，增强历史自觉坚定文化自信》,《求是》2022 年第 14 期。
4. 习近平:《习近平谈治国理政》(第四卷), 外文出版社 2022 年版。
5. 中共中央党史和文献研究院编:《习近平关于社会主义文化建设论述摘编》, 中央文献出版社 2017 年版。
6. 中共中央党史和文献研究院编:《习近平关于社会主义精神文明建设论述摘编》, 中央文献出版社 2022 年版。
7. 王易:《推进文化自信自强铸就社会主义文化新辉煌》, 光明网, 2022 年 11 月 12 日。
8. 秦宣:《推进社会主义文化强国建设的行动纲领》,《红旗文稿》2022 年第 22 期。

案例链接

案例阅读

第四章

全面加强社会建设，切实保障和改善民生

民生是人民幸福之基、社会和谐之本，全面加强社会建设，切实保障和改善民生是一切发展的根本目的。以习近平同志为核心的党中央坚持以人民为中心的发展思想，把增进人民福祉、促进人的全面发展作为一切工作的出发点和落脚点，全面加强社会建设，在高质量发展中不断保障和改善民生，打造共建共治共享的社会治理新格局，让现代化建设成果更多更公平惠及全体人民。

2012 年 11 月，习近平总书记在十八届中共中央政治局常委同中外记者见面时明确指出："人民对美好生活的向往，就是我们的奋斗目标。人世间的一切幸福都需要靠辛勤的劳动来创造。我们的责任，就是要团结带领全党全国各族人民，继续解放思想，坚持改革开放，不断解放和发展社会生产力，努力解决群众的生产生活困难，坚定不移走共同富裕的道路。"

2017 年 10 月，习近平总书记在中国共产党第十九次全国代表大会上的报告中指出："保障和改善民生要抓住人民最关心最直接最现实的利益问题，既尽力而为，又量力而行，一件事情接着一件事情办，一年接着一年干。坚持人人尽责、人人享有，坚守底线、突出重点、完善制度、引导预期，完善公共服务体系，保障群众基本生活，不断满足人民日益增长的美好生活需要，不断促进社会公平正义，形成有效的社会治理、良好的社会秩序，使人民获得感、幸福感、安全感更加充实、更有保障、更可持续。"

2022 年 10 月，习近平总书记在中国共产党第二十次全国代表大会上的报告中指出："从现在起，中国共产党的中心任务就是团结带领全国各族人民全面建成社会主义现代化强国、实现第二个百年奋斗目标，以中国式现代化全面推进中华民族伟大复兴。""中国式现代化是全体人民共同富裕的现代化。共同富裕是中国特色社会主义的本质要求，也是一个长期的历史过程。我们坚持把实现人民对美好生活的向往作为现代化建设的出发点和落脚点，着力维护和促进社会公平正义，着力促进全体人民共同富裕，坚决防止两极分化。"

新时代十年是我国经济社会发展取得历史性成就、发生历史性变革、转向高质量发展的十年。十年来，我国经济总量迈上新台阶，对世界经济增长的贡献在全球居于首位，战略性新兴产业发展壮大，发展的平衡性、协调性、包容性持续提高，生态环境呈现明显改善和趋势性好转，共建"一带一路"走深走实，创新型国家建设取得重大进展。特别是历史性地解决了绝对贫困问题，如期全面建成小康社会，实现第一个百年奋斗目标，迈上全面建设社会主义现代化国家新征程。

一、决战决胜脱贫攻坚，扎实推进共同富裕

生活富裕是人类的普遍愿望，是各国现代化的共同追求。所有人共同富裕还是少数人富裕，是中国式现代化与西方现代化的根本区别。摆脱贫困、实现共同富裕是中国式现代化的重要特征，是社会主义的本质要求，是人民群众的共同期盼。中国共产党成立之初，就把为中国人民谋幸福、为中华民族谋复兴作为自己的初心使命，带领人民为摆脱贫困、实现共同富裕而不懈奋斗。

第一，摆脱贫困和实现共同富裕是党和人民的不懈追求。

带领人民创造美好生活、实现共同富裕，是中国共产党的重要使命和矢志不渝的奋斗目标。中国共产党带领全国各族人民在中华大地上完成了新民主主义革命，成立了人民当家作主的中华人民共和国，把发展进步的命运牢牢地掌握在自己手中，为摆脱贫困、实现共同富裕创造了根本政治条件。

新中国成立后，毛泽东曾在资本主义工商业社会主义改造问题座谈会上指出，我们“可以一年一年走向更富更强”，“而这个富，是共同的富，这个强，是共同的强，大家都有份”。中国共产党领导人民完成社会主义革命，推进社会主义建设，确立和巩固了社会主义基本制度，在一穷二白的基础上很快建立起独立完整的工业体系和国民经济体系，为摆脱贫困、实现共同富裕提供了根本的物质基础、制度前提和政治保障。

改革开放后，以邓小平同志为主要代表的中国共产党人，开创和发展了中国特色社会主义，实施了大规模、有计划、有组织的扶贫开发，使人民摆脱贫困、尽快富裕起来，走出了一条使中国人民实现共同富裕的正确道路。正如 1985 年 9 月邓小平在中国共产党全国代表会议上所强调的，在改革中，我们始终坚持的原则之一就是共同富裕。他指出：“鼓励一部分地区、一部分人先富裕起来，也正是为了带动越来越多的人富裕起来，达到共同富裕的目的。”通过允许一部分人、一部分地区先富起来，先富带后富，极大地解放和发展了社会生产力，人民生活显著改善，提前实现了从解决温饱问题到人民生活总体上达到小康水平。

进入新时代，我国社会主要矛盾已经转化为人民日益增长的美好生活需要和不平衡不充分的发展之间的矛盾，人民群众对美好生活提出了更高要求，呈现出多层次多方面多样化的特点。为此，以习近平同志为核心的党中央准确把握我国发展阶段的新变化新特点，把脱贫攻坚作为全面建成小康社会的底线任务，采取有力措施保障和改善民生，推动区域协调发展，把逐步实现全体人民共同富裕摆在更加重要的位置上。习近平曾明确提出：“我们追求的发展是造福人民的发展，我们追求的富裕是全体人民共同富裕。”打赢脱贫攻坚战，如期全面建成小康社会、实现第一个百年奋斗目标，党和国家事业取得历史性成就、发生历史性变革，为进一步促进共同富裕创造了良好条件。

第二，坚决打赢脱贫攻坚战。

贫困是人类社会的顽疾，贫困问题是世界性难题。千百年来，绝对贫困问题始终困扰着中华民族，一部中国史就是一部中华民族同贫困作斗争的历史。新中国成立以来，中国共产党带领人民向贫困宣战，持续开展大规模扶贫开发行动，使贫困人口大幅度减少，贫

困地区面貌发生根本变化。同时，由于我国还处在社会主义初级阶段，截至 2012 年底，在当时扶贫标准下全国尚有 9899 万农村贫困人口，贫困发生率为 10.2%。到 2020 年全面建成小康社会，是中国共产党确定的“两个一百年”奋斗目标的第一个百年奋斗目标，是 14 亿中国人民的共同期盼。全面小康是惠及全体人民的小康，全面小康的路上一个都不能少。2012 年 12 月，习近平在河北省阜平县考察扶贫开发工作时指出：“全面建成小康社会，最艰巨最繁重的任务在农村，特别是在贫困地区。没有农村的小康，特别是没有贫困地区的小康，就没有全面建成小康社会。”为确保到 2020 年贫困地区和贫困群众同全国一道进入小康社会，中国共产党把脱贫攻坚摆在治国理政的突出位置，组织实施了人类历史上规模最大、力度最强的脱贫攻坚战。

脱贫攻坚贵在精准，重在精准，成败之举在于精准。2013 年 11 月，习近平在湖南考察工作期间提出“精准扶贫”理念，强调抓扶贫开发，既要整体联动、有共性的要求和措施，又要突出重点、加强对特困村和特困户的帮扶。2015 年 11 月，习近平在中央扶贫开发工作会议上明确指出：“脱贫攻坚已经到了啃硬骨头、攻坚拔寨的冲刺阶段，必须以更大的决心、更明确的思路、更精准的举措、超常规的力度，众志成城实现脱贫攻坚目标，决不能落下一个贫困地区、一个贫困群众。”2015 年 12 月，中共中央、国务院发布《关于打赢脱贫攻坚战的决定》，确定了实施精准脱贫的方略，提出脱贫攻坚战的总体目标，即确保到 2020 年农村贫困人口实现脱贫，稳定实现“两不愁三保障”（农村贫困人口不愁吃、不愁穿，义务教育、基本医疗和住房安全有保障），实现贫困地区农民人均可支配收入增长幅度高于全国平均水平，基本公共服务主要领域指标接近全国平均水平。由此，中华大地上吹响了脱贫攻坚啃硬骨头、攻坚拔寨的冲锋号。

2017 年 10 月，中共十九大明确把精准脱贫攻坚战作为决胜全面建成小康社会必须打好的三大攻坚战之一，并明确提出，“要动员全党全国全社会力量，坚持精准扶贫、精准脱贫”，“重点攻克深度贫困地区脱贫任务”，“做到脱真贫、真脱贫”。为进一步完善顶层政策设计、强化政策措施、加强统筹协调，2018 年 6 月，中共中央、国务院印发《关于打赢脱贫攻坚战三年行动的指导意见》，提出打赢脱贫攻坚战三年行动的总体要求与方案，集中力量支持深度贫困地区脱贫攻坚，强化到村到户到人精准帮扶举措，加快补齐贫困地区基础设施短板，加强精准脱贫攻坚行动支撑保障，动员全社会力量参与脱贫攻坚，夯实精准扶贫精准脱贫基础性工作，加强和改善党对脱贫攻坚工作的领导。

为确保取得脱贫攻坚战最后胜利，全国动员了规模空前的人力、物力、财力，采取了许多具有原创性、独特性的重大举措。正如习近平在全国脱贫攻坚总结表彰大会上所指出的：“我们强化中央统筹、省负总责、市县抓落实的工作机制，构建五级书记抓扶贫、全党动员促攻坚的局面。我们执行脱贫攻坚一把手负责制，中西部 22 个省份党政主要负责同志向中央签署脱贫攻坚责任书、立下‘军令状’。”“我们集中精锐力量投向脱贫攻坚主战场，全国累计选派 25.5 万个驻村工作队、300 多万名第一书记和驻村干部，同近 200 万名乡镇干部和数百万村干部一道奋战在扶贫一线。”与此同时，中共中央办公厅、国务院办公厅印发《省级党委和政府扶贫开发工作成效考核办法》，实行最严格的考核评估，在脱贫攻坚中，构建了一整套行之有效的政策体系、工作体系和制度体系，走出了一条中国特色的减贫道路。

2020 年是决战决胜脱贫攻坚战的最后一年，新冠肺炎疫情突袭而至。3 月，习近平在决战决胜脱贫攻坚座谈会上明确提出："要落实分区分级精准防控策略"，"统筹推进疫情防控和脱贫攻坚"。面对百年来全球发生的最严重的传染病大流行，我国坚持人民至上、生命至上，高效统筹疫情防控和经济社会发展，在全世界率先控制新冠肺炎疫情，率先复工复产，率先实现经济增长由负转正。

2021 年 2 月，全国脱贫攻坚总结表彰大会在北京举行，习近平宣告："我国脱贫攻坚战取得了全面胜利，现行标准下 9899 万农村贫困人口全部脱贫，832 个贫困县全部摘帽，12.8 万个贫困村全部出列，区域性整体贫困得到解决，完成了消除绝对贫困的艰巨任务，创造了又一个彪炳史册的人间奇迹！"我国历史性地解决了困扰中华民族几千年的绝对贫困问题，提前十年实现联合国 2030 年可持续发展议程确定的减贫目标。脱贫攻坚战的全面胜利，标志着中国共产党在团结带领人民创造美好生活、实现共同富裕的道路上迈出了坚实的一大步。

第三，坚定不移走共同富裕的道路。

治国之道，富民为始。进入新时代，中共中央把握发展阶段新变化，采取更加有力的措施增进民生福祉，把逐步实现全体人民共同富裕摆在更加重要的位置上。2012 年 11 月，在十八届中共中央政治局常委同中外记者见面时，习近平强调，要"坚定不移走共同富裕的道路"。2015 年 11 月，习近平在十八届中共中央政治局第 28 次集体学习时指出："发展为了人民，这是马克思主义政治经济学的根本立场。""党的十八届五中全会鲜明提出要坚持以人民为中心的发展思想，把增进人民福祉、促进人的全面发展、朝着共同富裕方向稳步前进作为经济发展的出发点和落脚点。这一点，我们任何时候都不能忘记，部署经济工作、制定经济政策、推动经济发展都要牢牢坚持这个根本立场。"这些重要论断既明确要坚持走共同富裕的道路，也指明了如何把共同富裕的道路走好。

2017 年 10 月，中共十九大明确指出，新时代是"全国各族人民团结奋斗、不断创造美好生活、逐步实现全体人民共同富裕的时代"，并明确将实现共同富裕的程度作为实现第二个百年奋斗目标两个阶段战略安排的重要指标。在这个基础上，2020 年 10 月，中共十九届五中全会对扎实推动共同富裕作出重大战略部署，把"全体人民共同富裕取得更为明显的实质性进展"列为 2035 年基本实现社会主义现代化远景目标之一，强调扎实推动共同富裕，促进人的全面发展和社会全面进步。2021 年 3 月，《中华人民共和国国民经济和社会发展第十四个五年规划和 2035 年远景目标纲要》对扎实推动共同富裕作了具体部署，明确了前进方向和奋斗目标，兼顾了需要和可能。同年 11 月，《中共中央关于党的百年奋斗重大成就和历史经验的决议》再次明确提出，要"坚定不移走全体人民共同富裕道路"。

进入新发展阶段，我国城乡区域发展和收入分配还有较大差距，民生保障存在短板，发展不平衡不充分问题仍然突出，实现全体人民共同富裕任重道远。各地区推动共同富裕的基础和条件不尽相同，需要选取部分地区先行先试、做好示范。2021 年 5 月，中共中央、国务院下发《关于支持浙江高质量发展建设共同富裕示范区的意见》，明确提出发展目标是到 2025 年，浙江省推动高质量发展建设共同富裕示范区取得明显实质性进展，到 2035 年，浙江省高质量发展取得更大成就，基本实现共同富裕。这就在实践中进一步丰富了共同富裕的理论内涵，为全国扎实推动共同富裕提供了省域范例。2021 年 8 月，习近平在中央财经委员会第十次会议上明确提出：“要深入研究不同阶段的目标，分阶段促进共同富裕：到‘十四五’末，全体人民共同富裕迈出坚实步伐，居民收入和实际消费水平差距逐步缩小。到 2035 年，全体人民共同富裕取得更为明显的实质性进展，基本公共服务实现均等化。到本世纪中叶，全体人民共同富裕基本实现，居民收入和实际消费水平差距缩小到合理区间。要抓紧制定促进共同富裕行动纲要，提出科学可行、符合国情的指标体系和考核评估办法。”由此，促进共同富裕有了明确的时间表和路线图。

2022 年 10 月，中共二十大报告明确提出：“从现在起，中国共产党的中心任务就是团结带领全国各族人民全面建成社会主义现代化强国、实现第二个百年奋斗目标，以中国式现代化全面推进中华民族伟大复兴。”“中国式现代化是全体人民共同富裕的现代化。共同富裕是中国特色社会主义的本质要求，也是一个长期的历史过程。我们坚持把实现人民对美好生活的向往作为现代化建设的出发点和落脚点，着力维护和促进社会公平正义，着力促进全体人民共同富裕，坚决防止两极分化。”这就为促进共同富裕提出了新的行动指南和根本遵循，让现代化建设成果更多更公平惠及全体人民。

新时代十年，我国居民收入保持较快增长，与经济增长基本同步。中等收入群体持续扩大，中国已形成超过 4 亿人的世界规模最大、成长最快的中等收入群体。行业、地区、群体工资差距逐步缩小，农村居民人均可支配收入增速持续高于城镇居民。2013—2021 年，全国农村居民年均收入增速比城镇居民高 1.7 个百分点。2021 年城乡居民人均可支配收入之比为 2.5（农村居民收入 =1），比 2012 年下降 0.38，城乡居民收入相对差距持续缩小。中国建成了世界上规模最大的教育体系、社会保障体系、医疗卫生体系，人民生活进入相对殷实富足阶段，共同富裕成为看得见、摸得着、真实可感的事实。

二、加强社会建设、保障和改善民生是党的使命、责任与担当

改革开放以后，我国人民生活显著改善，社会治理明显改进。同时，随着时代发展和社会进步，人民对美好生活的向往更加强烈，对民主、法治、公平、正义、安全、环境等方面的要求日益增长。党中央强调，人民对美好生活的向往就是我们的奋斗目标，增进民生福祉是我们坚持立党为公、执政为民的本质要求，让老百姓过上好日子是我们一切工作的出发点和落脚点，补齐民生保障短板、解决好人民群众急难愁盼问题是社会建设的紧迫任务。必须以保障和改善民生为重点加强社会建设，尽力而为、量力而行，一件事情接着一件事情办，一年接着一年干，在幼有所育、学有所教、劳有所得、病有所医、老有所养、住有所居、弱有所扶上持续用力，加强和创新社会治理，使人民获得感、幸福感、安全感更加充实、更有保障、更可持续。

党深刻认识到，小康不小康，关键看老乡；脱贫攻坚是全面建成小康社会的底线任务，只有打赢脱贫攻坚战，才能确保全面建成小康社会、实现第一个百年奋斗目标；必须

以更大决心、更精准思路、更有力措施，采取超常举措，实施脱贫攻坚工程。党坚持精准扶贫，确立不愁吃、不愁穿和义务教育、基本医疗、住房安全有保障工作目标，实行“军令状”式责任制，动员全党全国全社会力量，攻克坚中之坚、解决难中之难，组织实施人类历史上规模最大、力度最强的脱贫攻坚战，形成伟大脱贫攻坚精神。党的十八大以来，全国 832 个贫困县全部摘帽，12.8 万个贫困村全部出列，近 1 亿农村贫困人口实现脱贫，提前十年实现联合国 2030 年可持续发展议程确定的减贫目标，历史性地解决了绝对贫困问题，创造了人类减贫史上的奇迹。

2020 年，面对突如其来的新冠肺炎疫情，党中央果断决策、沉着应对，坚持人民至上、生命至上，提出坚定信心、同舟共济、科学防治、精准施策的总要求，开展抗击疫情人民战争、总体战、阻击战，周密部署武汉保卫战、湖北保卫战，举全国之力实施规模空前的生命大救援，慎终如始抓好“外防输入、内防反弹”，坚持统筹疫情防控和经济社会发展，最大限度保护了人民生命安全和身体健康，在全球率先控制住疫情、率先复工复产、率先恢复经济社会发展，抗疫斗争取得重大战略成果，铸就了伟大抗疫精神。

为了保障和改善民生，党按照坚守底线、突出重点、完善制度、引导预期的思路，在收入分配、就业、教育、社会保障、医疗卫生、住房保障等方面推出一系列重大举措，注重加强普惠性、基础性、兜底性民生建设，推进基本公共服务均等化。我们努力建设体现效率、促进公平的收入分配体系，调节过高收入，取缔非法收入，增加低收入者收入，稳步扩大中等收入群体，推动形成橄榄型分配格局，居民收入增长与经济增长基本同步，农村居民收入增速高于城镇居民。实施就业优先政策，推动实现更加充分、更高质量就业。全面贯彻党的教育方针，优先发展教育事业，明确教育的根本任务是立德树人，培养德智体美劳全面发展的社会主义建设者和接班人，深化教育教学改革创新，促进公平和提高质量，推进义务教育均衡发展和城乡一体化，全面推行国家通用语言文字教育教学，规范校外培训机构，积极发展职业教育，推动高等教育内涵式发展，推进教育强国建设，办好人民满意的教育。我国建成世界上规模最大的社会保障体系，10.2 亿人拥有基本养老保险，13.6 亿人拥有基本医疗保险。全面推进健康中国建设，坚持预防为主的方针，深化医药卫生体制改革，引导医疗卫生工作重心下移、资源下沉，及时推动完善重大疫情防控体制机制、健全国家公共卫生应急管理体系，促进中医药传承创新发展，健全遍及城乡的公共卫生服务体系。加快体育强国建设，广泛开展全民健身活动，大力弘扬中华体育精神。加强人口发展战略研究，积极应对人口老龄化，加快建设养老服务体系，调整优化生育政策，促进人口长期均衡发展。注重家庭家教家风建设，保障妇女儿童权益。加快发展残疾人事业。坚持房子是用来住的、不是用来炒的定位，加快建立多主体供给、多渠道保障、租购并举的住房制度，加大保障房建设投入力度，城乡居民住房条件明显改善。

党着眼于国家长治久安、人民安居乐业，建设更高水平的平安中国，完善社会治理体系，健全党组织领导的自治、法治、德治相结合的城乡基层治理体系，推动社会治理重心向基层下移，建设共建共治共享的社会治理制度，建设人人有责、人人尽责、人人享有的社会治理共同体。加强防灾减灾救灾和安全生产工作，加强国家应急管理体系和能力建设。坚持和发展新时代“枫桥经验”，坚持系统治理、依法治理、综合治理、源头治理，完善信访制度，健全社会矛盾纠纷多元预防调处化解综合机制，加强社会治安综合治理，开展扫黑除恶专项斗争，坚决惩治放纵、包庇黑恶势力甚至充当保护伞的党员干部，防范和打击暴力恐怖、新型网络犯罪、跨国犯罪。

党的十八大以来，我国社会建设全面加强，人民生活全方位改善，社会治理社会化、法治化、智能化、专业化水平大幅度提升，发展了人民安居乐业、社会安定有序的良好局面，续写了社会长期稳定奇迹。

三、提高保障和改善民生水平，加强和创新社会治理

人的问题，是检验一个政党、一个政权性质的试金石。带领人民创造美好生活，是党始终不渝的奋斗目标。必须始终把人民利益摆在至高无上的地位，让改革发展成果更多更公平惠及全体人民，朝着实现全体人民共同富裕不断迈进。

提高保障和改善民生水平，加强和创新社会治理

保障和改善民生要抓住人民最关心最直接最现实的利益问题，既尽力而为，又量力而行，一件事情接着一件事情办，一年接着一年干。坚持人人尽责、人人享有，坚守底线、突出重点、完善制度、引导预期，完善公共服务体系，保障群众基本生活，不断满足人民日益增长的美好生活需要，不断促进社会公平正义，形成有效的社会治理、良好的社会秩序，使人民获得感、幸福感、安全感更加充实、更有保障、更可持续。

四、全面加强社会建设的基本经验

新时代十年的伟大变革，在中国社会建设史上具有里程碑意义。十年来，党和政府全面加强社会建设，大力促进各项社会事业发展，全方位改善人民生活，大幅度提升社会治理水平，创造了社会长期稳定奇迹，也积累了新鲜的宝贵经验。

全面加强社会建设的基本经验

五、坚持在发展中保障和改善民生的着力点

党的二十大报告中，习近平总书记在充分肯定党和国家事业取得举世瞩目成就的同时，也告诫全党：必须清醒看到，我们的工作还存在一些不足，面临不少困难和问题。城乡区域发展和收入分配差距仍然较大，群众在就业、教育、医疗、托育、养老、住房等方面面临不少难题。

从整体来看，首先，我国常住人口城乡发展差距较大。2020 年第七次全国人口普查结果显示，我国常住人口城镇化率达到惊人的 63.89%，城镇人口超过 9 亿人，远超农村的 5 亿多人口。随着青壮年劳动力和其子女不断向城镇迁徙，产业和活力也不可避免地向城镇地区集中。其次，我国区域发展差距较大。2022 年全国内地各省 GDP 排行榜中，广

东、江苏列前两位，均超过 12 万亿元，甚至已经超过了部分西方发达国家的经济体量。而中西部欠发达地区的经济发展水平相对于东部沿海地区而言，差距是十分明显的，我国经济东强西弱的格局非常突出。最后，我国居民收入分配差距大。2021 年，我国恩格尔系数低至 29.8%，按照联合国粮农组织确立的标准，我国已达到富足水平。但是，2022 年我国脱贫地区农民每月可支配收入仅有 1200 多元，收入差距可见一斑。

具体来看，我国当前就业形势严峻，劳动力遭遇转型困境，结构性就业矛盾突出；财政性教育经费投入占 GDP 的比重仅有 4%，远低于世界 7% 的平均水平，距离科教兴国战略的要求尚远；人口结构老龄化加速，65 岁及以上老人超过 2 亿人，老龄化比重达到 14.2%，给就业和养老带来很大困难；公立医院过度医疗的现象依然较为普遍，确保公立医院公益属性刻不容缓。

增进民生福祉，提高人民生活品质，是党的二十大报告强调的在发展中保障和改善民生的重要目标。坚持在发展中保障和改善民生，就是要瞄准切实可行的着力点，确保在更高的水平上保障和改善民生。

（一）发展是党执政兴国的第一要务，是解决中国一切问题的基础和关键

增进民生福祉，必须坚定不移按照“十四五”规划推进高质量发展。习近平总书记指出，高质量发展，就是能够很好满足人民日益增长的美好生活需要的发展。不难发现，不管到何种程度和水平，高质量发展的评判主体始终是人民群众，评判标准是人民群众对美好生活的满足程度。如今，人民对美好生活的需要日益广泛，不仅对物质文化生活提出了更高要求，在民主、法治、公平、正义、安全、环境等方面的要求也日益增长。这就有力地矫正了对高质量发展在认识层面存在的两个传统误区，即印证了高质量发展不等于经济高质量，更不等同于一味发展高科技。

（二）必须着眼于人民群众最关心最直接最现实的利益问题

坚持在发展中保障和改善民生，必须分清轻重缓急，着眼于人民群众最关心最直接最现实的利益问题，通过简政放权、放管结合、优化服务，让数据多跑腿、让群众少走路。要在就业、住房、教育、医疗、养老等方面采取有效应对措施，围绕人民群众急难愁盼问题，坚持问题导向，以人民群众高兴不高兴、满意不满意、答应不答应作为行动指南，提高基本公共服务水平和质量，实现幼有所育、学有所教、劳有所得、病有所医、老有所养、住有所居、弱有所扶，不断提高人民群众的获得感、幸福感、安全感。

（三）必须树立人民至上理念，接续奋斗，久久为功

坚持在发展中保障和改善民生，既要尽力而为，又要量力而行，不能一味追求超前发展，不能脱离本地区财政承受能力，要一件事情接着一件事情做，一年接着一年干，接续奋斗，久久为功。在这个过程中，务必牢记治国必先治党、治党务必从严，要抓住“关键少数”，以“关键少数”带动“绝大多数”，以上率下、由点及面，一级做给一级看。要摒弃官本位思想，树立人民至上理念，将民生放在心坎上，积极践行群众路线。要确保民生工作不打折扣、不

走样，坚决维护人民群众的合法权益，让发展的成果和红利更多更公平惠及全体人民。

小　结

中国特色社会主义新时代是全国各族人民团结奋斗、不断创造美好生活、逐步实现全体人民共同富裕的时代，以习近平同志为核心的党中央以保障和改善民生为重点全面加强社会建设，不断补齐民生保障短板、解决好人民群众急难愁盼问题，为人民创造更加美好幸福生活。群众路线是我们党的生命线和根本工作路线。坚持和实践群众路线的过程就是我们党把坚持以人民为中心的发展思想落到实处、赢得民心的过程。习近平总书记指出："不论过去、现在和将来，我们都要坚持一切为了群众，一切依靠群众，从群众中来，到群众中去，把党的正确主张变为群众的自觉行动，把群众路线贯彻到治国理政全部活动之中。"在新的征程上，我们必须始终坚持走党的群众路线，始终做到与人民群众同呼吸，做到信守对人民的承诺，做到聚焦利益关注民生，做到主动接受人民批评和监督。从打赢脱贫攻坚战到扎实推进共同富裕，从全面建成小康社会到全面建成社会主义现代化强国，人民群众获得感、幸福感、安全感更加充实、更有保障、更可持续，朝着实现全体人民共同富裕的目标不断迈进。

学习思考

1. 提高保障和改善民生水平的内容和方式是什么？
2. 中国共产党为什么要保障和改善民生？
3. 加强社会建设的基本经验是什么？

拓展阅读文献

1. 习近平：《促进我国社会保障事业高质量发展、可持续发展》，习近平总书记2021年2月26日在十九届中央政治局第二十八次集体学习时的讲话。
2. 习近平：《当前经济工作的几个重大问题》，《求是》2023年第4期。
3. 郑功成：《社会保障推动发展成果惠及全体人民》，《光明日报》，2022年8月16日。
4. 习近平：《坚持人民至上》，《求是》2022年第20期。

案例链接

案例阅读

第五章

贯彻人与自然和谐共生理念，推进美丽中国建设

习近平总书记在党的二十大报告中强调：“大自然是人类赖以生存发展的基本条件。尊重自然、顺应自然、保护自然，是全面建设社会主义现代化国家的内在要求。必须牢固树立和践行绿水青山就是金山银山的理念，站在人与自然和谐共生的高度谋划发展。”我们要继续深入学习贯彻党的二十大精神，坚持以习近平生态文明思想为根本遵循，牢固树立和践行绿水青山就是金山银山的理念，以美丽中国建设全面推进人与自然和谐共生的现代化。增强生态文明建设的战略定力，以生态环境高水平保护助推高质量发展、创造高品质生活，踔厉奋发、勇毅前行，建设人与自然和谐共生的美丽中国。

一、习近平生态文明思想是新时代生态文明建设的根本遵循和行动指南

（一）习近平生态文明思想是习近平新时代中国特色社会主义思想的重要组成部分

首先，党的十八大以来，以习近平同志为核心的党中央在推进新时代中国特色社会主义伟大事业的历史征程中，以前所未有的力度抓生态文明建设，谋划开展了一系列根本性、开创性、长远性工作，全党全国推动绿色发展的自觉性和主动性显著增强，美丽中国建设迈出重大步伐，我国生态文明建设发生历史性、转折性、全局性变化，创造了举世瞩目的生态奇迹和绿色发展奇迹，走出了一条生产发展、生活富裕、生态良好的文明发展道路，为全面建成小康社会增添了绿色底色和质量成色，为实现第二个百年奋斗目标、实现中华民族伟大复兴的中国梦奠定了坚实的绿色根基。[①]

其次，习近平生态文明思想系统阐释了人与自然、保护与发展、环境与民生、国内与国际等关系，就其主要方面来讲，集中体现为“十个坚持”，即坚持党对生态文明建设的全面领导，坚持生态兴则文明兴，坚持人与自然和谐共生，坚持绿水青山就是金山银山，坚持良好生态环境是最普惠的民生福祉，坚持绿色发展是发展观的深刻革命，坚持统筹山水林田湖草沙系统治理，坚持用最严格制度、最严密法治保护生态环境，坚持把建设美丽中国转化为全体人民自觉行动，坚持共谋全球生态文明建设之路。这“十个坚持”深刻

①《中共中央关于党的百年奋斗重大成就和历史经验的决议》，人民出版社 2021 年版，第 45 页。

回答了新时代生态文明建设的根本保证、历史依据、基本原则、核心理念、宗旨要求、战略路径、系统观念、制度保障、社会力量、全球倡议等一系列重大理论与实践问题，标志着我们党对社会主义生态文明建设的规律性认识达到新的高度。

（二）习近平生态文明思想是中国共产党不懈探索生态文明建设的理论升华和实践结晶，是马克思主义基本原理同中国生态文明建设实践相结合、同中华优秀传统生态文化相结合的重大成果

党的十八大以来，以习近平同志为主要代表的中国共产党人，在几代中国共产党人不懈探索的基础上，全面加强生态文明建设，系统谋划生态文明体制改革，一体治理山水林田湖草沙，着力打赢污染防治攻坚战，决心之大、力度之大、成效之大前所未有。在这一历史进程中，我们党以新的视野、新的认识、新的理念，系统回答了为什么建设生态文明、建设什么样的生态文明、怎样建设生态文明等重大理论和实践问题，赋予生态文明建设理论新的时代内涵，形成了习近平生态文明思想，把我们党对生态文明的认识提升到一个新高度，开创了生态文明建设新境界，走向了社会主义生态文明新时代。习近平生态文明思想是百年来中国共产党在生态文明建设方面奋斗成就和历史经验的集中体现，是社会主义生态文明建设理论创新成果和实践创新成果的集大成。

人与自然的关系是人类社会最基本的关系，是马克思主义基础性的理论观点，也是中华优秀传统文化的重要内容。中国共产党是马克思主义自然观、生态观的忠诚信仰者和实践者，也是中华优秀传统生态文化的自觉传承者和弘扬者。习近平生态文明思想坚持从中国生态文明建设的客观实际和丰富实践出发，既继承和创新了马克思主义自然观、生态观，又吸收和发展了中华优秀传统生态文化，是当代中国马克思主义、21 世纪马克思主义在生态文明建设领域的集中体现。习近平生态文明思想赋予马克思主义和中华优秀传统文化崭新的思想内容和时代内涵，是推进马克思主义中国化时代化的光辉典范，是马克思主义中国化新的飞跃的重要内容，实现了人类文明发展史上的一次重大理论创新和思想变革，开辟了人类可持续发展理论和实践的新境界。

（三）习近平生态文明思想基于历史、立足当下、面向全球、着眼未来，是一个系统完整、逻辑严密、内涵丰富、博大精深的科学体系

这一思想来源于实践又指导实践，对新形势下生态文明建设的战略定位、目标任务、总体思路、重大原则作出系统阐释和科学谋划，凝结着对发展人类文明、建设清洁美丽世界的睿智思考和深刻洞见，为党的十八大以来我国生态文明建设取得历史性成就、发生历史性变革提供了根本保障，具有极为重大的政治意义、理论意义、历史意义、实践意义、世界意义。这一思想蕴含着丰富的马克思主义立场、观点和方法，是关于生态文明建设的认识论、价值论和方法论，在指导新时代生态文明建设的伟大实践中展现出强大的真理力量。①

①《习近平生态文明思想学习纲要》，人民出版社 2022 年版，第 4 页。

党的十八大以来，在习近平生态文明思想的科学指引下，我国生态文明建设和生态环境保护发生历史性、转折性、全局性变化。党的二十大报告全面总结了新时代十年来我国生态文明建设取得的成就，指出："我们坚持绿水青山就是金山银山的理念，坚持山水林田湖草沙一体化保护和系统治理，全方位、全地域、全过程加强生态环境保护，生态文明制度体系更加健全，污染防治攻坚向纵深推进，绿色、循环、低碳发展迈出坚实步伐，生态环境保护发生历史性、转折性、全局性变化，我们的祖国天更蓝、山更绿、水更清。"

二、生态文明建设的核心理念：绿水青山就是金山银山

习近平总书记指出："我们既要绿水青山，也要金山银山。宁要绿水青山，不要金山银山，而且绿水青山就是金山银山。"这一重要论述阐明了经济发展和生态环境保护的关系，揭示了保护生态环境就是保护生产力、改善生态环境就是发展生产力的道理，指明了实现发展和保护协同共生的新路径。

生态文明建设的核心理念：绿水青山就是金山银山

三、生态文明建设的宗旨要求：良好生态环境是最普惠的民生福祉

良好生态环境是最公平的公共产品，是最普惠的民生福祉。习近平总书记指出："对人的生存来说，金山银山固然重要，但绿水青山是人民幸福生活的重要内容，是金钱不能替代的。"①

生态文明建设的宗旨要求：良好生态环境是最普惠的民生福祉

四、生态文明建设的战略路径：绿色发展是发展观的深刻革命

绿色决定发展的成色。推动绿色发展，就是要坚持和贯彻新发展理念，正确处理经济发展和生态环境保护的关系；就是要坚持绿水青山就是金山银山的理念，把经济活动、人的行为限制在自然资源和生态环境能够承受的限度内，有效防止在开发利用自然上走弯路。

（一）绿色发展是新发展理念的重要组成部分

绿色发展，就其要义来讲，是要解决好人与自然和谐共生问题。绿色是生命的象征、大自然的底色，更是美好生活的基础、人民群众的期盼。绿色发展与创新发展、协调发展、开放发展、共享发展相辅相成、相互作用，是全方位变革，是构建高质量现代化经济体系的必然要求，目的是改变传统的"大量生产、大量消耗、大量排放"的生产模式和消费模式，使资源、生产、消费等要素相匹配相适应，实现经济社会发展和生态环境保护协

①《习近平生态文明思想学习纲要》，人民出版社 2022 年版，第 35 页。

调统一、人与自然和谐共处。[①]

（二）坚持绿色发展是对生产方式、生活方式、思维方式和价值观念的全方位、革命性变革，要加快形成绿色发展方式，促进经济社会发展全面绿色转型

绿色发展突破了旧有发展思维、发展理念和发展模式，是对自然规律和经济社会可持续发展一般规律的深刻把握。生态环境保护和经济发展是辩证统一、相辅相成的，建设生态文明、推动绿色低碳循环发展，不仅可以满足人民日益增长的优美生态环境需要，而且可以推动实现更高质量、更有效率、更加公平、更可持续、更为安全的发展，走出一条生产发展、生活富裕、生态良好的文明发展道路。

调整经济结构和能源结构，既提升经济发展水平，又降低污染排放负荷。对重大经济政策和产业布局开展规划环评，优化国土空间开发布局，调整区域流域产业布局。培育壮大节能环保产业、清洁生产产业、清洁能源产业，发展高效农业、先进制造业、现代服务业。推进资源全面节约和循环利用，实现生产系统和生活系统循环链接。

要把实现减污降碳协同增效作为促进经济社会发展全面绿色转型的总抓手，加快推动产业结构、能源结构、交通运输结构、用地结构调整。强化国土空间规划和用途管控，落实生态保护、基本农田、城镇开发等空间管控边界，实施主体功能区战略，划定并严守生态保护红线。抓住资源利用这个源头，推进资源总量管理、科学配置、全面节约、循环利用，全面提高资源利用效率。

（三）坚持源头防治，调整“四个结构”，全面促进资源节约集约利用

要抓住产业结构调整这个关键，减少过剩和落后产业，增加新的增长动能，推动战略性新兴产业、高技术产业、现代服务业加快发展，推进达标排放，降低重点行业污染物排放，持续降低碳排放强度。调整能源结构，加快发展非化石能源，建设一批多能互补的清洁能源基地，大力推进煤炭清洁高效利用，实施可再生能源替代行动，着力提高利用效能。调整运输结构，减少公路运输量，增加铁路运输量，提高沿海港口集装箱铁路集疏港比例，鼓励使用新能源汽车。调整用地结构，坚持最严格的节约用地制度，调整建设用地结构，降低工业用地比例，推进城镇低效用地再开发和工矿废弃地复垦，严格控制农村集体建设用地规模。

生态环境问题，归根结底是资源过度开发、粗放利用、奢侈消费造成的。资源开发利用既要支撑当代人过上幸福生活，也要为子孙后代留下生存根基，必须转变资源利用方式、提高资源利用效率。要树立节约集约循环利用的资源观，实行最严格的耕地保护、水资源管理制度，强化能源和水资源、建设用地总量和强度双控管理，更加重视资源利用的系统效率，更加重视在资源开发利用过程中减少对生态环境的损害，更加重视资源的再生循环利用，用最少的资源环境代价取得最大的经济社会效益。全面推动重点领域低碳循环发展，加强高能耗行业能耗管理，强化建筑、交通节能，发展节水型产业，推动各种废弃

① 《习近平生态文明思想学习纲要》，人民出版社 2022 年版，第 50 页。

物和垃圾集中处理和资源化利用。

（四）努力实现碳达峰碳中和

力争 2030 年前实现碳达峰，2060 年前实现碳中和，是党中央经过深思熟虑作出的重大战略决策，是我们对国际社会的庄严承诺，也是推动高质量发展的内在要求。首先，正确认识和把握碳达峰碳中和。“双碳”工作要坚定不移推进，但不可能毕其功于一役，等不得，也急不得，必须坚持稳中求进，逐步实现。要提高战略思维能力，把系统观念贯穿“双碳”工作全过程，注重处理好四对关系：一是发展和减排的关系；二是整体和局部的关系；三是长远目标和短期目标的关系；四是政府和市场的关系。要坚持两手发力，推动有为政府和有效市场更好结合，建立健全“双碳”工作激励约束机制。其次，坚持降碳、减污、扩绿、增长协同推进，加快制定出台相关规划、实施方案和保障措施，组织实施好“碳达峰十大行动”，加强政策衔接。各地区各部门要有全局观念，科学把握碳达峰节奏，明确责任主体、工作任务、完成时间，稳妥有序推进。① 支持有条件的地方和重点行业、重点企业率先达峰。要加快构建清洁低碳安全高效的能源体系，立足我国能源资源禀赋，坚持先立后破、通盘谋划，传统能源逐步退出必须建立在新能源安全可靠替代基础上。

（五）打造国家重大战略绿色发展高地

区域协调发展是国家重大发展战略。我国幅员辽阔、人口众多，各地区自然资源禀赋差别之大在世界上是少有的，统筹区域发展从来都是一个重大问题。习近平总书记强调，做好区域协调发展“一盘棋”这篇大文章，要根据各地区的条件，走合理分工、优化发展的路子。不平衡是普遍的，要在发展中促进相对平衡，这是区域协调发展的辩证法。党的十八大以来，习近平总书记亲自谋划、亲自部署、亲自推动了京津冀协同发展、长江经济带发展、粤港澳大湾区建设、长三角一体化发展、黄河流域生态保护和高质量发展等区域重大战略。坚持生态优先、绿色发展是实施区域重大战略的应有之义，打造国家重大战略绿色发展高地是把握新发展阶段、贯彻新发展理念、构建新发展格局，促进高质量发展的必然要求。②

五、生态文明建设的系统观念：统筹山水林田湖草沙系统治理

山水林田湖草沙是生命共同体。习近平总书记指出：“生态是统一的自然系统，是相互依存、紧密联系的有机链条。人的命脉在田，田的命脉在水，水的命脉在山，山的命脉在土，土的命脉在林和草，这个生命共同体是人类生存发展的物质基础。”③

生态文明建设的系统观念：统筹山水林田湖草沙系统治理

①《习近平生态文明思想学习纲要》，人民出版社 2022 年版，第 58 页。
②《习近平生态文明思想学习纲要》，人民出版社 2022 年版，第 59 页。
③《习近平生态文明思想学习纲要》，人民出版社 2022 年版，第 71 页。

六、生态文明建设的制度保障：用最严格制度最严密法治保护生态环境

制度是关系党和国家事业发展的根本性、全局性、稳定性、长期性问题。法律是治国之重器，法治是治国理政的基本方式。要实现经济发展、政治清明、文化昌盛、社会公正、生态良好，必须更好发挥法治引领和规范作用。[①]

（一）保护生态环境必须依靠制度、依靠法治

建设生态文明，重在建章立制，用最严格的制度、最严密的法治保护生态环境。我国生态环境保护中存在的突出问题大多同体制不健全、制度不严格、法治不严密、执行不到位、惩处不得力有关。只有实行最严格的制度、最严密的法治，才能为生态文明建设提供可靠保障。党的十八大以来，我们加快推进生态文明顶层设计和制度体系建设，制定和修改环境保护法，环境保护税法以及大气、水、土壤污染防治法和核安全法等法律，覆盖各类环境要素的生态环境法律法规体系基本建立，相继出台《关于加快推进生态文明建设的意见》《生态文明体制改革总体方案》，制定了数十项涉及生态文明建设的改革方案，从制度保障等方面对生态文明建设进行了全面系统部署安排。习近平总书记强调，必须把制度建设作为推进生态文明建设的重中之重。要加快制度创新，增加制度供给，完善制度配套，强化制度执行，严格用制度管权治吏、护蓝增绿，有权必有责、有责必担当、失责必追究，保证党中央关于生态文明建设决策部署落地生根见效。着眼把生态文明建设纳入法治化、制度化轨道，构建科学严密、系统完善的生态环境保护法律制度体系，以法治理念、法治方式推动生态文明建设，着力解决违法成本过低、处罚力度不足问题，统筹解决生态环境领域法律法规存在的该硬不硬、该严不严、该重不重问题，推动形成人与自然和谐发展现代化建设新格局。

（二）实行最严格的生态环境保护制度，全面建立资源高效利用制度，健全生态保护和修复制度，严明生态环境保护责任制度

健全源头预防、过程控制、损害赔偿、责任追究的生态环境保护体系。加快建立健全国土空间规划和用途统筹协调管控制度，统筹划定落实生态保护红线、永久基本农田、城镇开发边界等空间管控边界以及各类海域保护线，完善主体功能区制度。完善绿色生产和消费的法律制度和政策导向，发展绿色金融，推进市场导向的绿色技术创新，更加自觉地推动绿色循环低碳发展。构建以排污许可制为核心的固定污染源监管制度体系，完善污染防治区域联动机制和陆海统筹的生态环境治理体系。加强农业农村环境污染防治。完善生态环境保护法律体系和执法司法制度。

推进自然资源统一确权登记法治化、规范化、标准化、信息化，健全自然资源产权制度，落实资源有偿使用制度，实行资源总量管理和全面节约制度。健全资源节约集约循环利用政策体系。普遍实行垃圾分类和资源化利用制度。推进能源革命，构建清洁低碳、安

① 《习近平生态文明思想学习纲要》，人民出版社 2022 年版，第 84 页。

全高效的能源体系。健全海洋资源开发保护制度。加快建立自然资源统一调查、评价、监测制度，健全自然资源监管体制。

统筹山水林田湖草沙一体化保护和修复，加强森林、草原、河流、湖泊、湿地、海洋等自然生态保护。加强对重要生态系统的保护和永续利用，构建以国家公园为主体的自然保护地体系，健全国家公园保护制度。加强长江、黄河等大江大河生态保护和系统治理。开展大规模国土绿化行动，加快水土流失和荒漠化、石漠化综合治理，保护生物多样性，筑牢生态安全屏障。除国家重大项目外，全面禁止围填海。

建立生态文明建设目标评价考核制度，强化环境保护、自然资源管控、节能减排等约束性指标管理，严格落实企业主体责任和政府监管责任。开展领导干部自然资源资产离任审计。推进生态环境保护综合行政执法，落实中央生态环境保护督察制度。健全生态环境监测和评价制度，完善生态环境公益诉讼制度，落实生态补偿和生态环境损害赔偿制度，实行生态环境损害责任终身追究制。

（三）加快生态环境治理体系和治理能力的现代化，提高生态环境治理能力现代化水平

要健全党委领导、政府主导、企业主体、社会组织和公众共同参与的现代环境治理体系，构建一体谋划、一体部署、一体推进、一体考核的制度机制。深入推进生态文明体制改革，强化绿色发展法律和政策保障，健全自然资源资产产权制度和法律法规。完善环境保护、节能减排约束性指标管理，建立健全稳定的财政资金投入机制。全面实行排污许可制，推进排污权、用能权、用水权、碳排放权市场化交易，建立健全风险管控机制。大力宣传绿色文明，增强全民节约意识、环保意识、生态意识，倡导简约适度、绿色低碳的生活方式。①

构建智慧高效的生态环境管理信息化体系，建立健全陆海统筹、天地一体、上下协同、信息共享的生态环境监测网络。不断完善生态环境监测技术体系，全面提高监测自动化、标准化、信息化水平。提升国家、区域流域海域和地方生态环境监测基础能力，补齐细颗粒物和臭氧协同控制、水生态环境、温室气体排放等监测短板。加强监测质量监督检查，确保数据真实、准确、全面。加强科技攻关，对臭氧、挥发性有机物以及新的污染物治理开展专项研究和前瞻研究，对涉及经济社会发展的重大生态环境问题开展对策性研究，加快成果转化与应用，为科学决策、环境管理、精准治污、便民服务提供支撑。②

七、生态文明建设的社会力量：把建设美丽中国转化为全体人民自觉行动

习近平总书记指出："抓生态文明建设，既要靠物质，也要靠精神。"生态文化是中国特色社会主义文化的重要组成部分，生态文化的核心是一种行为准则、一种价值理念。衡量生态文化是否在全社会

生态文明建设的社会力量：把建设美丽中国转化为全体人民自觉行动

①《习近平生态文明思想学习纲要》，人民出版社 2022 年版，第 89 页。
②《习近平生态文明思想学习纲要》，人民出版社 2022 年版，第 90 页。

扎根，就是要看这种行为准则和价值理念是否自觉体现在社会生产生活的方方面面。[①]

小　结

人与自然和谐共生理念是对人类社会与自然世界关系的重新审视，生动展示出人与自然在历史演进过程中共生存同荣损的命运同向性。习近平生态文明思想是对马克思、恩格斯生态思想的承袭，是中华优秀传统文化生态智慧的滋养，是对历代中国共产党人生态思想的深化，是中国化马克思主义生态思想的最新理论成果。习近平生态文明思想立足于中华民族永续发展的战略高度，针对新时代中国生态文明建设中出现的种种新情况、新问题，着重回答了中国特色社会主义生态文明建设的缘由、目标和举措等重大理论问题和实践问题，对于开创人与自然和谐共生的中国式现代化新道路、夯实人类文明新形态的生态基石，具有重要的战略意义、理论价值和现实旨趣。

学习思考

1. 如何理解习近平生态文明思想是新时代生态文明建设的根本遵循和行动指南？
2. 生态文明的核心理念是什么？
3. 如何结合自身实际践行生态文明理念？

拓展阅读文献

1. 习近平：《高举中国特色社会主义伟大旗帜　为全面建设社会主义现代化国家而团结奋斗——在中国共产党第二十次全国代表大会上的报告》，人民出版社 2022 年版。

2.《习近平关于社会主义生态文明建设论述摘编》，中央文献出版社 2017 年版。

3. 黄承梁：《习近平生态文明思想历史自然的形成和发展》，《人民日报》，2020 年 1 月 7 日。

4. 郇庆治：《开辟马克思主义人与自然关系理论新境界》，《人民日报》，2022 年 7 月 18 日。

案例链接

案例阅读

①《习近平生态文明思想学习纲要》，人民出版社 2022 年版，第 92 页。

第六章

中国式现代化道路的形成与发展

实现现代化是人类社会进入近代以来的潮流，尤其是20世纪以来各国发展的共同主题。自1840年鸦片战争后，实现现代化、实现民族复兴，成为中华民族伟大梦想和中国人民的殷切夙愿。中国共产党成立后，为中国人民谋幸福，为中华民族谋复兴，在实现中华民族现代化道路上不断探索。新中国成立以来，不仅逐步建立和完善中国特色社会主义制度，还在社会主义现代化建设实践中取得丰硕成果，丰富和发展了社会主义现代化的内涵和外延，走出了与西方式现代化道路不同的中国式现代化道路。同时，这将为世界大多数发展中国家走向现代化提供中国经验、中国智慧、中国方案，也将有利于推动世界社会主义运动，极大增强国际社会的和平与进步力量，带动国际力量对比的重大变化。习近平总书记所作的党的二十大报告高举中国特色社会主义伟大旗帜，科学描绘了在新的历史条件下全面建设社会主义现代化国家、夺取新时代中国特色社会主义新胜利的宏伟蓝图，是团结带领全国各族人民沿着中国特色社会主义道路继续前进、为全面建设社会主义现代化国家而团结奋斗的政治宣言和行动纲领。该报告深刻阐述了中国式现代化的科学内涵、中国特色和本质要求，强调坚持以中国式现代化全面推进中华民族伟大复兴。我们要把思想和行动统一到党中央决策部署上来，坚定不移推进中华民族伟大复兴历史进程，奋力谱写全面建设社会主义现代化国家崭新篇章。中国式现代化的本质要求是："坚持中国共产党领导，坚持中国特色社会主义，实现高质量发展，发展全过程人民民主，丰富人民精神世界，实现全体人民共同富裕，促进人与自然和谐共生，推动构建人类命运共同体，创造人类文明新形态。"①

一、本色属性：中国式现代化道路的内涵彰显

在新中国成立特别是改革开放以来长期探索和实践基础上，经过党的十八大以来在理论和实践上的创新突破，我们党成功推进了中国式现代化并拓展了其内涵。从现在起，中国共产党的中心任务就是团结带领全国各族人民全面建成社会主义现代化强国、实现第二个百年奋斗目标，以中国式现代化全面推进中华民族伟大复兴。

① 习近平：《高举中国特色社会主义伟大旗帜　为全面建设社会主义现代化国家而团结奋斗——在中国共产党第二十次全国代表大会上的报告》，人民出版社2022年版，第22页。

中国式现代化是中国共产党领导的社会主义现代化，既有各国现代化的共同特征，更有基于自己国情的中国特色。中国式现代化是人口规模巨大的现代化，是全体人民共同富裕的现代化，是物质文明和精神文明相协调的现代化，是人与自然和谐共生的现代化，是走和平发展道路的现代化。

新中国成立尤其是改革开放以来，终于探索出一条中国特色社会主义的成功之道，开创了中国式现代化道路。这条路浓缩了近代以来中华民族的辛酸史血泪史抗争史，浓缩了中国共产党成立以来的探索史奋斗史创造史，体现历史的选择、人民的选择、理论的创新、实践的创新。中国式现代化道路，首先走的是一条社会主义道路，体现社会主义性质和本质要求。

（一）中国式现代化是与社会主义有机结合的现代化

在漫长的革命斗争时期，毛泽东得出结论："我对于绝对的自由主义，无政府主义，以及德谟克拉西主义，依我现在的看法，都只认为于理论上说得好听，事实上是做不到的。"[①]他认为中国只能搞社会主义，不能搞资本主义，这是被历史所证明的正确结论。所以，在中国新民主主义革命、社会主义革命和建设、改革开放的历史进程中，始终坚持马克思主义指导思想，始终高举中国特色社会主义伟大旗帜，坚持中国特色社会主义共同理想，坚定不移地走中国特色社会主义道路，是中国历史发展的必然结论。中国式现代化道路的"社会主义本质要素"，就是马克思主义这个"主义"、社会主义这个"主义"、中国特色社会主义这个"主义"。

1848 年 2 月《共产党宣言》发表，宣告人类社会从资本主义向社会主义发展的新纪元，社会主义从空想转变为科学。1917 年 11 月俄国"十月革命"胜利，宣告社会主义开始从理论和理想转变为实践和现实。今日虽然还是"一球两制"，虽然还处于从资本主义向社会主义过渡的大历史时期，但再也不能用资本主义"一统天下"的短视眼光与狭隘视角审视人类社会的发展了。资产阶级打造的日益资本主义化的现代社会，因其内在无法克服的结构性矛盾而必然向社会主义迈进。马克思恩格斯设想的社会主义、共产主义理想社会，正是建立在资本主义社会已完成的工业化和现代化基础之上。社会主义从科学理论转化为伟大实践，虽然不是完全按照马克思恩格斯所设想的途径和方式实现的，但是社会主义同样可以利用工业化、现代化发展生产力，这已被社会主义的伟大实践所证明。中国实现工业化、现代化，是在社会主义制度下实现的，实现的工业化、现代化具有鲜明的社会主义性质；同时，社会主义又是通过实现工业化和现代化来发展生产力、把自己建设成为合格的社会主义的，这是资本主义工业化、现代化所没有的内涵。既高度体现科学社会主义的基本原则，又蕴含现代化的普遍特征，实现社会主义与现代化的有机结合。邓小平同志曾说："我们脑子里的四化是社会主义的四化，在这个

① 中共中央文献研究室编撰，逄先知主编：《毛泽东年谱（1893—1949）》（修订本）（上卷），中央文献出版社 2013 年版，第 73 页。

问题上我们不能让步。”[①]

（二）坚定走中国特色社会主义道路是时代选择

明确回答当代中国走什么路、举什么旗的根本问题，对于推进中国特色社会主义现代化极端重要。党的十七大报告指出：“在中国，坚持中国特色社会主义道路，就是真正坚持社会主义。”[②]党的十八大报告进一步指出：“建设中国特色社会主义，总任务是实现社会主义现代化和中华民族伟大复兴。”[③]党的十九大报告更鲜明指出：“中国特色社会主义进入新时代，意味着中国特色社会主义道路、理论、制度、文化不断发展，拓展了发展中国家走向现代化的途径，给世界上那些既希望加快发展又希望保持自身独立性的国家和民族提供了全新选择。”[④]党的二十大报告指出：“高举中国特色社会主义伟大旗帜，为全面建设社会主义现代化国家、全面推进中华民族伟大复兴而团结奋斗。”[⑤]如果没有中国特色社会主义，如今的世界社会主义则不成其为世界社会主义。中国是人类的中国、世界的中国、全球的有机组成部分，在全世界日显其重要作用和重要责任。社会主义本质要素是衡量中国式现代化道路的决定性要素。

（三）中国式现代化道路是一种创造性超越

中国式现代化道路的提出和全面推进，不仅将彻底改写现代化的世界版图，更将从根本上改写人类社会关于现代化的理论建构和实践路径，对西方式现代化的理论体系包括理论、概念、范畴、模式、评价指标体系等构成颠覆式挑战，实现创造性超越。中国式现代化对社会主义现代化理论作出原创性贡献，对世界现代化理论和人类思想发展史作出创造性贡献，是21世纪马克思主义的创新发展。

（四）西方式现代化被超越具有必然性

在唯物史观看来，西方式现代化是世界历史的发展进程中资本主义现代生产方式逐步确立的发展过程，其本质在于资本对剩余价值的剥削和贪婪追逐。资本主义现代生产方式就是资本的生产与再生产，反映的是以“劳资关系”为表征的“历史的生产关系”[⑥]。马克思恩格斯认为，现代社会形成的第一步是通过资本实现绝大部分人与生产资料的分离，从而出现雇佣劳动，并在雇佣劳动中创造价值和剩余价值，从而实现资本的自我增值。第二步就是资本再生产，资本每次与雇佣劳动交换的过程，都是自我增值的过程，“资本为了生成，不再从前提出发，它本身就是前提，它从它自身出发，自己创造出保

---

①《邓小平文选》(第三卷)，人民出版社1993年版，第204页。
②《十七大以来重要文献选编》(上)，中央文献出版社2009年版，第9页。
③《十八大以来重要文献选编》(上)，中央文献出版社2014年版，第10页。
④《习近平治国理政》(第三卷)，外文出版社2020年版，第9页。
⑤《高举中国特色社会主义伟大旗帜　为全面建设社会主义现代化国家而团结奋斗》(单行本)，人民出版社2022年版，第1页。
⑥《马克思恩格斯全集》第23卷，人民出版社1972年版，第835页。

存和增值自己的前提"。[①] 第三步是由资本再生产带来的生产力发展和全面扩张。一方面，资本在追逐剩余价值的过程中，会不自觉地促进生产力发展，成为发展生产力的自发历史力量。另一方面，资本在追逐剩余价值中会不自觉全面扩张，成为推动世界历史的一种自发历史力量。这是资本主义现代社会和现代文明形成发展的内在规律。马克思深刻批判了资本在西方式现代化进程中居于至高无上的社会本位。马克思反对将西方式现代化等同于所有现代化，各民族、国家或地区应根据自身具体情况，在充分利用资本主义现代社会最新成果的基础上，跨越"卡夫丁峡谷"而创造现代化的新模式。中国式现代化道路正是一种成功尝试。其伟大实践和理论建构，立足于马克思主义唯物史观，在世界历史发展逻辑中把握历史与现实、理论与实践、中国与世界的有机统一，是既能实现社会稳定发展又能实现人与人、人与社会、人与自然和谐发展，乃至国与国之间和平发展的新型现代化和人类文明新形态。

（五）中国式现代化没有重走盎格鲁—撒克逊模式、莱茵模式、北欧模式、东亚模式等西方式现代化的老路，实现了对西方式现代化的创造性超越

一方面，将人民从被资本剥削的对象转换至社会本位地位上，将实现人民对美好生活的向往和追求人的自由全面发展作为现代化发展的根本目的，将人民的劳动创造、共建共享作为中国式现代化形成和发展的内在规律。另一方面，充分利用了资本的文明面，将资本从社会本位地位上转换至解放和发展社会生产力、为满足人民美好生活需要服务的现代化工具地位上，实现"资本－人民"的本位转换。二者本质的区别，必将资本逐利的增值逻辑转换为满足人民美好生活需要和共享共建的发展逻辑，将资本的文明面融入人民本位的社会文明，资本增值不再是为了剥削和获取剩余价值，而是为了满足人民美好生活需要和人的全面发展。

中国式现代化是实现中华民族伟大复兴的光明大道。党的十八大以来，中国特色社会主义进入新时代，以习近平同志为主要代表的中国共产党人，坚持把马克思主义基本原理同中国具体实际相结合、同中华优秀传统文化相结合，坚持毛泽东思想、邓小平理论、"三个代表"重要思想、科学发展观，深刻总结并充分运用党成立以来的历史经验，从新的实际出发，创立了习近平新时代中国特色社会主义思想，明确坚持和发展中国特色社会主义，总任务是实现社会主义现代化和中华民族伟大复兴，在全面建成小康社会的基础上，分两步走，在 21 世纪中叶建成富强民主文明和谐美丽的社会主义现代化强国，以中国式现代化推进中华民族伟大复兴。中国式现代化是中国共产党领导的社会主义现代化，是具有中国特色、符合中国实际的现代化，是实现中华民族伟大复兴的光明大道。

党带领人民成功走出中国式现代化道路，创造了人类文明新形态。中国共产党百年来团结带领中国人民所进行的一切奋斗，就是为了把我国建设成为现代化强国，实现中华民族伟大复兴。在这个过程中，我们党对建设社会主义现代化国家在认识上不断深入、在战略上不断成熟、在实践上不断丰富，开创了中国式现代化道路。社会主义革命和建设时

① 《马克思恩格斯全集》(第 30 卷)，人民出版社 1995 年版，第 452 页。

期，我们党提出努力把我国逐步建设成为一个具有现代农业、现代工业、现代国防和现代科学技术的社会主义强国目标。改革开放和社会主义现代化建设新时期，我们党提出“中国式的现代化”论断，制定了到21世纪中叶分三步走、基本实现社会主义现代化的发展战略。在新中国成立特别是改革开放以来的长期探索和实践基础上，经过党的十八大以来在理论和实践上的创新突破，我们党成功推进了中国式现代化并拓展了其内涵。习近平总书记提出，“我们建设的现代化必须是具有中国特色、符合中国实际的”，强调必须坚持“以中国式现代化推进中华民族伟大复兴”。党的十九大对全面建成社会主义现代化强国作出战略部署，总的战略安排是分两步走：从2020年到2035年基本实现社会主义现代化；从2035年到21世纪中叶把我国建成富强民主文明和谐美丽的社会主义现代化强国。习近平总书记关于中国式现代化的一系列重要论述，是习近平新时代中国特色社会主义思想的重要组成部分，为全面建设社会主义现代化国家提供了根本遵循，也拓展了发展中国家走向现代化的途径，为人类对更好社会制度的探索提供了中国方案。

中国式现代化推动实现中华民族伟大复兴进入了不可逆转的历史进程。新中国成立特别是改革开放以来，中国共产党团结带领中国人民通过走中国式现代化道路，仅用几十年的时间就走完了西方发达国家几百年走过的工业化历程，创造了世所罕见的经济快速发展和社会长期稳定两大奇迹。党的十八大以来，以习近平同志为核心的党中央统筹推进“五位一体”总体布局、协调推进“四个全面”战略布局，攻克了许多长期没有解决的难题，办成了许多事关长远的大事要事，党和国家事业取得历史性成就、发生历史性变革。我们全面建成小康社会，实现第二个百年奋斗目标，国家经济实力、科技实力、综合国力、国际影响力持续增强。2021年，我国经济总量达到114.4万亿元，占全球经济总量比重超过18%，人均国内生产总值超过8万元。我们如期打赢脱贫攻坚战，现行标准下9899万农村贫困人口全部脱贫，完成了消除绝对贫困的艰巨任务。我们建成世界上规模最大的教育体系、社会保障体系、医疗卫生体系，人民生活全方位改善，获得感、幸福感、安全感更加充实、更有保障、更可持续。生态环境保护发生历史性、转折性、全局性变化，绿色、循环、低碳发展迈出坚实步伐。面对突如其来的新冠肺炎疫情，坚持人民至上、生命至上，高效统筹疫情防控和经济社会发展，最大限度保护了人民生命安全和身体健康。中国共产党和中国人民正信心百倍推进中华民族从站起来、富起来到强起来的伟大飞跃，我们比历史上任何时期都更接近、更有信心和能力实现中华民族伟大复兴的目标。

奋进全面建设社会主义现代化国家新征程，必须坚定不移以中国式现代化全面推进中华民族伟大复兴。我国已迈上全面建设社会主义现代化国家新征程。当今世界百年未有之大变局加速演进，我国发展面临新的战略机遇、战略任务、战略阶段、战略要求、战略环境，需要应对的风险和挑战、需要解决的矛盾和问题比以往更加错综复杂。越是这样，我们越要坚定中国特色社会主义道路自信、理论自信、制度自信、文化自信，坚定不移沿着中国式现代化这条光明大道走下去。历史和实践已经证明，中国式现代化道路契合我国实际，这条道路不仅走得对、走得通，而且越走越宽广。面对新征程，我们坚持以中国式现代化全面推进中华民族伟大复兴，一定能够不断创造新的发展奇迹，为发展自身和造福世界作出新的更大贡献。

二、特色之处：深刻把握中国式现代化的中国特色

中国式现代化是人口规模巨大的现代化，是全体人民共同富裕的现代化，是物质文明和精神文明相协调的现代化，是人与自然和谐共生的现代化，是走和平发展道路的现代化。这是中国式现代化的中国特色。以中国式现代化全面推进中华民族伟大复兴，必须切实把握好基于自己国情的中国特色。

（一）坚持从中国国情出发

我国14亿多人口整体迈入现代化社会，规模将超过现有发达国家人口的总和，艰巨性和复杂性前所未有，发展途径和推进方式也必然具有自己的特点。当今世界，虽然许多国家都在努力建设现代化，但真正全面建成现代化国家的并不多。一些发展中国家不顾自身国情和历史方位，全盘照搬西方模式，结果发展过程极为艰难。归根结底，人类历史上没有一个民族、一个国家可以通过依赖外部力量、照搬外国模式、跟在他人后面亦步亦趋实现强大和振兴。我国的现代化建设之所以能够取得今天这样的好局面，根本在于我们的现代化是中国共产党领导的社会主义现代化，既有各国现代化的共同特征，更有基于自己国情的中国特色，是符合中国实际的。我国仍处于并将长期处于社会主义初级阶段，仍然是世界最大的发展中国家，把我国建设成为社会主义现代化强国需要付出长期艰苦的努力。要始终从国情出发，想问题、作决策、办事情，既不好高骛远，也不因循守旧，保持历史耐心，坚持稳中求进，循序渐进，持续推进。坚持集中精力办好自己的事，继续抓住并用好重要战略机遇期，在准确把握历史规律、时代大势、发展条件基础上科学谋划、积极作为、顺势而为，在一步一个脚印的扎实推进中破解难题、实现目标。

（二）坚持全体人民共同富裕

共同富裕是中国特色社会主义的本质要求，也是一个长期的历史进程。实现共同富裕是我们党的重要使命，这不仅是一个经济问题，而且是关系党的执政基础的重大政治问题。中国式现代化坚持把实现人民对美好生活的向往作为现代化建设的出发点和落脚点，着力维护和促进社会公平正义，着力促进全体人民共同富裕，坚决防止两极分化。要坚持以人民为中心的发展思想，在高质量发展中促进共同富裕，自觉积极主动地解决地区差距、城乡差距、收入分配差距，提高发展的平衡性、协调性、包容性。在共同奋斗中促进共同富裕，鼓励勤劳创新致富，为人民提高受教育程度、增强发展能力创造更加普惠公平的条件，防止社会阶层固化，畅通向上流动通道，给更多人创造致富机会。正确处理效率和公平的关系，构建初次分配、再分配、第三次分配协调配套的基础性制度，建立科学的公共政策体系，让发展成果更多更公平惠及全体人民。坚持尽力而为、量力而行，把保障和改善民生建立在经济发展和财力可持续的基础上，重点加强基础性、普惠性、兜底性民生保障建设。全体人民共同富裕不是少数人的富裕，也不是整齐划一的平均主义。要允许一部分人先富起来，同时要强调先富带后富、帮后富。按照党中央部署，到“十四五”末，全体人民共同富裕迈出坚实步伐；到2035年，全体人民共同富裕取得更为明显的实

质性进展；到21世纪中叶，全体人民共同富裕基本实现。要坚持循序渐进，充分估计发展的长期性、艰巨性、复杂性，实打实把一件件事办好，扎实推进共同富裕。

（三）坚持物质文明和精神文明相协调

物质富足、精神富有是社会主义现代化的根本要求。物质贫困不是社会主义，精神贫乏也不是社会主义。中国特色社会主义是全面发展、全面进步的伟大事业，没有社会主义文化繁荣发展，就没有社会主义现代化。要不断厚植现代化的物质基础、不断夯实人民幸福生活的物质条件，同时大力发展社会主义先进文化，加强理想信念教育，传承中华文明，促进物的全面丰富和人的全面发展。要坚持马克思主义在意识形态领域的指导地位，不断推进马克思主义中国化、时代化。大力弘扬和践行社会主义核心价值观，通过教育引导、舆论宣传、文化熏陶、实践养成、制度保障等，使社会主义核心价值观内化为人们的精神追求、外化为人们的自觉行动。推动理想信念教育常态化、制度化，加强党史、新中国史、改革开放史、社会主义发展史教育，加强爱国主义、集体主义、社会主义教育，促进全体人民在思想上、精神上紧紧团结在一起。推动中华优秀传统文化创造性转化、创新性发展，继承革命文化，发展社会主义先进文化，建设社会主义文化强国。坚持把社会效益放在首位、社会效益和经济效益相统一，推进文化事业和文化产业全面发展，繁荣文艺创作，完善公共文化服务体系，为人民提供更多更好的精神食粮。

（四）坚持人与自然和谐共生

人与自然是生命共同体，无止境地向自然索取甚至破坏自然必然会遭到大自然的报复。中国式现代化既要创造更多物质财富和精神财富以满足人民日益增长的美好生活需要，也要提供更多优质生态产品以满足人民日益增长的优美生态环境需要。我们必须把握好发展与保护的关系，决不能走“先污染后治理”的路子。要坚持可持续发展，坚持节约优先、保护优先、自然恢复为主的方针，像保护眼睛一样保护自然和生态环境，坚定不移地走生产发展、生活富裕、生态良好的文明发展道路，实现中华民族永续发展。践行“绿水青山就是金山银山”理念，坚持不懈推动绿色低碳发展，把实现减污降碳协同增效作为促进经济社会发展全面绿色转型的总抓手，加快推动产业结构、能源结构、交通运输结构、用地结构调整，形成绿色发展方式。加快形成节约资源和保护环境的空间格局，把经济活动、人的行为限制在自然资源和生态环境能够承受的限度内，给自然生态留下休养生息的时间和空间。集中攻克老百姓身边的突出生态环境问题，坚持精准治污、科学治污、依法治污，以更高标准打好蓝天、碧水、净土保卫战。推进山水林田湖草沙一体化保护和修复，加快构建以国家公园为主体的自然保护地体系，加强生物多样性保护，提升生态系统质量和稳定性。建立健全体制机制和政策体系，完善环境保护、节能减排约束性指标管理体系，提高生态环境治理体系和治理能力现代化水平。

（五）坚持走和平发展道路

中国式现代化强调同世界各国互利共赢，推动构建人类命运共同体，努力为人类和平与发展作出贡献。历史上一些国家通过战争、殖民、掠夺等方式实现现代化，给广大发展中国家人民带来深重苦难。中华民族是热爱和平的民族，600多年前郑和下西洋时率领的是当时世界最庞大的船队，带去的是丝绸、茶叶和瓷器，而不是战争。我们坚定站在历史正确的一边、站在人类文明进步的一边，高举和平、发展、合作、共赢旗帜，在坚定维护世界和平与发展中谋求自身发展，又以自身发展更好维护世界和平与发展。坚持胸怀天下，坚持独立自主的和平外交政策，坚持相互尊重、平等协商，以对话弥合分歧，以谈判化解争端，反对一切形式的霸权主义、强权政治，推动各国共同走和平发展道路，推动建设新型国际关系。推进合作共赢开放体系建设，全面提高对外开放水平，推动贸易和投资自由化便利化，推动共建"一带一路"高质量发展，支持开放、透明、包容、非歧视的多边贸易体制。积极发展全球伙伴关系，同世界各国增进政治互信、深化务实合作。坚持不懈推动完善全球治理，坚定维护以联合国为核心的国际体系、以国际法为基础的国际秩序、以联合国宪章宗旨和原则为基础的国际关系基本准则，维护和践行真正的多边主义，积极推动经济全球化朝更加开放、包容、普惠、平衡、共赢的方向发展。

三、实践图景：把握中国式现代化的内在要求

中国式现代化的本质要求是：坚持中国共产党领导，坚持中国特色社会主义，实现高质量发展，发展全过程人民民主，丰富人民精神世界，实现全体人民共同富裕，促进人与自然和谐共生，推动构建人类命运共同体，创造人类文明新形态。我们要以习近平新时代中国特色社会主义思想为指导，牢牢把握中国式现代化的本质要求，推动中国特色社会主义伟大事业不断前进。

实践图景：把握中国式现代化的内在要求

四、以中国式现代化全面推进中华民族伟大复兴

中国共产党一经成立，就把实现共产主义作为党的最高理想和最终目标，义无反顾肩负起实现中华民族伟大复兴的历史使命。习近平总书记指出，一百多年来，中国共产党团结带领中国人民进行的一切奋斗、一切牺牲、一切创造，归结起来就是一个主题：实现中华民族伟大复兴。

以中国式现代化全面推进中华民族伟大复兴

小　结

中国共产党团结带领全国各族人民沿着中国特色社会主义道路，坚持以中国式现代化全面推进中华民族伟大复兴，谱写全面建设社会主义现代化国家崭新篇章。中国式现代化是坚持把马克思主义基本原理同中国具体实际相结合、同中华优秀传统文化相结合的重大贡献，是具有中国特色、符合中国实际的现代化，是实现中华民族伟大复兴的光明大道。

我们要深刻领悟以中国式现代化全面推进中华民族伟大复兴的重要意义，坚持和加强党的全面领导，确保充分发挥党总揽全局、协调各方的领导核心作用，把握新时代新征程党的使命任务。同以习近平同志为核心的党中央保持高度一致，更加坚定自觉地用习近平新时代中国特色社会主义思想武装头脑，进一步加强理论研究和实践创新，使我们的认识、政策、举措更加符合客观规律，不断拓展中国式现代化的广度和深度，逐步进入中国式现代化建设的“自由王国”，更好推进强国建设、民族复兴，为人类作出新的更大贡献。

学习思考

1. 中国式现代化的本质特征是什么？
2. 为什么说中国式现代化是中国共产党领导的社会主义现代化？
3. 中国式现代化道路的社会主义性质体现在哪里？

拓展阅读文献

1. 习近平：《高举中国特色社会主义伟大旗帜　为全面建设社会主义现代化国家而团结奋斗——在中国共产党第二十次全国代表大会上的报告》，人民出版社 2022 年版。

2.《中国式现代化是强国建设、民族复兴的康庄大道》，《人民日报》，2023 年 2 月 12 日。

3. 王国平、唐珏岚：《以人民为中心推进中国式现代化》，《光明日报》，2022 年 10 月 31 日。

4. 戴木才：《中国式现代化的重大原则》，《经济日报》，2022 年 3 月 27 日。

5. 习近平：《在庆祝中国共产党成立 100 周年大会上的讲话》，人民出版社 2021 年版。

6.《中共中央关于党的百年奋斗重大成就和历史经验的决议》，人民出版社 2021 年版。

案例链接

案例阅读

第七章

新时代党的自我革命精神形成、当代价值及未来走向

习近平在主持中共十八届中央政治局第一次集体学习中强调，“特别是新形势下加强和改进党的建设面临‘四大考验’‘四种危险’，落实党要管党、从严治党的任务比以往任何时候都更为繁重更为紧迫”。① 党的十八大以来，我们党始终坚持党要管党、全面从严治党，把全面从严治党作为新时代党的建设鲜明主题，推进反腐倡廉，解决了党内许多突出问题，但党面临的“四大考验”“四种风险”将长期存在。习近平在庆祝中国共产党成立 100 周年大会讲话中指出，“勇于自我革命是中国共产党区别于其他政党的显著标志。我们党历经千锤百炼而朝气蓬勃，一个很重要的原因就是我们始终坚持党要管党、全面从严治党，不断应对好自身在各个历史时期面临的风险考验”②，党的自我革命精神极具时代价值，党的自我革命引领社会革命，把党建设得更加坚强有力，成为党不断从胜利走向胜利的关键，确保党永远不变质、不变色、不变味。党的二十大报告对坚定不移全面从严治党、深入推进新时代党的建设新的伟大工程作出重大部署，报告指出，“全面从严治党永远在路上，党的自我革命永远在路上”③，我们必须增强全面从严治党永远在路上的政治自觉，推动自我革命不断走向深处，坚持全面从严治党，推进自我革命制度体系建设走深走实，坚定不移推进党风廉政建设和反腐败斗争，确保党始终成为新时代坚持和发展中国特色社会主义坚强领导核心，向着全面建成社会主义现代化强国的“两个一百年”奋斗目标迈进。

一、中国共产党自我革命精神的百年演进、含义特征、基本内容

习近平在十九届中央纪委三次全会上发表的重要讲话中指出，“只要我们始终不忘党的性质宗旨，勇于直面自身存在的问题，以刮骨疗毒的决心和意志消除一切损害党的先进性和纯洁性的因素，就能够形成党长期执政条件下实现自我净化、自我完善、自我革新、自我提高的有效途径”④。要把握百年大党自我革命精神演进历程及内涵、特征，推动党自我革命的伟大精神熔铸于全面从严治党和伟大社会革命实践之中。

---

① 习近平：《论党的自我革命》，党建读物出版社、中国方正出版社、中央文献出版社 2023 年版，第 13 页。

② 习近平：《论党的自我革命》，党建读物出版社、中国方正出版社、中央文献出版社 2023 年版，第 320–321 页。

③ 习近平：《论党的自我革命》，党建读物出版社、中国方正出版社、中央文献出版社 2023 年版，第 1 页。

④《习近平关于“不忘初心、牢记使命”论述摘编》，党建读物出版社、中央文献出版社 2019 年版，第 176 页。

（一）中国共产党自我革命精神的百年演进

《中共中央关于党的百年奋斗重大成就和历史经验的决议》（以下简称《决议》）指出，“一百年来，党领导人民浴血奋战、百折不挠，创造了新民主主义革命的伟大成就；自力更生、发愤图强，创造了社会主义革命和建设的伟大成就；解放思想、锐意进取，创造了改革开放和社会主义现代化建设的伟大成就；自信自强、守正创新，创造了新时代中国特色社会主义的伟大成就”[①]。百年党史就是一部我们党勇于自我革命的历史，也是我们党坚持真理、修正错误的历史。

1. 新民主主义革命时期：党实施和推进党的建设伟大工程

大革命时期（1919—1927 年）：党的纪律建设的初步尝试。1921 年 7 月 23 日中国共产党的第一次全国代表大会举行，标志着中国共产党的诞生，党的一大通过的《中国共产党第一个纲领》确定了党员身份认定的组织纪律和保密纪律，确定了党的组织机构原则和早期财务纪律；1922 年，党的二大通过第一部党章，规定了党员应遵守的政治纪律和组织纪律，提出了 6 种开除出党的情形，这是我们党在成立初期进行自我革命的初步尝试，为加强党的纪律建设奠定了基础；1927 年 8 月 7 日，中共中央在汉口召开了著名的“八七会议”，会议的一项主要内容是总结大革命失败的经验教训，纠正党内的右倾机会主义错误，确定了土地革命和武装反抗国民党反动派的总方针。

土地革命时期（1927—1937 年）：纠正王明等“左”倾机会主义。在新民主主义革命时期，曾出现瞿秋白的“左”倾盲动主义、李立三的“左”倾冒险主义、王明的“左”倾冒险主义，致使党的事业一度陷入困境，延缓了革命的进程。博古、李德实行的军事冒险主义方针，导致了第五次反“围剿”失败，红军被迫长征，中国革命到了生死存亡的危急关头。在毛泽东的正确领导下，红军转战黔北，于 1935 年 1 月 7 日攻克黔北重镇遵义，并在此召开了著名的遵义会议。遵义会议，批评了博古、李德在军事指挥上的“左”倾错误，结束了王明“左”倾冒险主义在中共中央的统治，确立了毛泽东在党中央和红军的领导地位，打开了中国革命新局面。

抗日战争时期和解放战争时期（1937—1949 年）：开展整风运动，纠正党内各种错误思想、路线。从遵义会议开始，党通过自我纠错，愈加成熟，从 1942 年开始在全党进行整风。延安整风运动使党内的“左”倾错误从根本上得到解决，从而确立了实事求是的思想路线，为实现抗日战争胜利奠定了思想基础，为推动新民主主义革命取得伟大胜利形成了良好条件。1949 年 3 月，党召开了七届二中全会，这次会议正确分析了国内形势的变化，实现了工作重心的转移，确定了夺取全国胜利后的各项方针政策，并明确提出了警惕资产阶级思想侵蚀问题，提出了“两个务必”重要思想，为成立新中国奠定了坚实基础。

①《中共中央关于党的百年奋斗重大成就和历史经验的决议》（2021 年 11 月 11 日中国共产党第十九届中央委员会第六次全体会议通过），《人民日报》，2021 年 11 月 17 日。

2. 社会主义革命和建设时期：党着重提出执政条件下党的建设的重大课题

新中国成立后，从思想上组织上作风上加强党的建设、巩固党的领导。新中国成立后，党加强干部理论学习和知识培训。党开展整风整党，加强党内教育，整顿基层党组织，提高党员条件，反对官僚主义、命令主义和贪污浪费。党高度警惕并着力防范党员干部腐化变质，坚决惩治腐败。

在社会主义革命和建设时期先后出现“大跃进”运动、人民公社化运动等失误，给人民群众的生产生活带来了严重影响，给国家造成了灾难性的损失。面对新中国成立以来最严重的困难，毛泽东带领全党认真调查研究，调整政策，纠正错误。1960 年 12 月至 1961 年 1 月，中共中央在北京召开工作会议讨论 1961 年的国民经济计划，同时总结农村整风整社试点经验，纠正“共产风”、浮夸风、强迫命令风、生产瞎指挥风、干部特殊化风“五风”问题。毛泽东在会上批评“一平二调”“共产风”是“人祸”；要求大家勇于承认错误，有多少错误就说多少，有“左”反“左”，有“右”反“右”，有什么反什么。

3. 改革开放和社会主义现代化建设新时期：开创和推进党的建设新的伟大工程

制定关于党内政治生活的若干准则，健全民主集中制。党的十一届三中全会，顺应国内外形势的发展，把全党工作的着重点和全国人民的注意力转移到社会主义现代化建设上来，结束了全国范围的大规模的揭批林彪、“四人帮”的群众运动。为了适应社会主义现代化建设需要，全会决定在党的生活和国家政治生活中加强民主，明确党的思想路线，加强党的领导机构和成立中央纪律检查委员会。根据党的历史经验教训，全会决定健全党的民主集中制，健全党规党法，严肃党纪，全会选举产生了以陈云同志为首的由 100 人组成的中央纪律检查委员会。

加强党的执政能力建设和先进性建设。党以执政能力建设和先进性建设为主线，先后就加强党同人民群众联系、加强和改进党的作风建设、加强党的执政能力建设等重大问题作出决定，组织开展“讲学习、讲政治、讲正气”教育活动、“三个代表”重要思想学习教育活动、保持共产党员先进性教育活动、学习实践科学发展观活动等集中性学习教育。党把党风廉政建设和反腐败斗争提高到关系党和国家生死存亡的高度，推进惩治和预防腐败体系建设。

4. 中国特色社会主义新时代：实施全面从严治党的战略方针

首先，提出新时代党的建设总要求。习近平在党的十九大报告中与时俱进地提出了新时代党的建设总要求。这个总要求充分体现了党的十八大以来以习近平同志为核心的党中央坚持党的领导、加强党的建设、推进全面从严治党的创新成果和经验，丰富发展了马克思主义建党学说，进一步回答了“建设什么样的党、怎样建设党”这一历史性课题，标志着我们党对执政党建设规律的认识达到新的高度，对于深入推进党的建设新的伟大工程具有纲领性作用。

其次，明确全面从严治党的战略方针。2017 年 10 月，党的十九大将“全面从严治党”写入党章，并将“坚持全面从严治党”作为新时代坚持和发展中国特色社会主义的基本方略之一，全面从严治党作为党中央谋划党和国家事业的关键布局，赋予党的建设新的时代内涵和历史使命。党的十九届六中全会审议通过党的第三个历史决议，以“十个明确”系统概括习近平新时代中国特色社会主义思想的核心内容，其中之一就是明确全面从严治党的战略方针；决议还将“坚持自我革命”列为党百年奋斗的十条历史经验之一。

（二）新时代中国共产党自我革命精神的含义特征

党的自我革命精神发展于中国革命、建设和改革的伟大实践中，创新于新时代中国特色社会主义的不懈探索中，并成为我们党战胜困难、实现困境突围的重要精神支柱。

1. 中国共产党自我革命精神的概念

党的十八大以来，习近平关于党的自我革命精神的论述，为我们分析和总结自我革命精神话语含义提供了基本遵循。通过梳理习近平关于党的自我革命精神的论述，归纳党的自我革命精神的话语含义主要包括：自我革命的目的是永葆党的先进性和纯洁性、确保长期执政，主体是各级党组织和全体党员、干部，方式是党要管党、全面从严治党，内涵是自我净化、自我完善、自我革新、自我提高，态度是守正创新、正视问题、刀刃向内，保障是党的全面领导和党中央集中统一领导。党的十八大以来，习近平坚持自信自立、守正创新，提出以党的自我革命引领社会革命、以社会革命促进自我革命的原创性论断，坚定中国共产党既是马克思主义执政党也是马克思主义革命党的认识，成功扭转了把革命和执政二者对立起来的认识误区，丰富发展了中华文化中的革命话语体系，为新时代坚持和发展马克思主义建党学说提供了基础概念和基础理论。

2. 新时代中国共产党自我革命精神的基本内涵

习近平在省部级主要领导干部学习贯彻中共十八届六中全会精神专题研讨班上的讲话中指出：“现在，世人惊叹中国理论创新、实践创新、制度创新步伐之快，惊叹中国社会面貌变化之大，要看到在这些发展变化背后是我们党永不自满、永不懈怠的品格，是我们党不断自我净化、自我完善、自我革新、自我提高的精神。”① 揭示了党的自我革命精神的基本内涵。习近平在十九届中央纪委三次全会上对党的自我净化、自我完善、自我革新、自我提高的含义作出了归纳：

“自我净化，就是要过滤杂质、清除毒素、割除毒瘤，教育引导全党坚定理想信念宗旨，自觉抵御各种腐朽思想侵蚀，提高政治免疫力，同时聚焦突出问题，自觉向体内病灶开刀，清除一切侵蚀党的健康肌体的病毒。”②

“自我完善，就是要修复肌体、健全机制、丰富功能，着眼于加强党的长期执政能力建设，着力补短板、强弱项，不断构建系统完备、科学规范、运行有效的制度体系，完善决策科学、执行坚决、监督有力的权力运行机制。”③

“自我革新，就是要与时俱进、自我超越，善于调动全党积极性、主动性、创造性，坚决破除一切不合时宜的思想观念和体制机制弊端，通过改革和制度创新压缩腐败现象生存空间和滋生土壤，营造风清气正的政治生态。”④

① 习近平：《论党的自我革命》，党建读物出版社、中国方正出版社、中央文献出版社 2023 年版，第 174 页。
② 习近平：《论党的自我革命》，党建读物出版社、中国方正出版社、中央文献出版社 2023 年版，第 264 页。
③ 习近平：《论党的自我革命》，党建读物出版社、中国方正出版社、中央文献出版社 2023 年版，第 264 页。
④ 习近平：《论党的自我革命》，党建读物出版社、中国方正出版社、中央文献出版社 2023 年版，第 264 页。

“自我提高，就是要有新本领、有新境界，永不僵化、永不停滞，在学习实践中砥砺品格、增长才干，全面增强执政本领，不断提升政治境界、思想境界、道德境界，永葆党的生机活力。”①

“四个自我”既紧密联系，又辩证统一，是一个有机整体。自我净化是基础，自我完善是途径，自我革新是动力，自我提高是目标。四者之间互为前提、相辅相成，必须统筹兼顾、协调用力、整体推进。

3. 新时代中国共产党自我革命精神的主要特征

党的二十大报告提出“以党的自我革命引领社会革命”重大命题及“两个永远在路上”的重大论断，这标志着我们党对自我革命理论和实践的规律性认识提升到一个新高度，内含着党的自我革命精神的时代特征。

第一，在进行社会革命的同时进行自我革命。2019 年 1 月 11 日，习近平在中国共产党第十九届中央纪律检查委员会第三次全体会议上的重要讲话指出：“在进行社会革命的同时不断进行自我革命，是我们党区别于其他政党最显著的标志，也是我们党不断从胜利走向新的胜利的关键所在。”② 百年来，正是因为中国共产党以自我革命的勇气，解决自身存在的问题，才能够赢得广大人民群众的认同与支持，才能够取得新民主主义革命的伟大成就、社会主义革命和建设的伟大成就、改革开放与社会主义现代化建设的伟大成就和新时代中国特色社会主义建设的伟大成就。

第二，自我革命永远在路上。2019 年 6 月 24 日，习近平在中央政治局第十五次集体学习上的讲话指出：“党的自我革命任重而道远，决不能有停一停、歇一歇的想法。”③ 习近平在党的二十大报告中指出：“全党必须牢记，全面从严治党永远在路上，党的自我革命永远在路上，决不能有松劲歇脚、疲劳厌战的情绪。”④ 党的自我革命永远在路上，这一重要警示论断，深刻揭示了我们党历经百年依然风华正茂的奥秘所在，彰显了我们党一以贯之坚持自我革命、确保永远不变质不变色不变味的政治决心，体现了党的自我革命的长期性。

第三，敢于斗争、善于斗争。坚持敢于斗争是党百年奋斗的重要历史经验，也是完成新时代新征程党的使命任务、实现中华民族伟大复兴中国梦的必然要求。2021 年 3 月 1 日，习近平在中央党校（国家行政学院）中青年干部培训班开班式上的讲话指出：“年轻干部要自觉加强斗争历练，在斗争中学会斗争，在斗争中成长提高，努力成为敢于斗争、善于斗争的勇士。”⑤ 党领导人民依靠斗争走到今天，也必然要依靠斗争赢得未来。当前，世界百年未有之大变局加速演进，我国改革发展稳定面临不少深层次矛盾躲不开、绕不过，党的建设特别是党风廉政建设和反腐败斗争面临不少顽固性、多发性问题，来自外部的打压遏制随时可能升级。新征程上，我们面临的各种斗争不是短期的而是长期的。

---

① 习近平：《论党的自我革命》，党建读物出版社、中国方正出版社、中央文献出版社 2023 年版，第 264 页。
② 习近平：《论党的自我革命》，党建读物出版社、中国方正出版社、中央文献出版社 2023 年版，第 263 页。
③ 习近平：《习近平谈治国理政》(第 3 卷)，外文出版社 2020 年版，第 532 页。
④ 习近平：《论党的自我革命》，党建读物出版社、中国方正出版社、中央文献出版社 2023 年版，第 86 页。
⑤ 习近平：《习近平谈治国理政》(第 4 卷)，外文出版社 2022 年版，第 80 页。

第四，开展集中性学习教育。2021 年 2 月 20 日，习近平在党史学习教育动员大会上的讲话指出："在全党开展集中性学习教育，是我们党推进自我革命的重要途径，也是一条重要经验。"[①]党的自我革命精神是在锻造中形成的，党的自我净化、自我完善、自我革新、自我提高也不是那么容易就能实现的，通过开展集中性教育，提升广大党员干部的思想政治素质，才能不断提升党的创造力、凝聚力、战斗力，不断夺取具有许多新的历史特点的伟大斗争新胜利。

（三）新时代中国共产党自我革命精神的基本内容

习近平在中央政治局第十五次集体学习时强调，"我们党继承和发展马克思主义建党学说，形成了关于党的自我革命的丰富思想成果"[②]，加强理想信念教育、全面从严治党、坚持经常性教育和集中性教育相结合等，这些都是党进行自我革命的重要经验。

1. 补足精神之"钙"

思想建设是党的基础性建设，坚定理想信念是党的思想建设的首要任务。2012 年 11 月 17 日，习近平在中国共产党十八届中央政治局第一次集体学习时提出："理想信念是共产党人精神上的'钙'。理想信念坚定，骨头就硬，没有理想信念，或理想信念不坚定，精神上就会'缺钙'，就会得'软骨病'，必然导致政治上变质、经济上贪婪、道德上堕落、生活上腐化。"[③]革命理想高于天。共产主义远大理想和中国特色社会主义共同理想，是中国共产党人的精神支柱和政治灵魂，也是保持党的团结统一的思想基础。加强党的思想建设，必须坚定党员干部的理想信念。

2. 坚持不懈整治四风

习近平强调："把落实中央八项规定精神化作自觉行动，持之以恒克服形式主义、官僚主义，久久为功祛除享乐主义和奢靡之风。"[④]党的十八大以来，我们坚持党要管党、全面从严治党，坚持问题导向，以整治"四风"为突破口，大力弘扬真抓实干作风，交出了新答卷，取得了新成效。但应清醒看到，作风问题具有顽固性和反复性，形成优良作风不可能一劳永逸，克服不良作风也不可能一蹴而就，作风建设永远在路上。

3. 把权力关进制度的笼子

制度建设是全面从严治党的重要保障。习近平指出："把权力关进制度的笼子里，首先要建好笼子。笼子太松了，或者笼子很好但门没关住，进出自由，那是起不了什么作用的。"[⑤]党的十八大以来，以习近平同志为核心的党中央坚持依法依规治党，一方面坚持党领导人民制定宪法法律、执行宪法法律；另一方面与时俱进深化党的建设制度改革，注重党内法规同国家法律的衔接和协调，不断把管党治党创新成果固化为法规制度，先后组织制定修改 90 多部党内法规，管党治党的"螺栓"越拧越紧。

---

① 习近平：《论党的自我革命》，党建读物出版社、中国方正出版社、中央文献出版社 2023 年版，第 49 页。
② 习近平：《习近平谈治国理政》(第 3 卷)，外文出版社 2020 年版，第 532 页。
③ 习近平：《论党的自我革命》，党建读物出版社、中国方正出版社、中央文献出版社 2023 年版，第 13 页。
④ 习近平：《论党的自我革命》，党建读物出版社、中国方正出版社、中央文献出版社 2023 年版，第 210 页。
⑤ 中共中央宣传部：《习近平新时代中国特色社会主义思想三十讲》，学习出版社 2018 年版，第 321 页。

4. 把纪律建设摆在更加突出位置

加强纪律建设是全面从严治党的治本之策。党的十九大把纪律建设纳入党的建设总体布局，在党章中充实完善了纪律建设相关内容，推动实现了党建理论、实践和制度的重大创新。习近平在第二十届中央纪律检查委员会第二次全体会议上强调，“既让铁纪‘长牙’、发威，又让干部重视、警醒、知止”[1]，党是靠革命理想和铁的纪律组织起来的马克思主义政党。回顾百年党史，纪律严明始终是党的光荣传统和独特优势。

5. 以零容忍态度惩治腐败

腐败是社会毒瘤。习近平在十八届中央纪委六次全会上发表重要讲话，指出：“惩治腐败这一手必须紧抓不放、利剑高悬，坚持无禁区、全覆盖、零容忍。”[2] 党的十八大以来，以习近平同志为核心的党中央把全面从严治党纳入“四个全面”战略布局，以前所未有的勇气和定力推进党风廉政建设和反腐败斗争，刹住了一些多年未刹住的歪风邪气，解决了许多长期没有解决的顽瘴痼疾，清除了党、国家、军队内部存在的严重隐患，管党治党宽松软状况得到根本扭转，反腐败斗争取得重大成效。

6. 坚持集中性教育和经常性教育相结合

党的十八大以来，党把思想建设作为党的基础性建设，坚持集中性教育和经常性教育相结合，先后组织开展党的群众路线教育实践活动、“三严三实”专题教育、“两学一做”学习教育、“不忘初心、牢记使命”主题教育、“四史”学习教育、学习贯彻习近平新时代中国特色社会主义思想主题教育，坚持用党的创新理论武装全党，筑牢团结奋斗的共同思想基础，引导党员干部树立正确的世界观、人生观、价值观。党的自我净化、自我完善、自我革新、自我提高能力不断增强。

二、新时代党的自我革命精神的价值

党的自我革命是习近平新时代中国特色社会主义思想的重要组成部分，是以习近平同志为核心的党中央提出的新时代管党治党新理念新要求，是在新时代中国特色社会主义事业全面发展背景下重大战略举措。同时，党的自我革命又是我们党对自身建设规律和执政规律的认识。新时代党的自我革命，对党和国家事业的健康发展具有丰富的价值意蕴。

新时代党的自我革命精神的价值

三、自我革命不断走向深处

实践证明，中国共产党能够带领人民进行伟大社会革命，也能够进行伟大自我革命。自我革命精神是党永葆青春活力的强大精神支撑。新时代十年，全面从严治党不断向纵深发展。面对新征程上的新挑战新考验，我们要不断推进党的自我革命走向深处，坚定信

① 《把纪律建设摆在更加突出位置》，《中国纪检监察》2023 年第 2 期，第 55 页。
② 习近平：《习近平谈治国理政》（第 2 卷），外文出版社 2017 年版，第 166 页。

心、守正创新，在认识上不断深入、战略上不断成熟、实践上不断丰富，使百年大党在自我革命中不断焕发蓬勃生机，始终成为中国人民最可靠、最坚强的主心骨。

（一）全面从严治党是一场自我革命

习近平在十九届中央纪委六次全会上发表重要讲话时指出："一百年来，党外靠发展人民民主、接受人民监督，内靠全面从严治党、推进自我革命，勇于坚持真理、修正错误，勇于刀刃向内、刮骨疗毒，保证了党长盛不衰、不断发展壮大。"① 一个马克思主义政党，要保持先进性和纯洁性，就要始终保持自我革命精神，保持承认并改正错误的勇气，永不自满，永不懈怠，始终跟上时代、实践、人民的要求。

1. 全面从严治党开辟了百年大党自我革命新境界

全面从严治党是十八大以来党中央抓党的建设的鲜明主题，是新时代党自我革命的伟大实践，开辟了百年大党自我革命新境界。

习近平在庆祝中国共产党成立 95 周年大会上指出："先进性和纯洁性是马克思主义政党的本质属性，我们加强党的建设，就是要同一切弱化先进性、损害纯洁性的问题作斗争，祛病疗伤，激浊扬清。"② 面对党内一系列突出矛盾和问题，党中央刀刃向内、刮骨疗毒，使党在革命性锻造中变得坚强有力。党的二十大深刻总结了全面从严治党的历史性成就，进一步提出"我们党作为世界上最大的马克思主义执政党，要始终赢得人民拥护、巩固长期执政地位，必须时刻保持解决大党独有难题的清醒和坚定"③ 的要求。这是我们党对新时代新征程全面从严治党提出的新的重大命题，是适应全面从严治党新形势的必然要求。解决大党独有难题是一个长期而艰巨的过程，在党内深层次问题尚未根本解决、新问题层出不穷的情况下，要永远吹响冲锋号，把全面从严治党作为党的一项长期战略一直坚持下去。

2. 坚定不移推进全面从严治党

党的十八大以来，全面从严治党被纳入"四个全面"战略布局，党风和社会风气逐步好转，为社会主义事业发展凝聚了强大正能量。但随着世情、国情和党情变化，我们党面临的"四大考验""四种危险"更加严峻，必须把党建设得更加坚强有力，团结带领人民应对重大风险和挑战。

第一，全面加强和规范党内政治生活。

习近平强调："我们要加强和规范党内政治生活，严肃党的政治纪律和政治规矩，增强党内政治生活的政治性、时代性、原则性、战斗性，全面净化党内政治生态。"④ 严肃党内政治生活，是全面从严治党的基础，是我们党区别于其他政党的重要特征，是我们党坚持党的性质和宗旨的重要法宝。"党要管党，首先要从党内政治生活管起；从严治党，首

① 习近平：《习近平谈治国理政》(第 4 卷)，外文出版社 2022 年版，第 549–550 页。
② 习近平：《在庆祝中国共产党成立 95 周年大会上的讲话》，人民出版社 2016 年版，第 22 页。
③ 习近平：《高举中国特色社会主义伟大旗帜　为全面建设社会主义现代化国家而团结奋斗——在中国共产党第二十次全国代表大会上的报告》，人民出版社 2022 年版，第 63 页。
④ 习近平：《习近平谈治国理政》(第 2 卷)，外文出版社 2017 年版，第 44 页。

先要从党内政治生活严起。”[①]党的十八大以来，党中央把严肃党内政治生活、净化党内政治生态摆在更加突出的位置，针对党内政治生活中出现的种种问题，大力整治形式主义、官僚主义、享乐主义和奢靡之风，完善党内法规制度。

第二，全面落实党内监督责任。

习近平指出：“党内监督是永葆党的肌体健康的生命之源，要不断增强向体内病灶开刀的自觉性。”[②]党外监督是必要的，但根本上还在于强化自身监督。党内监督是全党的任务，强化党内监督，必须坚持民主集中制，把民主基础上的集中和集中指导下的民主有机结合，把上级对下级、下级对上级以及同级间的监督落到实处，保证立党为公、执政为民，保证权力来自人民、服务人民。党委落实全方位监督的责任，纪委重点履行监督执纪问责的职责；各级党委旗帜鲜明支持纪委工作，各级纪委全面履行党章赋予的职责。

第三，突出管好领导干部特别是高级干部。

领导干部是党的执政骨干，只有管住“关键少数”特别是高级干部和各级主要领导干部，全面从严治党才有震慑力和说服力。习近平指出：“加强和规范党内政治生活，加强党内监督，必须从领导干部特别是高级干部做起。”[③]2013 年 6 月，习近平在全国组织工作会议上强调：“党要管党，首先是管好干部；从严治党，关键是从严治吏。”[④]习近平指出：“从严管理干部，要坚持思想建党和制度治党紧密结合，既从思想教育上严起来，又从制度上严起来。”[⑤]领导干部要时刻用党章、用共产党员标准要求自己，认真学习马克思主义理论特别是中国特色社会主义理论体系，不断提高自己的思想觉悟和理论水平，始终保持政治上的清醒和坚定。健全党的各项规章制度，加强制度执行和监督检查，不断增强领导干部党性修养，建设高素质专业化干部队伍。

3. 深入推进新时代党的建设新的伟大工程

把党的建设作为一项伟大工程推进，是我们党领导人民进行伟大社会革命的重要法宝。在当前新的历史条件下，我们党正带领全国各族人民实现“两个一百年”的奋斗目标，实现中华民族伟大复兴的中国梦，我们必须以更大力度、以改革创新的精神坚定不移推进全面从严治党，深入推进新时代党的建设新的伟大工程。

第一，以党的政治建设为统领。

旗帜鲜明讲政治是我们党作为马克思主义政党的根本要求。党的二十大报告指出，党的政治建设是党的根本性建设，要以党的政治建设为统领推进全面从严治党。在党的建设总体布局中，政治建设是管总管根本的，决定党的建设方向和效果，背离党的政治建设方向，其他建设就难以取得预期成效。要发挥政治指南针作用，把党的政治标准和政治要求

---

① 习近平：《在庆祝中国共产党成立 95 周年大会上的讲话》，人民出版社 2016 年版，第 23 页。

② 习近平：《习近平谈治国理政》(第 2 卷)，外文出版社 2017 年版，第 185–186 页。

③《关于〈关于新形势下党内政治生活的若干准则〉和〈中国共产党党内监督条例〉的说明》，《人民日报》，2016 年 11 月 3 日。

④ 中共中央党史和文献研究院编：《习近平关于全面从严治党论述摘编》，中央文献出版社 2021 年版，第 257 页。

⑤ 中共中央文献研究室编：《习近平关于严明党的纪律和规矩论述摘编》，中央文献出版社 2016 年版，第 102 页。

融入党的各项建设过程中，以政治建设衡量和检验其他建设的成效。其他各项建设要体现和反映党的政治建设要求，以政治上的加强带动党的建设质量全面提高，推动全面从严治党向纵深发展。

第二，统筹推进党的各方面建设。

党的建设是一个系统工程，新时代要把全面从严治党引向深入，必须注重党的各方面建设的系统性、整体性和协同性。党的政治建设只有与各项建设有机结合、共同发力，党的建设系统工程才能取得实效。要“紧紧围绕坚持和加强党的全面领导，紧紧围绕维护党中央权威和集中统一领导，全面推进党的政治建设、思想建设、组织建设、作风建设、纪律建设”①。习近平强调：“推进全面从严治党，既要解决思想问题，也要解决制度问题。”②要把制度建设贯穿其中，为党的“五大建设”提供制度支撑，共同推进反腐败斗争，实现党内政治生态根本好转，为决胜全面建成小康社会、实现第一个百年奋斗目标提供坚强保证。

（二）反腐倡廉是最好的自我革命

习近平强调，治国必先治党，治党务必从严。从“打铁还需自身硬”到“打铁必须自身硬”，从“作风建设永远在路上”到“党风廉政建设和反腐败斗争永远在路上”，再到“全面从严治党永远在路上”，直至“党的自我革命永远在路上”……实践步步深入，认识持续深化，理论不断创新。全面从严治党推进自我革命不断走向深入，实施中央八项规定改进作风，构建行之有效的权力监督制度和执纪执法体系，反腐败无禁区、全覆盖、零容忍，一体推进不敢腐、不能腐、不想腐。

1. 反腐倡廉确保党不变质、不变色、不变味

历史和现实反复告诫我们，腐败这个党执政的最大风险仍然存在，反腐败容不得任何松懈。同腐败的较量就是一场殊死搏斗，只能进、绝不能退，只能赢、绝不能输，必须始终保持正视问题的勇气和刀刃向内的坚定，坚决割除毒瘤、清除毒源、肃清流毒，坚决清除一切损害党的先进性和纯洁性的因素，清除一切侵蚀党的健康肌体的病毒，确保党永远不变质、不变色、不变味。

第一，始终坚定立场，永葆初心使命。

永葆初心，握稳走好赶考路之舵。党的自我革命主要表现为围绕反腐败斗争进行的“破”和“立”。新时代以来，以习近平同志为核心的党中央坚持打铁必须自身硬，以前所未有的勇气和定力推进全面从严治党，以坚如磐石的意志正风肃纪反腐，新的赶考路上，在学思践悟中坚定理想信念，在奋发有为中践行初心使命，始终牢记中国共产党是什么、要干什么这个根本问题，不断满足人民群众对美好生活的需要。党的十九届六中全会通过的《中共中央关于党的百年奋斗重大成就和历史经验的决议》将“坚持自我革命”作为党百年奋斗的重要历史经验，展示了中国共产党区别于其他政党的显著标志，揭示了中国

① 习近平：《习近平谈治国理政》(第3卷)，外文出版社2020年版，第504页。

②《全面贯彻落实党的十九大精神以永远在路上的执着把从严治党引向深入》，《人民日报》，2018年1月12日。

共产党永葆青春活力的密码，永远保持赶考的清醒和谨慎。

第二，无私者无畏，大力弘扬伟大建党精神。

“无私者无畏”“无欲则刚”。不私，而天下自公，我们党没有任何自己特殊的利益，这是我们党敢于自我革命的勇气之源、底气所在。正因为无私，才能本着彻底的唯物主义精神经常检视自身、常思己过，才能摆脱一切利益集团、权势团体、特权阶层的“围猎”腐蚀，并向党内被这些集团、团体、阶层所裹挟的人开刀。习近平深刻指出，“我们党之所以有自我革命的勇气，是因为我们党除了国家、民族、人民的利益，没有任何自己的特殊利益。”人民，是自我革命的勇气之源、底气所在。一个饱经沧桑而初心不改的党，才能基业长青；一个铸就辉煌仍勇于自我革命的党，才能无坚不摧。新征程上，全党要牢记中国共产党是什么、要干什么这个根本问题，大力弘扬伟大建党精神，激发出强大力量。

2. 坚持党对反腐败工作的统一领导

承载为人民谋幸福、为民族谋复兴的初心使命的中国共产党，必须把自己的命运与人民、民族的命运紧紧联系起来，必须站得更高、看得更远、察得更深、行动更坚决；必须坚持以人民为中心，始终保持与人民群众最紧密的联系，必须坚持党性原则，勇于直面问题，敢于刮骨疗毒，始终保持肌体健康。

第一，始终抓好“关键少数”，推进作风建设常态化长效化。

党的二十大报告提出，“督促领导干部特别是高级干部严于律己、严负其责、严管所辖，对违反党纪的问题，发现一起坚决查处一起”[①]，这正是按照党的先锋队性质作出的维护党的先锋队性质的科学部署。一些党员干部出现作风漂浮、只想当官不想做事、只想出彩不想担责、满足于做表面文章、重显绩不重潜绩、重包装不重实效的做派，党内出现“四风”现象，直接影响着党的先锋队性质。尽管新时代落实中央八项规定精神成效显著，但我们必须认识到：“‘四风’问题具有反复性和顽固性。纠正‘四风’不能止步，作风建设永远在路上。”[②] 纠风之难，难在防止反弹，务必抓住普遍发生、反复出现的问题深化整治，推进作风建设常态化长效化。所以，党的二十大报告作出这样的安排：“锲而不舍落实中央八项规定精神，抓住‘关键少数’以上率下，持续深化纠治‘四风’，重点纠治形式主义、官僚主义，坚决破除特权思想和特权行为。”

第二，始终保持“赶考”的清醒。

“治国必先治党，治党务必从严”。我们党作为百年大党，要永葆先进性和纯洁性、永葆生机活力，必须始终保持“赶考”的清醒。党的二十大报告提出：“全面建设社会主义现代化国家、全面推进中华民族伟大复兴，关键在党。”[③] 新时代新征程新伟业。我们要以党的二十大精神为指引，全面贯彻习近平新时代中国特色社会主义思想，一刻不停歇地推

① 习近平：《高举中国特色社会主义伟大旗帜　为全面建设社会主义现代化国家而团结奋斗——在中国共产党第二十次全国代表大会上的报告》，《人民日报》，2022年10月26日。

② 中国行为法学会廉政行为研究会：《从严治党与反腐之路》，人民出版社2018年版，第6页。

③ 习近平：《高举中国特色社会主义伟大旗帜　为全面建设社会主义现代化国家而团结奋斗——在中国共产党第二十次全国代表大会上的报告》，《人民日报》，2022年10月26日。

进全面从严治党，弘扬伟大建党精神，使全党同志务必不忘初心、牢记使命，务必谦虚谨慎、艰苦奋斗，务必敢于斗争、善于斗争，努力把党建设得更加坚强有力，引领和保障中国特色社会主义伟大事业继往开来、行稳致远。

3. 以自我革命精神推动新时代反腐倡廉

我们党没有任何自己特殊的利益，这是我们党敢于自我革命的勇气之源、底气所在。党的十八大以来，党中央坚持不懈严明政治纪律和政治规矩，强化政治监督，严肃党内政治生活，深入开展政治巡视，拔“烂树”、治“病树”、正“歪树”，不断以勇于自我革命的精神打造和锤炼自己，实现管党治党真正从宽松软走向严紧硬，推动反腐败斗争取得压倒性胜利，并得到全面巩固，我们党在解决党内突出矛盾和问题中得以净化纯洁。

第一，加强党性教育，永葆清正廉洁政治本色。

清正廉洁是共产党人的政治本色，永葆清正廉洁政治本色是加强党性修养的重要内容。“好干部的标准，大的方面说，就是德才兼备。”[①]广大党员干部要坚持以党性立身做事，不断涵养道德操守，坚守精神追求，恪守政治规矩，守住政治关、权力关、交往关、生活关、亲情关，做到心有所畏、言有所戒、行有所止，切实筑牢防线、守住底线、不越红线。时刻自重、自省、自警、自励，守住内心、洁身自好、防微杜渐，不为名所累、不为利所困，做到公正用权、依法用权、为民用权、廉洁用权，不断净化社交圈、生活圈、朋友圈，严格家教家风，始终保持共产党人的政治本色。在处理工作时首先要从政治上想一想，对照党章、党内政治生活准则、党纪处分条例举一反三，看准能不能干、该不该做，在风浪考验中立得住脚，在诱惑“围猎”面前定得住神，始终做政治上的明白人。

第二，加强党的自身建设，始终做党和人民的忠诚卫士。

从党风廉政建设和反腐败斗争上看，加强党的自身建设，首先，要提高政治判断力，就是要以国家政治安全为大、以人民为重、以坚持和发展中国特色社会主义为本，有效抵御风险挑战，保证红色江山永不变色；其次，要提高政治领悟力，就是要从政治上领会好、领会透党中央关于党风廉政建设和反腐败斗争的精神，牢牢把握党中央关于全面从严治党的重大方针、重大原则、重点任务的政治内涵，自觉同党中央保持高度一致；最后，要提高政治执行力，就是要按照党中央指明的政治方向、确定的前进路线开展党风廉政建设和反腐败斗争，经常对表对标，及时校准偏差，强化责任意识，确保落实到位。全面把握党的二十大精神，以更高的标准、更严的纪律要求自己，更好促进完善发展作用，始终做党和人民的忠诚卫士，为党和国家事业发展作出新的更大贡献。

第三，标本兼治，一体推进不敢腐不能腐不想腐。

党的十九届四中全会将“构建一体推进不敢腐、不能腐、不想腐体制机制”[②]作为坚持和完善党和国家监督体系的重要内容作出部署，是新时代全面从严治党的重要方略。一体推进不敢腐、不能腐、不想腐，必须三者同时发力、同向发力、综合发力，尤其要做好几

---

① 习近平：《习近平著作选读》(第一卷)，人民出版社 2023 年版，第 130 页。

②《中华人民共和国监察法实施条例》，《国家法律法规数据库》，2021 年 7 月 10 日。

点：健全党领导反腐败斗争的责任体系；完善防治腐败滋生蔓延的体制机制；健全系统集成协同高效的监督体系；坚持从党中央做起，从高级干部严起。通过有效措施把不敢腐的强大震慑效能、不能腐的刚性制度约束、不想腐的思想教育优势融为一体，用“全周期管理”方式，推动各项措施在政策取向上相互配合、在实施过程中相互促进、在工作成效上相得益彰。从构建一体推进“三不”体制机制角度来看，这是高质量发展在反腐工作上的具体体现，它将提升腐败治理的能力和水平，有利于维护保障好党和国家监督体系，实现党和国家长治久安。

（三）党的自我革命永远在路上

1. 坚持党性党风党纪一起抓，从思想上固本培元

党性是党员干部立身、立业、立言、立德的基石。习近平指出：“党性、党风、党纪是有机整体，党性是根本，党风是表现，党纪是保障。”[①]党的二十大报告提出，“坚持以严的基调强化正风肃纪”，“坚持党性党风党纪一起抓”[②]，这是系统思维在管党治党领域的体现，对深入推进新时代党的建设新的伟大工程具有重要指导意义。全面从严治党越是往纵深推进，越需要坚持党性党风党纪一起抓，深刻把握不正之风和腐败问题互为表里、同根同源的规律性认识，把正风肃纪作为一项系统工程来抓，通过锤炼坚强党性固本培元，通过弘扬优良党风激浊扬清，通过严明党规党纪防腐拒变，一定能不断擦亮作风建设金色名片，为以中国式现代化全面推进中华民族伟大复兴凝聚磅礴力量。

2. 坚持实现“第一个答案”和“第二个答案”的有机结合

中国共产党在百年奋斗征程中一直在探索把第一个答案和第二个答案结合起来的有效途径。党的十八大以来又作出了新的探索，即把发展全过程人民民主和党的自我革命有机衔接起来。《共产党宣言》指出，“每个人的自由发展是一切人自由发展的条件”，强调劳动人民整体解放是最终目标，个体解放是根本前提。列宁等通过创立民主集中制原则，把实现个体权利、利益定位为手段，把实现整体权利、利益作为目标，从而破解了劳动人民当家作主的制度难题。中国共产党把自己看作实现人民当家作主的一种工具，实现党的自我革命就必然成为引领或保障手段。党的十八大以来，习近平多次强调，“我们不能关起门来搞自我革命，而要多听听人民群众意见，自觉接受人民群众监督”。正是基于这个要求，在大数据等现代科技的支撑下，浙江省继续深化拓展“枫桥经验”的探索，北京自2018年起实行并不断发展完善“接诉即办”，展示了两个答案的结合具有历史必然性和现实可行性。实现第一个答案与第二个答案有机结合，离不开法治保障，即为了更好保障党员权利、公民权利，还需要在依规治党和依法治国结合上下更大功夫。

3. 推进自我革命制度体系建设走深走实

习近平指出：“党的十八大以来，我们党以前所未有的勇气和定力全面从严治党，打

① 习近平：《坚持党性党风党纪一起抓》，《人民日报》，2023年2月21日。

② 习近平：《高举中国特色社会主义伟大旗帜　为全面建设社会主义现代化国家而团结奋斗——在中国共产党第二十次全国代表大会上的报告》，《人民日报》，2022年10月26日。

了一套自我革命的‘组合拳’，形成了一整套党自我净化、自我完善、自我革新、自我提高的制度规范体系。”① 全面从严治党加上“体系”二字，旨在解决党的建设系统性、整体性问题。站在新的历史起点，落实习近平在党的二十大报告中提出的“健全全面从严治党体系”重要要求，对持之以恒推进全面从严治党具有重要意义。

第一，健全党的全面领导体系。

党的十九届四中全会审议通过了《中共中央关于坚持和完善中国特色社会主义制度推进国家治理体系和治理能力现代化若干重大问题的决定》，强调：“健全总揽全局、协调各方的党的领导制度体系，把党的领导落实到国家治理各领域各方面各环节。”② 党的全面领导是中国特色社会主义事业取得成功的根本政治保证，党的全面领导制度健全了，坚持和完善中国特色社会主义制度、推进国家治理体系和治理能力现代化就抓住了关键。要健全党的全面领导制度，增强“四个意识”，坚定“四个自信”，做到“两个维护”，充分发挥党总揽全局、协调各方的作用。

习近平强调：“全面从严治党，关键在严，严就是真管真严、敢管敢严、长管长严。”③ 落实“关键在严”，要综合施治、立体施策，让各项措施和手段各尽所能、各展其长、相互配合，同时发力、同向发力、形成合力。落实“要害在治”，要以标准质量效果为标尺评价全面从严治党优劣得失，通过真抓实干、务求实效，不断提高全面从严治党水平，使新时代党的建设新的伟大工程为进行伟大斗争、推进伟大事业、实现伟大梦想提供更加坚强的保证。

第二，完善党的自我革命制度规范体系。

党的二十大报告强调：“完善党的自我革命制度规范体系。坚持制度治党、依规治党，以党章为根本，以民主集中制为核心，完善党内法规制度体系，增强党内法规权威性和执行力，形成坚持真理、修正错误，发现问题、纠正偏差的机制。”④ 这体现了党的自我革命永远在路上的战略定力和成体系推进全面从严治党的坚定决心。

（1）健全党的监督体系。习近平指出：“党要管党、从严治党，‘管’和‘治’都包含监督。”⑤ 增强党自我净化能力，根本上要依靠党的自我监督和群众监督。现行党的监督制度监督主体分散，监督责任不明晰，操作性和时效性不强。要围绕责任设计制度，围绕制度构建体系，强化自上而下的组织监督，改进自下而上的民主监督，加强同级相互监督，落实日常管理监督。做好监督体系顶层设计，聚焦新时代新征程党的使命任务强化政治监督，加强党内监督和党外监督的有机结合，促进党内监督和群众监督相统一，健全对“一把手”的监督制度，整合问责制度，促进各类监督优势互补、关联互动、整体发力，形成常态长效监督合力。

---

① 习近平：《习近平谈治国理政》（第 4 卷），外文出版社 2022 年版，第 542–543 页。

② 习近平：《习近平谈治国理政》（第 3 卷），外文出版社 2020 年版，第 125 页。

③ 习近平：《在第十八届中央纪律检查委员会第六次全体会议上的讲话》，人民出版社 2016 年版，第 16 页。

④ 习近平：《高举中国特色社会主义伟大旗帜　为全面建设社会主义现代化国家而团结奋斗——在中国共产党第二十次全国代表大会上的报告》，人民出版社 2022 年版，第 65–66 页。

⑤ 习近平：《在第十八届中央纪律检查委员会第六次全体会议上的讲话》，人民出版社 2016 年版，第 22 页。

（2）强化党的自我革命制度体系。党的自我革命是自我净化、自我完善、自我革新、自我提高的完整体系，具有严密的内在逻辑关系。要健全党的领导制度体系，加强党中央对重大工作的集中统一领导，坚持不懈用习近平新时代中国特色社会主义思想武装头脑，常态化长效化开展党史学习教育。要完善党内法规制度体系，以党章为根本，以民主集中制为核心，及时发现执行中不断出现的问题，做好党内法规制度的修改、补充和废止工作，切实保证党内法规制度的贯彻落实。

（3）完善政治巡视制度体系。巡视既是治标之举，也是治本之策。党的十九大以来，加强巡视规范化、制度化建设，完善巡视巡察上下联动格局，巡视监督体制机制更为健全。巡视工作就是要发现和解决问题，发挥政治巡视利剑作用，着力发现违反中央八项规定的违法乱纪问题、违反政治纪律的问题，以及选人用人上的不正之风和腐败行为。还要做好“后半篇文章”，强化巡视整改落实，在加强巡视整改和成果运用上下更大功夫，纪检机关和整改部门要担负起督促巡视整改的责任，加大监督检查力度，健全整改公开机制，完善整改情况报告制度，促进真改、实改，以政治巡视制度体系保障党的自我革命制度规范体系的执行力和完善度的提高。

2020年1月13日，习近平在中共十九届中央纪委四次全会上的讲话指出：“党的十八大以来，我们以前所未有的勇气和定力推进全面从严治党，极大增强党自我净化、自我完善、自我革新、自我提高能力，探索出一条长期执政条件下解决自身问题、跳出历史周期率的成功道路，构建起一套行之有效的权力监督制度和执纪执法体系。这条道路、这套制度必须长期坚持并不断巩固发展。”[①] 不断增强党的自我净化、自我完善、自我革新、自我提高能力，是理解和把握党的自我革命精神的核心要义。新时代实现“四个自我”需要我们把握党的自我革命的时代价值，推动党的自我革命不断走向深入，健全全面从严治党体系，推进自我革命制度体系建设走深走实，以零容忍态度反腐惩恶，使我们党坚守初心使命，始终成为中国特色社会主义事业的坚强领导核心。

小　结

习近平在党的十九届六中全会第二次全体会议上的讲话中强调，“全党同志要永葆自我革命精神，增强全面从严治党永远在路上的政治自觉，决不能滋生已经严到位、严到底的情绪”，在百年奋斗历程中，党领导人民取得一个又一个伟大成就、战胜一个又一个艰难险阻，历经千锤百炼仍朝气蓬勃，得到人民群众支持和拥护，原因就在于党敢于直面自身存在的问题，勇于自我革命，始终保持先进性和纯洁性，永葆马克思主义政党本色。党的十八大以来，以习近平同志为核心的党中央坚持以党的自我革命引领伟大社会革命，坚定不移全面从严治党，坚定不移推进党风廉政建设和反腐败斗争，坚定不移把党建设得更加坚强有力。深入学习贯彻习近平关于党自我革命精神的重要论述，必须坚持学懂弄通做实，全面认识中国共产党自我革命精神形成的百年演进历程，深刻理解党自我革命精神的

① 习近平：《论党的自我革命》，党建读物出版社、中国方正出版社、中央文献出版社2023年版，第85–86页。

概念，自我革命精神的基本内涵，自我革命精神的主要特征；把握新时代党的自我革命精神的当代价值，以党的自我革命引领社会革命，使我们党跳出治乱兴衰历史周期率，不断从胜利走向新的胜利；推进党的自我革命不断走向深处，坚定不移推进全面从严治党，推动新时代反腐倡廉，增强党的自我革命永远在路上的政治自觉；推进自我革命制度体系建设走深走实，健全全面从严治党体系，完善党的自我革命制度规范体系，使我们党坚守初心使命，始终成为中国特色社会主义事业的坚强领导核心。

学习思考

1. 中国共产党是如何推进自我革命的？
2. “百年大党、永葆青春”的密码是什么？
3. 中国共产党自我革命的时代价值是什么？

拓展阅读文献

1. 习近平：《高举中国特色社会主义伟大旗帜　为全面建设社会主义现代化国家而团结奋斗——在中国共产党第二十次全国代表大会上的报告》，人民出版社 2022 年版。

2. 习近平：《关于协调推进“四个全面”战略布局论述摘编》，中央文献出版社 2015 年版。

3. 赵乐际：《坚定不移全面从严治党》，《人民日报》，2022 年 10 月 31 日第 002 版。

4. 黄坤明：《把握好习近平新时代中国特色社会主义思想的世界观和方法论》，《党建研究》，2022 年第 12 期，第 29–33 页。

5. 唐方裕：《健全全面从严治党体系》，《党建研究》，2022 年第 12 期，第 42–46 页。

6. 肖培：《坚持不敢腐、不能腐、不想腐一体推进》，《人民日报》，2023 年 1 月 16 日第 009 版。

案例链接

案例阅读

第八章

树立忧患意识，科学把握国际国内安全形势

党的十九大报告强调，“统筹发展和安全，增强忧患意识”。党的十九届五中全会强调，“统筹发展和安全，建设更高水平的平安中国。坚持总体国家安全观，实施国家安全战略，维护和塑造国家安全，统筹传统安全和非传统安全，把安全发展贯穿国家发展各领域和全过程”。党的二十大报告提出，国家安全是民族复兴的根基，社会稳定是国家强盛的前提。必须坚定不移贯彻总体国家安全观，把维护国家安全贯穿党和国家工作各方面全过程，确保国家安全和社会稳定。我国发展进入战略机遇和风险挑战并存、不确定难预料因素增多的时期，各种“黑天鹅”“灰犀牛”事件随时可能发生。我们必须增强忧患意识、坚持底线思维，做到居安思危、未雨绸缪，准备经受风高浪急甚至惊涛骇浪的重大考验。

一、国家安全维护的根本要求

中国国家安全维护的是国家的核心利益，一是国家的国体、政体和政治稳定，就是中国共产党的领导、社会主义制度、中国特色社会主义道路，这是维护国家核心利益的第一方面。二是中国的主权安全、领土完整、国家统一。三是中国的经济、社会可持续发展的基本保障。第一层维护的是政治安全，第二层维护的是主权安全，第三层维护的是中国经济、社会可持续发展的基本保证，包括经济安全、资源安全等。

（一）以人民安全为宗旨

首先，我们强调以人民安全为宗旨。要摆正国家安全与人民安全的关系。只有国家安全了，人民才会获得安全。国家安全工作归根结底是保障人民利益，要坚持国家安全一切为了人民、一切依靠人民，为群众安居乐业提供坚强保障。“坚持国家安全一切为了人民、一切依靠人民”，就是要坚持政治安全、人民安全、国家利益至上有机统一。以人民安全为宗旨，以政治安全为根本，以国家利益至上为准则，从而实现人民安居乐业、党的长期执政和国家的长治久安。离开人民群众就有生命危险，民心是最大的政治。

（二）以政治安全为根本

政治在国家安全体系中居于最高层次和核心地位，要坚持党的领导和中国特色社会主义安全制度不动摇，“要把维护国家政治安全特别是政权安全、制度安全放在第一位”。政

治安全是我们总体国家安全框架中要高度重视的一项工作。2013 年 8 月 19 日，习近平总书记在全国宣传思想工作会议上强调，经济建设是党的中心工作，意识形态工作是党的一项极端重要的工作。我们要统筹发展和安全，没有安全，发展是不会持久的。

政治安全是以党全面掌握意识形态领导权为根本的。当前，我国在意识形态领域面临的挑战至少有四个方面：一是西方政治价值观，西方一些国家以“颜色革命”为手段，输出“民主人权”“普世价值”等；二是西方文化霸权，通过广播出版、影视作品等多种途径强行推行其意识形态；三是西方宗教渗透；四是一些领导干部还存在意识形态淡化问题。2013 年 6 月，习近平总书记在全国组织工作会议上的讲话中指出：“如果哪天在我们眼前发生‘颜色革命’那样的复杂局面，我们的干部是不是都能毅然决然站出来捍卫党的领导、捍卫社会主义制度？我相信，绝大多数党员、干部是能够做到的。”因此，要加强党对意识形态工作的全面领导。

（三）以经济安全为基础

发展是解决中国一切问题的基础和关键。经济安全就是要坚持社会主义基本经济制度不动摇，不断完善社会主义市场经济体制，坚持发展是硬道理，不断提高国家的整体经济实力、竞争力和抵御内外各种风险、威胁、冲击的能力，重点要防控好各种重大风险，维护国家根本利益不受侵害。从 2008 年金融危机开始，全球经济下行的趋势非常明显，各种输入性风险加剧。我国特别强调要“加快构建以国内大循环为主体、国际国内双循环相互促进的新发展格局”，因为在输入性风险加剧的情况下，我们首先要保证自身肌体健康，进而才能对全球产业链、供应链和价值链产生积极影响。

经济安全至少包括四个方面：产业安全、金融安全、能源资源安全和网络安全。此外，产业资源、金融信息等也非常重要。产业安全方面，尤其要注重实体经济，坚持把发展经济的着力点放在实体经济上。抓实体经济一定要抓好制造业，制造业在我国经济中仍然占较高比重。近几年，我国一直着力推动科技创新和实体经济的深度融合。要坚持面向世界科技前沿、面向经济主战场、面向国家重大需求、面向人民生命健康，加快实现高水平科技自立自强。2021 年 10 月，习近平总书记在中共中央政治局第三十四次集体学习时强调，发展数字经济是把握新一轮科技革命和产业变革新机遇的战略选择。2023 年 2 月，中共中央、国务院印发了《数字中国建设整体布局规划》。金融安全方面，要避免脱实向虚，避免出现系统性金融风险，同时，要强化金融服务于实体经济的能力。能源资源安全方面，要深刻认识能源资源安全问题，能源资源安全是经济安全的重要构成。网络安全方面，没有信息化就没有现代化，网络安全、信息安全也是经济安全的重要组成部分。

（四）以军事科技文化社会安全为保障

军事安全方面，我国非常重视军队建设。党的二十大报告提出，要加强国防和军队建设重大任务战建备统筹。强国必须强军，军强才能国安。科技安全是指科技体系完整有效，国家重要领域核心技术安全可控。文化安全方面，文化看似阳春白雪，但更是刀光剑影。价值观念在一定社会的文化中是起中轴作用的，文化的影响力首先是价值观念的影响力，世界上各种文化之争，本质上是价值观念之争，也是人心之争、意识形态之争。研究文化说到底是研究价值观，传播文化说到底是传播价值观，如果价值观没有形成共振，所有的文化展现都是花拳绣腿。习近平总书记指出，要“让收藏在博物馆里的文物、陈列在广阔大地上的遗产、书写在古籍里的文字都活起来”。

（五）以促进国际安全为依托

要始终不渝走和平发展道路，在注重维护本土国家安全利益的同时，注重维护共同安全。习近平总书记强调，中华民族的血液里面没有对外称霸的基因，中国绝对不会陷入“修昔底德陷阱”[①]。习近平总书记提出全球发展倡议、全球安全倡议，得到了国际社会的广泛赞同和积极响应。

在“以人民安全为宗旨、以政治安全为根本、以经济安全为基础、以军事科技文化社会安全为保障、以促进国际安全为依托”的基础上，我们还要处理好五大关系：“统筹外部安全和内部安全、国土安全和国民安全、传统安全和非传统安全、自身安全和共同安全，统筹维护和塑造国家安全”。

二、贯彻总体国家安全观，健全国家安全体系

“安而不忘危，存而不忘亡，治而不忘乱。”这是中华民族的重要精神特质。不论顺境、逆境，我们都非常注重国家安全。国家安全是指国家政权、主权统一和领土完整，人民福祉、经济社会可持续发展和国家其他重大利益相对处于没有危险和不受内外威胁的状态，以及保障持续安全状态的能力。习近平总书记强调：我们要更好统筹发展和安全。要贯彻总体国家安全观，健全国家安全体系，增强维护国家安全能力，提高公共安全治理水平，完善社会治理体系，以新安全格局保障新发展格局。

（一）科学把握国家安全观

2014 年 4 月 15 日，习近平总书记在中央国家安全委员会第一次会议提出总体国家安全观。他强调：“当前我国国家安全内涵和外延比历史上任何时候都要丰富，时空领域比历史上任何时候都要宽广，内外因素比历史上任何时候都要复杂，必须坚持总体国家安全观。”同时指出：“必须坚持总体国家安全观，以人民安全为宗旨，以政治安全为根本，以经济安全为基础，以军事、文化、社会安全为保障，以促进国际安全为依托，走出一条中国特色国家安全道路。”党的二十大报告在“以军事、文化、社会安全为保障”的基础上，增加了科技，也就是“以军事科技文化社会安全为保障”。

第一，安全内涵外延的拓展前所未有。从安全的内涵来看，20 世纪 50—70 年代，更加注重政治安全、军事安全、国土安全；80—90 年代，在注重政治安全、军事安全、国

① 所谓修昔底德陷阱，是古希腊哲学家修昔底德提出的一个观点，他认为国家强盛到一定程度，一定会陷入国强必霸发动战争的怪圈，历史上称为“修昔底德陷阱”。

土安全的基础上，还注重经济安全、科技安全；进入21世纪特别是党的十八大以来，在注重政治安全、军事安全、国土安全、经济安全、科技安全的基础上，还注重金融安全、信息安全、海外利益安全、公共卫生安全。从安全的外延来看，除了国内安全，安全所面临的一些问题还向地区、全球不断拓展。

第二，安全时空领域的拓展前所未有。极地、深海、太空、网络等“新边疆”“高边疆”问题不断显现，安全的时空边界日益模糊，出现了安全虚拟化、安全全球化、安全外空化等趋向，国与国之间从对制陆权、制海权的竞争，开始发展为对制空权、制网权、制太空权的争夺。

第三，内外安全因素复杂程度前所未有。当前，我国面临对外维护国家主权、安全、发展利益，对内维护政治安全和社会稳定的双重压力，各种可以预见和难以预见的风险因素明显增多。首先，总体国家安全观涉及的领域众多。2014年，习近平总书记在中央国家安全委员会第一次会议上提出了包括政治安全、国土安全、军事安全、经济安全、文化安全、社会安全、科技安全、信息安全、生态安全、资源安全、核安全等在内的国家安全体系，一共涵盖了11种安全。此后，又增加了4个，也就是海外利益安全、太空安全、极地安全、深海安全。2020年2月，习近平总书记提出“把生物安全纳入国家安全体系”。近几年，我国又相继提出了人工智能安全、数据安全、金融安全、粮食安全。

第四，各种风险挑战的连锁联动前所未有。新形势下，各类风险的倒灌效应、合流效应、叠加效应、联动效应、放大效应、诱导效应更加凸显。习近平总书记强调，要坚持底线思维，增强忧患意识，提高防控能力，着力防范化解重大风险，严密防范系统性安全风险，严厉打击敌对势力渗透、破坏、颠覆、分裂活动。针对敌对势力渗透、破坏、颠覆、分裂活动，我国加强立法。2014年出台《中华人民共和国反间谍法》；2016年4月通过了《中华人民共和国境外非政府组织境内活动管理法》，11月通过了《中华人民共和国网络安全法》；2020年10月通过了《中华人民共和国生物安全法》。因此，讲安全，我们既要认识到各个领域存在的风险，更要提高防范化解重大风险的能力。

（二）健全国家安全体系

坚持党中央对国家安全工作的集中统一领导，完善高效权威的国家安全领导体制。坚持党的绝对领导，是做好新时代国家安全工作的最高原则和根本保证。2020年12月，习近平总书记在中央政治局第二十六次集体学习时就贯彻总体国家安全观提出10点要求，其中包括“坚持党对国家安全工作的绝对领导，坚持党中央对国家安全工作的集中统一领导”，“坚持中国特色国家安全道路”，“坚持以人民安全为宗旨”，“坚持统筹发展和安全，坚持发展和安全并重，实现高质量发展和高水平安全的良性互动”，“坚持把政治安全放在首要位置，维护政权安全和制度安全”。2013年11月召开的党的十八届三中全会决定，成立中央国家安全委员会。为什么要成立中央国家安全委员会？因为国家的安全工作体制机制还需要完善，各个部门之间还存在一些相互制约、相互掣肘的问题，此外，可以预见和难以预见的风险明显增多。要强化国家安全工作协调机制，完善国家安全法治体系、战略体系、政策体系、风险监测预警体系、国家应急管理体系，完善重点领域安全保障体系和重要专项协调指挥体系，强化经济、重大基础设施、金融、网络、数据、生物、资源、核、太空、海洋等安全保障体系建设。

（三）增强维护国家安全能力，坚定捍卫国家安全利益

党的二十大会议上，习近平总书记强调：“增强维护国家安全能力。坚定维护国家政权安全、制度安全、意识形态安全，加强重点领域安全能力建设，确保粮食、能源资源、重要产业链供应链安全，加强海外安全保障能力建设，维护我国公民、法人在海外合法权益，维护海洋权益，坚定捍卫国家主权、安全、发展利益。提高防范化解重大风险能力，严密防范系统性安全风险，严厉打击敌对势力渗透、破坏、颠覆、分裂活动。”习近平总书记关于国家安全能力的重要论述给我们如何贯彻总体国家安全观提供了根本遵循。

第一，坚持把政治安全放在首要位置。意识形态工作是党的一项极端重要的工作，是为国家立心、为民族立魂的工作。马克思曾指出，如果从观念上来考察，那么一定的意识形式的解体足以使整个时代覆灭。这也突出了意识形态的重要作用。政治安全处于最核心位置，其次是意识形态安全，最外围是文化安全。同时，三者呈现出不同的特征：政治安全体现政治性，意识形态安全突出社会性，文化安全具有一定的商品性。

第二，加强和完善现代金融监管体系，依法将各类金融活动全部纳入监管。在金融机构数量快速增加的过程中，也出现了影子银行、P2P 过度发展等问题。2023 年 2 月，互联网金融风险专项整治工作顺利完成，近 5000 家 P2P 网贷机构全部停业。此外，大中型企业债务风险、地方政府隐性债务风险等问题也比较突出。在金融安全方面，一是要防范房地产引发的系统性风险；二是要防范化解金融风险；三是要防范化解地方政府债务风险。2022 年 4 月，人民银行等部门起草了《金融稳定法（草案征求意见稿）》，向社会公开征求意见。中共中央、国务院印发的《党和国家机构改革方案》提出要组建中央金融委员会，加强党中央对金融工作的集中统一领导，负责金融稳定和发展的顶层设计、统筹协调、整体推进、督促落实，研究审议金融领域重大政策、重大问题等。

第三，加强重点领域安全能力建设。加强重点领域安全能力建设，确保粮食、能源资源、重要产业链供应链安全。高质量发展是全面建设社会主义现代化国家的首要任务。具体来看，要构建高水平社会主义市场经济体制，建设现代化产业体系，全面推进乡村振兴，促进区域协调发展，推进高水平对外开放。

第四，增强全民国家安全意识和素养。2018 年 4 月，十九届中央国家安全委员会第一次会议审议通过了《党委（党组）国家安全责任制规定》，明确了各级党委（党组）维护国家安全的主体责任。要做到守土有责、守土尽责，把自己职责范围内的风险防控好，不能把防风险的责任都推给上面，也不能把防风险的责任都留给后面，更不能在工作中不负责任地制造风险。2021 年，党中央出台了《中国共产党领导国家安全工作条例》。《中华人民共和国国家安全法》第十四条规定，每年 4 月 15 日为全民国家安全教育日。

三、当前中国国家安全形势的新变化

当前，世界百年未有之大变局加速演进，世界之变、时代之变、历史之变正以前所未有的方式展开，世界进入新的动荡变革期。党的二十大报告强调，“我国发展进入战略机遇和风险挑战并存、不确定难预料因素增多的时期，各种‘黑天鹅’‘灰犀牛’事件随时可能发生。我们必须增强忧患意识，坚持底线思维，做到居安思危、未雨绸缪，准备经受风高浪急甚至惊涛骇浪的重大考验”。

当前中国国家安全形势的新变化

当前中国国家安全形势的新变化主要体现在五个方面：第一，在传统安全领域，随着中国的崛起，中国与西方大国尤其是中美之间的结构性矛盾开始凸显。第二，亚太地区安全形势趋于复杂化，中国捍卫国家领土、领海主权的压力在逐步增大。第三，国际上一些破坏性因素的渗透愈加激烈。中国“反独促统”，维护国家领土完整和文化安全都面临着复杂的挑战。第四，中国国内的社会矛盾进入多发期，国内安全呈现新格局。第五，科学技术的迅猛发展带来日益突出的信息安全问题。具体而言如下：

四、当前中国国家安全战略新思考

2023 年 5 月 30 日，党的二十届中央国家安全委员会第一次会议强调，当前我们所面临的国家安全问题的复杂程度、艰巨程度明显加大。国家安全战线要树立战略自信、坚定必胜信心，充分看到自身优势和有利条件。

当前中国国家安全战略新思考

安全是发展的前提，人类是不可分割的安全共同体。事实证明，冷战思维只会破坏全球和平框架，霸权主义和强权政治只会危害世界和平，集团对抗只会加剧 21 世纪安全挑战。为了促进世界安危与共，中国提出了全球安全倡议：我们要坚持共同、综合、合作、可持续的安全观，共同维护世界和平和安全；坚持尊重各国主权、领土完整，不干涉别国内政，尊重各国人民自主选择的发展道路和社会制度；坚持遵守联合国宪章宗旨和原则，摒弃冷战思维，反对单边主义，不搞集团政治和阵营对抗；坚持重视各国合理安全关切，秉持安全不可分割原则，构建均衡、有效、可持续的安全架构，反对把本国安全建立在他国不安全的基础之上；坚持通过对话协商以和平方式解决国家间的分歧和争端，支持一切有利于和平解决危机的努力，不能搞双重标准，反对滥用单边制裁和“长臂管辖”；坚持统筹维护传统领域和非传统领域安全，共同应对地区争端和恐怖主义、气候变化、网络安全、生物安全等全球性问题。

小　结

国家安全是民族复兴的根基，社会稳定是国家强盛的前提。要实现中华民族伟大复兴，保障人民安居乐业，保证国家安全是头等大事。总体国家安全观系统回答了中国特色社会主义进入新时代，如何既解决好大国发展进程中面临的共性安全问题，同时又处理好中华民族伟大复兴关键阶段面临的特殊安全问题这个重大课题，是新时代国家安全工作的根本遵循和行动指南。

进入新时代，我国面临更为严峻的国际国内安全形势，必须坚定不移贯彻总体国家安全观，推进国家安全体系和能力现代化，坚决维护国家安全和社会稳定。中国始终坚持维护世界和平、促进共同发展的外交政策宗旨，致力于推动构建人类命运共同体。我们真诚呼吁，世界各国弘扬和平、发展、公平、正义、民主、自由的全人类共同价值，促进各国人民相知相亲，尊重世界文明多样性，以文明交流超越文明隔阂、文明互鉴超越文明冲突、文明共存超越文明优越，共同应对各种全球性挑战。

学习思考

1. 如何理解总体国家安全观的科学内涵？
2. 如何理解当今国内安全形势？
3. 如何理解当今国际安全形势？

拓展阅读文献

1. 习近平：《高举中国特色社会主义伟大旗帜　为全面建设社会主义现代化国家而团结奋斗——在中国共产党第二十次全国代表大会上的报告》，人民出版社 2022 年版。

2. 中共中央宣传部、中央国家安全委员会办公室：《总体国家安全观学习纲要》，人民出版社、学习出版社 2022 年版。

3. 中共中央党史和文献研究院：《习近平关于总体国家安全观论述摘编》，中央文献出版社 2018 年版。

4. 中共中央党史和文献研究院：《习近平关于防范风险挑战、应对突发事件论述摘编》，中央文献出版社 2020 年版。

5. 李克强：《政府工作报告——2023 年 3 月 5 日在第十四届全国人民代表大会第一次会议上》，人民出版社 2023 年版。

案例链接

案例阅读

时事篇

下

第一章

壮丽七十五载 砥砺奋进新时代

1949 年 10 月 1 日，毛泽东同志在天安门城楼上向全世界庄严宣告中华人民共和国成立。2024 年 10 月 1 日，中华人民共和国将迎来第 75 个生日。75 年沧桑巨变，中国由一穷二白到全面小康，如今已踏上以中国式现代化全面推进强国建设、民族复兴伟业的新征程（见图 1–1）。

图 1–1　2023 年 10 月 1 日凌晨，隆重的升国旗仪式在北京天安门举行，30.2 万市民游客齐聚天安门广场，庆祝新中国 74 周年华诞

资料来源：中新社记者盛佳鹏摄。

一、永载史册的伟大变革——回望新中国 75 年的光辉历程

1840 年鸦片战争后的 100 多年里，中国频遭侵略和蹂躏之害、饱受战祸和动乱之苦。新中国成立以来的 75 年是改变中华民族前途命运的 75 年，是沿着民族复兴之路奋勇前行的 75 年。

（一）社会主义基本制度在中国的确立

从中华人民共和国成立，到社会主义改造基本完成，这是从新民主主义社会过渡到社会主义社会的时期。

1. 中华人民共和国的成立

经过 28 年浴血奋斗，党领导人民，在各民主党派和无党派民主人士积极合作下，于 1949 年 10 月 1 日宣告中华人民共和国成立，实现民族独立、人民解放，彻底结束了旧中国半殖民地半封建社会的历史，彻底结束了极少数剥削者统治广大劳动人民的历史，彻底结束了旧中国一盘散沙的局面，彻底废除了列强强加给中国的不平等条约和帝国主义在中国的一切特权，实现了中国从几千年封建专制政治向人民民主的伟大飞跃，也极大改变了世界政治格局，鼓舞了全世界被压迫民族和被压迫人民争取解放的斗争。

实践充分说明，历史和人民选择了中国共产党，没有中国共产党领导，民族独立、人民解放是不可能实现的。中国共产党和中国人民以英勇顽强的奋斗向世界庄严宣告，中国人民从此站起来了，中华民族任人宰割、饱受欺凌的时代一去不复返了，中国发展从此开启了新纪元。中华人民共和国的成立，实现了中国从几千年封建专制政治向人民民主的伟大飞跃，宣告中国人民当家作主的时代已经到来，具有5000多年文明历史的中华民族从此进入了发展进步的历史新纪元。

2. 从新民主主义社会向社会主义社会的过渡

中国共产党领导的革命，包括新民主主义革命和社会主义革命两个阶段。党领导人民进行新民主主义革命的目的，是要建立以中国工人阶级为领导的中国各个革命阶级联合专政的新民主主义社会，然后，再使之发展到第二阶段，以建立社会主义社会。1949年中华人民共和国的成立，标志着新民主主义革命阶段的基本结束和社会主义革命阶段的开始，即进入由新民主主义社会向社会主义社会的过渡时期。

新中国成立后的最初三年，即1949年至1952年期间，在重点完成民主革命的遗留任务的同时，社会主义革命的任务主要表现在以下三个方面：一是没收官僚资本，确立社会主义性质的国营经济的领导地位；二是开始将资本主义纳入国家资本主义轨道；三是引导个体农民在土地改革后逐步走上互助合作的道路。

中共中央在1952年底开始酝酿并于1953年正式提出党在过渡时期的总路线，明确规定：“党在这个过渡时期的总路线和总任务，是要在一个相当长的时期内，逐步实现国家的社会主义工业化，并逐步实现国家对农业、对手工业和对资本主义工商业的社会主义改造。”从1953年开始，在过渡时期总路线的指引下，中国共产党领导人民开始进行有计划的社会主义建设和系统的社会主义改造。与此同时，人民民主政治建设也在有步骤地向前推进。1954年9月，中华人民共和国第一届全国人民代表大会第一次会议在北京召开。大会讨论并通过了《中华人民共和国宪法》，人民代表大会制度这一新中国的根本政治制度从此建立。这成为新中国人民民主政治建设发展历程中具有标志性的事件。《中华人民共和国宪法》规定：“中华人民共和国是工人阶级领导的、以工农联盟为基础的人民民主国家。”这一规定表明了我们国家的根本性质——实行工人阶级领导的、以工农联盟为基础的人民民主制度，即具有中国特点的社会主义性质的民主制度。《中华人民共和国宪法》规定：“中华人民共和国的一切权力属于人民。人民行使权力的机关是全国人民代表大会和地方各级人民代表大会。”采用民主集中制的人民代表大会的政治制度，是同新中国的根本性质相联系的。

1956年，我国基本完成对生产资料私有制的社会主义改造，基本实现生产资料公有制和按劳分配，建立起社会主义经济制度。党领导确立人民代表大会制度、中国共产党领导的多党合作和政治协商制度、民族区域自治制度，为人民当家作主提供了制度保证。党领导实现和巩固全国各族人民的大团结，形成和发展各民族平等互助的社会主义民族关系，实现和巩固全国工人、农民、知识分子和其他各阶层人民的大团结，加强和扩大广泛统一战线。社会主义制度的建立，为我国一切进步和发展奠定了重要基础。

（二）社会主义建设在探索中曲折发展

早期探索的积极进展。在这个时期，毛泽东同志提出把马克思列宁主义基本原理同中国具体实际进行“第二次结合”，以毛泽东同志为主要代表的中国共产党人，结合新的实际丰富和发展毛泽东思想，提出关于社会主义建设的一系列重要理论，包括社会主义社会是一个很长的历史阶段、严格区分和正确处理敌我矛盾和人民内部矛盾、正确处理我国社会主义建设的十大关系、走出一条适合我国国情的工业化道路、尊重价值规律、在党与民主党派的关系上实行“长期共存、互相监督”的方针、在科学文化工作中实行“百花齐放、百家争鸣”的方针等。这些独创性理论成果至今仍有重要指导意义。

遗憾的是，党的八大形成的正确路线未能完全坚持下去，先后出现“大跃进”运动、人民公社化运动等错误，反右派斗争也被严重扩大化。1976 年 10 月，中央政治局执行党和人民的意志，毅然粉碎了“四人帮”，结束了“文化大革命”。

从新中国成立到改革开放前夕，党领导人民完成了社会主义革命，消灭了一切剥削制度，实现了中华民族有史以来最为广泛而深刻的社会变革，实现了一穷二白、人口众多的东方大国大步迈进社会主义社会的伟大飞跃。

中国共产党和中国人民以英勇顽强的奋斗向世界庄严宣告，中国人民不但善于破坏一个旧世界、也善于建设一个新世界，只有社会主义才能救中国，只有社会主义才能发展中国。

（三）进行改革开放和社会主义现代化建设

党的十一届三中全会以后，以邓小平同志为主要代表的中国共产党人，团结带领全党全国各族人民，深刻总结新中国成立以来正反两方面经验，围绕什么是社会主义、怎样建设社会主义这一根本问题，借鉴世界社会主义历史经验，创立了邓小平理论，解放思想，实事求是，作出把党和国家工作重心转移到经济建设上来、实行改革开放的历史性决策，深刻揭示社会主义本质，确立社会主义初级阶段基本路线，明确提出走自己的路、建设中国特色社会主义，科学回答了建设中国特色社会主义的一系列基本问题，制定了到 21 世纪中叶分三步走、基本实现社会主义现代化的发展战略，成功开创了中国特色社会主义。

党的十三届四中全会以后，以江泽民同志为主要代表的中国共产党人，团结带领全党全国各族人民，坚持党的基本理论、基本路线，加深了对什么是社会主义、怎样建设社会主义和建设什么样的党、怎样建设党的认识，形成了“三个代表”重要思想，在国内外形势十分复杂、世界社会主义出现严重曲折的严峻考验面前捍卫了中国特色社会主义，确立了社会主义市场经济体制的改革目标和基本框架，确立了社会主义初级阶段公有制为主体、多种所有制经济共同发展的基本经济制度和按劳分配为主体、多种分配方式并存的分配制度，开创全面改革开放新局面，推进党的建设新的伟大工程，成功把中国特色社会主义推向 21 世纪。

党的十六大以后，以胡锦涛同志为主要代表的中国共产党人，团结带领全党全国各族人民，在全面建设小康社会进程中推进实践创新、理论创新、制度创新，深刻认识和回答了新形势下实现什么样的发展、怎样发展等重大问题，形成了科学发展观，抓住重要战略机遇期，聚精会神搞建设，一心一意谋发展，强调坚持以人为本、全面协调可持续发展，着力保障和改善民生，促进社会公平正义，推进党的执政能力建设和先进性建设，成功在新形势下坚持和发展了中国特色社会主义。

改革开放四十周年之际，党中央隆重举行庆祝大会，习近平同志发表重要讲话，全面总结四十年改革开放取得的伟大成就和宝贵经验，强调改革开放是党的一次伟大觉醒，是中国人民和中华民族发展史上的一次伟大革命，并发出将改革开放进行到底的伟大号召。改革开放和社会主义现代化建设的伟大成就举世瞩目，我国实现了从生产力相对落后的状况到经济总量跃居世界第二的历史性突破，实现了人民生活从温饱不足到总体小康、奔向全面小康的历史性跨越，推进了中华民族从站起来到富起来的伟大飞跃。

中国共产党和中国人民以英勇顽强的奋斗向世界庄严宣告，改革开放是决定当代中国前途命运的关键一招，中国特色社会主义道路是指引中国发展繁荣的正确道路，中国大踏步赶上了时代前进的步伐。

（四）中国特色社会主义进入新时代

党的十八大以来，中国特色社会主义进入新时代。党面临的主要任务是，实现第一个百年奋斗目标，开启实现第二个百年奋斗目标新征程，朝着实现中华民族伟大复兴的宏伟目标继续前进。

以习近平同志为核心的党中央统筹把握中华民族伟大复兴战略全局和世界百年未有之大变局，明确中国特色社会主义新时代是我国发展新的历史方位。党的十八大以来，以习近平同志为核心的党中央，带领全党全国各族人民进行伟大斗争、建设伟大工程、推进伟大事业、实现伟大梦想，创立了习近平新时代中国特色社会主义思想。习近平新时代中国特色社会主义思想是对马克思列宁主义、毛泽东思想、邓小平理论、“三个代表”重要思想、科学发展观的继承和发展，是马克思主义中国化时代化的最新成果，是党和人民实践经验和集体智慧的结晶，是全党全国人民为实现中华民族伟大复兴而奋斗的行动指南。在以习近平同志为核心的党中央坚强领导下，党和国家事业取得历史性成就、发生历史性变革，中国特色社会主义进入了新时代。

党的十八大以来，以习近平同志为核心的党中央领导全党全军全国各族人民砥砺前行，全面建成小康社会目标如期实现，党和国家事业取得历史性成就、发生历史性变革，彰显了中国特色社会主义的强大生机活力，党心军心民心空前凝聚振奋，为实现中华民族伟大复兴提供了更为完善的制度保证、更为坚实的物质基础、更为主动的精神力量。中国共产党和中国人民以英勇顽强的奋斗向世界庄严宣告，中华民族迎来了从站起来、富起来到强起来的伟大飞跃。

二、引领复兴的宏伟蓝图——伟大的历史创造伟大的奇迹

（一）经济发展的伟大奇迹

1. 从一穷二白到世界第二大经济体，综合国力和国际影响力实现历史性跨越

国民经济持续快速增长，经济总量连上新台阶。新中国诞生时，我国经济基础极为薄弱。1952 年，我国国内生产总值（GDP）仅为 679 亿元，人均国内生产总值为 119 元。经

过长期努力，1978 年，我国国内生产总值增加到 3679 亿元，占世界经济的比重为 1.8%，居全球第 11 位。改革开放以来，我国经济快速发展，1986 年，经济总量突破 1 万亿元；2000 年，突破 10 万亿元大关，超过意大利成为世界第六大经济体；2010 年，达到 412119 亿元，超过日本并连年稳居世界第二。中共十八大以来，中国经济实现历史性跃升，国内生产总值从 2012 年的 53.9 万亿元增长到 2023 年的 126 万亿元，按年平均汇率折算，经济总量约 18 万亿美元，稳居世界第二，对世界经济增长的平均贡献率达 30% 以上。

2. 从结构单一到百业兴旺，产业结构持续优化升级

新中国成立 75 年来，我国农业基础作用不断加强，工业主导地位迅速提升，服务业对经济社会的支撑效应日益突出，产业结构趋于均衡，经济发展的全面性、协调性和可持续性不断增强。

第一，农业生产条件持续改善，综合生产能力快速提升。中华人民共和国成立初期，我国农业生产基础单薄，“靠天吃饭”现象明显，粮食产量较低。20 世纪 60—70 年代，在十分困难的条件下推进了农田水利设施建设。改革开放以来，随着农村改革的深化，农业综合生产能力不断提升，农业经济快速发展。

第二，工业体系逐步完善，多项工业品产量位居世界第一。中华人民共和国成立初期，我国工业部门十分单一，只有采矿业、纺织业和简单加工业，大量工业产品依赖进口。中华人民共和国成立后，我国工业化的大幕拉开。改革开放以来，我国工业发展进入腾飞期，2012 年工业增加值比 1978 年实际增长 38.2 倍。党的十八大以来，我国工业生产能力日益增强，工业结构逐步向中高端迈进。

第三，服务业蓬勃发展，满足生产生活需求能力不断提高。中华人民共和国成立初期直至 20 世纪 70 年代，生产资料行业优先发展，服务业发展相对缓慢。1952 年，我国第三产业增加值仅为 195 亿元，到 1978 年也只有 905 亿元。改革开放以来，服务业随市场繁荣而日益兴旺，进入发展快车道。2023 年，第三产业增加值达到 688238 亿元。

第四，产业结构不断优化，从以依赖单一产业为主转向三大产业共同带动。中华人民共和国成立初期，我国农业占比较高，工业和服务业相对薄弱。1952 年，第一、二、三产业增加值占国内生产总值的比重分别为 50.5%、20.8% 和 28.7%。20 世纪 50—70 年代，随着工业化建设推进，第二产业比重不断提升。1978 年，第一、二、三产业比重分别为 27.7%、47.7% 和 24.6%。改革开放以来，工业化、城镇化快速发展，农业基础巩固加强，工业和服务业发展水平不断提高。2012 年，第三产业比重达到 45.5%，首次超过第二产业，成为国民经济第一大产业。2023 年，第一、二、三产业增加值占国内生产总值比重分别为 7.1%、38.3% 和 54.6%。

3. 从封闭半封闭到全方位对外开放，国际合作和经贸往来发展成就举世瞩目

第一，贸易大国地位日益巩固，货物贸易规模跃居世界首位。中华人民共和国成立初期，我国外贸落后失衡，进出口规模十分有限。1950 年，货物进出口总额仅为 11.3 亿美元。20 世纪 50—70 年代，进出口略有扩大但仍处于较低水平。1978 年，货物进出口总额为 206 亿美元，居世界第 29 位。改革开放以来特别是 2001 年正式加入世界贸易组织后，我国对外贸易快速发展。2023 年，全年货物进出口总额 417568 亿元。

第二，对外投资层次和水平不断提升，参与国际分工能力明显加强。中华人民共和国成立至 1975 年，我国只有少数企业开展对外交流。改革开放以来，外贸迅速发展，带动了企业逐步走出去。进入新世纪，我国企业对外投资步伐明显加快。2018 年，我国非金融类对外直接投资 1205 亿美元，比 2003 年增长 41.3 倍，年均增长 28.4%。2023 年全年对外非金融类直接投资额 9170 亿元，比上年增长 16.7%，折 1301 亿美元，增长 11.4%。其中，对共建“一带一路”国家非金融类直接投资额 2241 亿元，增长 28.4%，折 318 亿美元，增长 22.6%。

（二）我国民生建设成就与展望

我们党始终把全心全意为人民服务作为自己的根本宗旨，坚持让人民群众共享经济发展、社会进步成果。经过 75 年不懈努力，人民生活水平已从解决温饱到实现全面小康。

中国民生发展的第一次飞跃是使工人、农民从被奴役者变成了新中国的主人。中国民生发展的第二次飞跃是全面解决了 10 多亿人口的温饱问题。中国民生发展的第三次飞跃是全面建成小康社会，人民生活日益走向富足。

在“十四五”规划期间，中国共产党领导制定了未来 15 年全面建设社会主义现代化国家的蓝图，扎实推动共同富裕成为新发展阶段的核心议题，中国民生发展将迎来第四次飞跃，向着共同富裕的目标阔步前进。

（三）科技不断进步的奇迹

中华人民共和国成立 75 年，是创造科技进步奇迹的 75 年。

1. 从发展落后到创新驱动，科学教育事业欣欣向荣

第一，科技实力显著增强，重大成果不断涌现。中华人民共和国成立初期，我国科技发展水平落后，科研人员和机构短缺，全国科技人员不超过 5 万人，专门科技机构仅有 30 多个。20 世纪 50—70 年代，我国自力更生发展科技事业，国防工业和国防科技体系初步建立，取得了“两弹一星”等重大成果，但科技总体水平仍然明显落后于发达国家。改革开放以来，随着科教兴国战略实施，科技体制改革深入推进，一系列重大科技计划出台，产学研结合不断强化，科技领域投入持续增加，带动创新产出不断扩大。2018 年，全社会研究与试验发展（R&D）经费支出 19657 亿元。根据国家统计局统计数据，2023 年全社会研究与试验发展经费支出 33278 亿元，比上年增长 8.1%（见图 1–2），与国内生产总值之比为 2.64%，其中基础研究经费 2212 亿元，比上年增长 9.3%，占 R&D 经费支出比重为 6.65%。国家自然科学基金共资助 5.25 万个项目。我国自 2013 年起成为世界第二大研发经费投入国，研发人员总量和发明专利申请量分别连续 6 年和 8 年居世界首位。2023 年全年成功完成 66 次宇航发射。天舟六号、神舟十六号、神舟十七号任务相继实施，中国空间站进入应用与发展阶段。全球首枚液氧甲烷火箭朱雀二号遥二运载火箭成功发射。量子计算原型机九章三号成功构建。全球首座第四代核电站高温气冷堆示范工程投入商业运行。全球首台 16 兆瓦海上风电机组并网发电。C919 大型客机正式投入商业运营。首艘国产大型邮轮完成试航。奋斗者号载人潜水器完成极限深潜。近些年，我国在载人航

天、探月工程、量子科学、深海探测、超级计算、卫星导航等诸多领域取得重大成果，创新驱动发展战略成效不断显现。

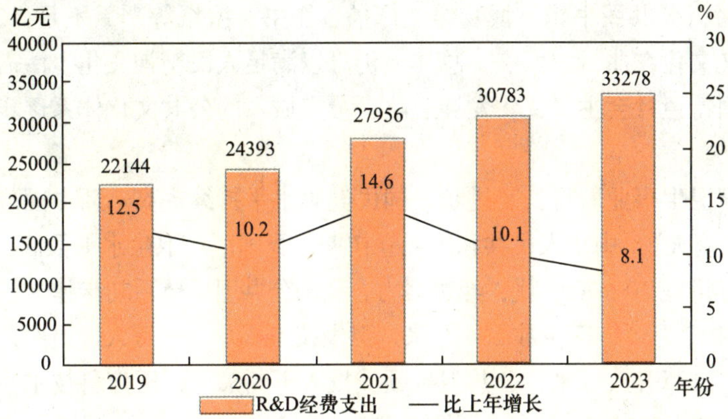

图 1-2　2019 — 2023 年研究与试验发展（R&D）经费支出及其增长速度

第二，教育普及程度大幅提高，总体水平跃居世界中上行列。中华人民共和国成立初期，我国教育水平低下，人口文化素质差，学龄儿童入学率只有 20% 左右，全国 80% 以上人口是文盲。20 世纪 50—70 年代，我国重视发展基础教育。1978 年，基本普及小学教育，学龄儿童入学率达到 95.5%；1982 年，文盲率降至 22.8%。改革开放以来，我国教育进入全面发展时期，义务教育不断完善，高等教育逐步加强，国民受教育程度不断提高。2023 年全年研究生教育招生 130.2 万人，在学研究生 388.3 万人，毕业生 101.5 万人。普通、职业本专科招生 1042.2 万人，在校生 3775.0 万人，毕业生 1047.0 万人。中等职业教育招生 616.5 万人，在校生 1737.9 万人，毕业生 537.1 万人。普通高中招生 967.8 万人，在校生 2803.6 万人，毕业生 860.4 万人（见图 1-3）。初中招生 1754.6 万人，在校生 5243.7 万人，毕业生 1623.6 万人。普通小学招生 1877.9 万人，在校生 10836.0 万人，毕业生 1763.5 万人。特殊教育招生 15.5 万人，在校生 91.2 万人，毕业生 17.3 万人。学前教育在园幼儿 4093.0 万人。九年义务教育巩固率为 95.7%，高中阶段毛入学率为 91.8%。教育事业发展有效提升了全民族的科技文化素质，为社会主义现代化建设培养了大量人才。

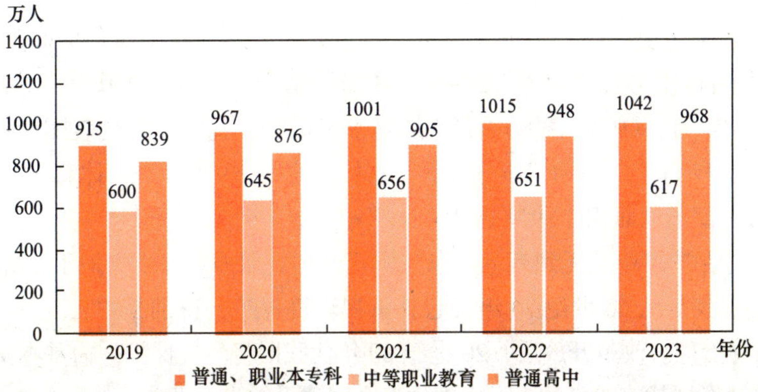

图 1-3　2019—2023 年普通、职业本专科，中等职业教育及普通高中招生人数

2. 从相对滞后到全面进步，社会事业繁荣昌盛

第一，文化事业不断繁荣，国家软实力明显增强。中华人民共和国成立初期，我国文化事业发展落后，公共图书馆、博物馆、广播、图书、报纸等严重不足。20 世纪 50—70 年代，社会主义文化在曲折中发展，总体上仍难以满足人民精神文化生活需要。改革开放以来，坚持中国特色社会主义文化发展道路，覆盖城乡的公共文化体系逐步建立，文化事业实现快速发展。

第二，医疗卫生事业取得长足进步，国民健康水平持续提高。新中国成立前，中国人曾被称为“东亚病夫”。中华人民共和国成立初期，我国医疗卫生水平很低，且大部分医院集中在城镇。20 世纪 50—70 年代，经过努力，我国公共卫生体系初步建立。1978 年末，我国医疗卫生机构 17 万个，床位数 204 万张，卫生技术人员 246 万人，但医疗卫生事业总体水平依然不高。改革开放以来，公共卫生领域投入不断加大，医疗科技水平迅速提高，医疗卫生体系逐渐健全。2023 年末全国共有医疗卫生机构 107.1 万个，其中医院 3.9 万个，基层医疗卫生机构 101.6 万个，专业公共卫生机构 1.2 万个。卫生技术人员 1247 万人（见图 1-4）。医疗卫生机构床位 1020 万张，其中医院 800 万张，乡镇卫生院 151 万张。

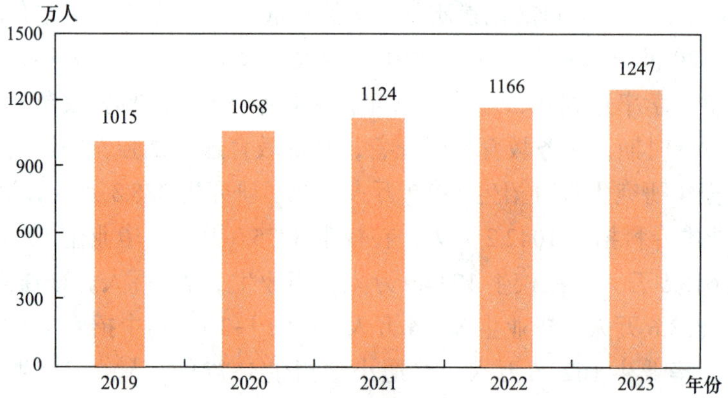

图 1-4　2019—2023 年年末卫生技术人员数

第三，体育事业蓬勃发展，竞技体育迭创佳绩。中华人民共和国成立初期，我国体育水平与国际差距较大。20 世纪 50—70 年代，群众性体育活动广泛开展，竞技体育取得突破。1956 年，举重运动员陈镜开成为新中国第一个打破世界纪录的运动员。1959 年，容国团成为新中国历史上第一个世界冠军。改革开放以来，我国体育事业取得长足进步。1984 年，新中国首次参加在洛杉矶举办的夏季奥运会，实现了中国奥运史上金牌“零”的突破。2008 年，北京成功举办了第 29 届夏季奥运会，我国体育代表团所获金牌数首次位列奥运会金牌榜首。2023 年年末全国共有体育场地 459.3 万个，体育场地面积 40.7 亿平方米，人均体育场地面积 2.89 平方米。

第四，环境保护事业从无到有，生态文明建设日益加强。环境保护于 20 世纪中叶发端于工业化国家。我国从 20 世纪 70 年代起就重视环境保护，特别是“三废”（废水、废气、废渣）等污染物治理。改革开放后，20 世纪 80 年代我国将环境保护列为基本国策，90 年代制定实施可持续发展战略，党的十八大把生态文明建设纳入“五位一体”总体布局。

（四）继续推进人民代表大会制度理论创新和实践创新

要积极发展全过程人民民主，坚持党的领导、人民当家作主、依法治国有机统一，健全人民当家作主制度体系，实现人民意志，保障人民权益，充分激发全体人民的积极性主动性创造性。

人民代表大会制度是人民当家作主的重要途径和最高实现形式。经过70年的实践发展，人民代表大会制度更加成熟、逐渐定型，也焕发出蓬勃生机活力。同时，实践发展永无止境，制度完善永无止境。人民代表大会制度同国家其他方面的制度一样，经历了一个从探索到确立、发展完善的过程，体现出面向未来、面向实践、与时俱进的政治品格。必须毫不动摇坚持、与时俱进完善人民代表大会制度，保证这一根本政治制度全面贯彻、有效运行，把制度优势更好转化为治理效能。

“制度稳则国家稳，制度强则国家强。”2024年是新中国成立75周年，也是全国人民代表大会成立70周年。回顾历史，我们党领导人民艰苦奋斗、艰辛探索，在古老的东方大国建立、巩固、完善和发展了人民代表大会制度，保障了亿万人民当家作主，彰显了中国特色社会主义民主政治的独特优势和巨大功效。新征程，我们要深入学习贯彻习近平总书记关于坚持和完善人民代表大会制度的重要思想，毫不动摇坚持、与时俱进完善人民代表大会制度，为以中国式现代化全面推进强国建设、民族复兴伟业凝聚磅礴伟力。

三、谱写中国式现代化新篇章——新中国成立75年的历史启示

（一）必须坚持和加强中国共产党的坚强领导

在中国共产党的领导下，中国人民完成了新民主主义革命，完成了社会主义革命、进行了社会主义建设，进行了改革开放新的伟大革命，这三件大事从根本上改变了中国人民和中华民族的前途命运。中国共产党的领导地位和执政地位是人民和历史的选择，没有共产党，就没有新中国；有了共产党，中国的面貌焕然一新，这是中国人民从长期奋斗中得出的最重要、最基本的结论。

75年来，中华人民共和国为什么能走过光辉历程、创造伟大奇迹？归根结底是因为有中国共产党的坚强领导。75年的历史雄辩地证明，领导我们事业的核心力量是中国共产党，坚持中国共产党的领导是办好中国一切事情的根本前提。中国人民实现解放，离不开中国共产党的领导；中华民族要实现伟大复兴，同样离不开中国共产党的领导。我们要牢记中国共产党领导是中国特色社会主义最本质的特征，是中国特色社会主义制度的最大优势。这是我们行稳致远的根本政治前提和保证。

同时，历史也证明，中国共产党只有不断认真研究自身建设遇到的新情况、新问题，坚持不懈地加强自身建设，提高执政能力和水平，始终善于通过不断认识和把握历史规律找到前进的正确方向和正确道路，一如既往地担当起人民和历史赋予的重大使命，才能够永远赢得人民和历史的选择。

（二）坚持把马克思主义基本原理同中国具体国情相结合

75年来，我们之所以能创造彪炳史册的伟大奇迹，还在于我们党始终坚持把马克思主义基本原理同中国具体国情相结合，不断推进马克思主义中国化时代化。

马克思主义是立党立国的根本，是指引中国发展进步的旗帜，是全国各族人民团结奋斗的思想基础。同时，中国共产党人没有对马克思主义采取教条式的态度，而是始终坚持把马克思主义、科学社会主义基本原理同中国具体实践相结合，坚持实事求是，在充分认识世情国情党情的基础上，不断根据新的实际情况进行创新和变革，时刻保持与时俱进的先进性。

一脉相承、与时俱进。马列主义是中国共产党的“老祖宗”，是中国共产党指导思想的“源”；毛泽东思想、邓小平理论、“三个代表”重要思想、科学发展观、习近平新时代中国特色社会主义思想，是马列主义在中国的创造性运用和发展，是马克思主义中国化时代化的理论创新成果，是中国共产党指导思想行动指南的“流”。毛泽东思想既是马列主义在中国运用发展的“流”，又是马克思主义中国化时代化的“源”。习近平新时代中国特色社会主义思想是当代中国马克思主义、二十一世纪马克思主义。

作为世界最大的执政党，领导一个有着14亿多人口的发展中大国，面对深刻变化的国际国内环境，面对人们思想观念多元多样多变的新情况，只要坚持马克思主义同中国实际和时代特征相结合，善于把握客观情况的发展变化，善于总结人民群众的实践经验，就能不断推进马克思主义中国化、时代化，党和人民的开拓奋进就会始终有光辉旗帜的引领，真理的光芒就能转化成推进党和人民事业发展的强大物质力量。

（三）坚持和发展中国特色社会主义

旗帜决定方向，道路决定命运。中华人民共和国75年的历史充分证明，中国特色社会主义是当代中国发展进步的根本方向，只有中国特色社会主义才能发展中国。75年来，中国不是数典忘祖、照抄照搬别国的发展模式，而是积极吸收和借鉴人类社会的优秀文明成果为我所用，赢得了比较优势，走出自己的康庄大道。这条道路承载着几代中国共产党人的理想和探索，寄托着无数仁人志士的夙愿和期盼，凝聚着亿万人民的奋斗和牺牲，是近代以来中国社会发展的必然选择，是国家富强、民族振兴、人民幸福的必由之路。

（四）坚持紧紧依靠人民

江山就是人民，人民就是江山。党和国家的根基在人民、血脉在人民、力量在人民。共和国是人民的共和国，共和国的历史就是一部我们党和国家坚持和贯彻党的群众路线，一切为了群众，一切依靠群众，从群众中来，到群众中去，把党的正确主张和国家的意志变为群众的自觉行动的生动历史，一部党同人民群众血肉相连、生死相依、患难与共的历史。

75年光辉历程带给我们的历史启示还有很多，这些历史启示都弥足珍贵。“雄关漫道真如铁，而今迈步从头越。”我们要从75年的历史中吸收营养、汲取智慧，开启更为光辉的历程，创造更为伟大的奇迹。

第二章

发展新质生产力——推动实现经济高质量发展

党的十八大以来，习近平总书记高度重视发挥先进生产力的作用，创造性地提出“新质生产力”，并深刻阐述发展新质生产力是推动高质量发展的内在要求和重要着力点，为推动高质量发展提供了重要遵循、指明了根本方向（见图 2-1）。

图 2-1　2024 年政府工作报告中，发展新质生产力被列为政府十大工作任务的首位

一、新质生产力提出的时代背景

（一）世界百年未有之大变局加速演进

“世界之变”主要表现为大变局席卷世界每个角落，全球范围都在发生不同以往的深刻变化。发达国家的政治、经济、社会、文化等矛盾日益加剧，民族主义和民粹主义思潮普遍攀升，极右翼或极左翼政治力量的影响不断扩大。政治极化和社会分裂加重，公平正义问题凸显，强调理性、讲求平衡的政治理念和政策实践的空间被严重压缩，短期激烈冲突甚至局部暴乱时有发生。这使得发达国家面临既不能保持现状，又无法在短时间内找到

出路的困难处境，使得资本主义服务于资本和偏重效率而忽略人民并缺少公平的制度性弊端变得越来越突出。在国内问题短期内找不到较好解决办法而得不到妥善处理的情况下，发达国家尤其是美国对全球和地区事务的掌控力下降，甚至把国内矛盾向外转移，对全球和地区治理造成更大阻碍和破坏。这给全球和地区局势带来更多的不稳定性甚至风险。

广大新兴经济体和发展中国家的发展同样面临多方面的困难，进一步提升发展水平遭遇越来越多的障碍。这些国家由于当年殖民者埋藏的祸根和遗留的各种问题，自身政治、经济、社会、文化等方面发展和转型过程中存在的问题没有得到较好的解决，科技进步条件和发展资源受限，加上全球和地区环境的消极影响，特别是全球经济增长乏力、发达国家提供的援助减少、地区争端难以根本解决、外部大国政治介入操弄等，诸多原因交织叠加致使发展难题增多和加重。与此同时，面对发达国家尤其是美国对全球和地区事务的积极作用下降和负面冲击上升，广大新兴经济体和发展中国家主动或被动地增强战略自主，加强对所在地区事务的掌控，提升对全球事务的影响力，在短期内增添了地区局势的变数，从长期看则可能推动世界格局的演进。

“时代之变”主要指决定和标识当今时代重要特征的世界大势正在发生显著变化，这些变化已经并将继续深刻影响世界政治、经济、社会、文化、军事、国家间互动、冲突乃至战争等方面的形态。

科学技术的重大突破和相关产业的发展壮大是推动人类社会生产力实现大解放，从根本上改变世界历史发展轨迹、基本面貌、基本格局的重要动力。进入21世纪以来，人类社会进入又一个前所未有的创新活跃期，新一轮科技革命和产业变革蓄势待发，信息化和智能化等趋势快速发展、影响范围扩大，多种重大颠覆性技术不断涌现、交叉融合、集群突破，科技成果转化速度明显加快，产业组织形式和产业链条更具垄断性，对全球创新版图、全球经济格局、全球产业链供应链价值链等方面的重塑作用变得越来越突出。各主要国家纷纷推出新的创新战略，加大投入，围绕量子信息、人工智能、生物科技、新能源技术等方面的竞争，尤其是对人才、专利、标准等战略性创新资源的争夺空前加剧。西方尤其是美国甚至不惜动用政治、法律、金融等手段来打压竞争对手，极力维护自身在以芯片为代表的高技术领域的科技竞争优势及其相关产业链供应链价值链高端位置。其他大国以及创新能力突出的中小国家也纷纷发挥各自优势、加强竞争。这种竞争既是人类对重大科技革命和产业变革历史性突破的积极探求，将为人类开创前所未有的美好前景，同时蕴含着越来越大的潜在风险，可能给世界带来更大的分化和冲突，深刻改变人的思想、民族种族认同、宗教文化伦理，深刻重塑各国经济形态、政治生态、社会结构、政府治理模式等，对世界发展面貌、国际格局、全球架构、人类福祉产生深远影响，导致生产力和生产关系、经济基础和上层建筑都发生全方位再造。

“历史之变”最主要的体现就是资本主义和社会主义这两种理论学说、两种意识形态、两种社会制度将在全球范围内并存互鉴，而且资本主义面临的问题将再度增多、社会主义的影响将重新增大。

从资本主义的演化看，20世纪90年代新自由主义大行其道，随着2008年美国金融危机和欧洲债务危机延宕并冲击全球，资本主义制度下的寡头政治和民主衰退加重、贫富分化加剧和中产阶级萎缩、移民问题加剧和族群矛盾上升、民族主义抬头和民粹主义泛滥等一系列问题凸显。

社会主义思想起源于16世纪初期西欧的“乌托邦社会主义”，马克思主义的创立，将其从空想变成了科学；列宁领导的十月革命胜利，又将其从理论变为现实，打破了资本主义一统天下的世界格局。第二次世界大战后，一大批社会主义国家诞生，特别是中华人民共和国成立，极大地壮大了世界社会主义国家的力量。随后，东欧剧变和苏联解体使世界社会主义运动陷入低潮，社会主义国家屈指可数，资本主义一统天下和“历史终结”的论调一时甚嚣尘上。如今，中国共产党经过100多年的奋斗、牺牲、创造，在世界上人口最多的国家成功开辟出具有高度现实性和可行性的社会主义的正确道路。

（二）新一轮科技革命和产业变革蓄势待发

把握新质生产力，关键在于深刻认识创新的主导作用。从世界经济的发展历程看，科学技术的创新一直是生产力发展的巨大动力。18世纪第一次工业革命（机械化），由力学和热力学发展所引发的以蒸汽机的发明及应用为标志的第一次技术革命，大机器生产取代了手工工具；19世纪第二次工业革命（电气化），由电磁理论引发的以电力技术应用为标志的第二次技术革命，促进了生产的自动化；20世纪第三次工业革命（信息化），以原子能、电子计算机等为标志的第三次技术革命，从根本上改变了物质生产的面貌。每次这种科技创新都带来生产力的大解放和社会发展的大跃升，实践证明，那些抓住了科技革命和产业变革机遇的国家综合国力也因此得到迅速增强，甚至跃升为世界强国。

21世纪全球科技创新密集活跃，以信息技术、生物技术、新能源技术等为代表的新一轮科技革命和产业变革蓄势待发。西方国家已在部分关键领域占据制高点，以美国为代表的一些国家试图利用掌握核心技术的垄断优势，对我国采取禁用、断供等打压手段，甚至以“卡脖子”的方式遏制中国科技的崛起。我们曾错失了数次科技革命和产业变革提供的发展机会，如果重蹈历史覆辙，将无法在“卡脖子”的关键领域取得突破，将严重影响国家的安全与发展。

我国正处在世界新一轮科技革命和产业变革同我国经济发展方式转变的历史交汇期，我们应把握历史机遇，顺势而进，以推进科技创新、布局战略性新兴产业和未来产业为支点，撬动生产力的发展，抢占新科技制高点，实现科技强国。

（三）推动高质量发展的内在要求和重要着力点

习近平总书记强调，发展新质生产力是推动高质量发展的内在要求和重要着力点。我国经济发展进入从高速增长转向高质量发展的新常态，高质量发展是新时代的硬道理，但制约高质量发展的因素还大量存在。

新质生产力的提出应运而生。高质量发展需要新的生产力理论来指导，而新质生产力已经在实践中形成并展示出对高质量发展的强劲推动力、支撑力，需要我们从理论上进行总结、概括，用以指导新的发展实践。我们应深刻领会新质生产力提出的时代背景，增强学习贯彻新质生产力理论的思想自觉与使命担当，积极推动形成新质生产力。

二、新质生产力的科学内涵

什么是新质生产力？习近平总书记指出："概括地说，新质生产力是创新起主导作用，摆脱传统经济增长方式、生产力发展路径，具有高科技、高效能、高质量特征，符合新发展理念的先进生产力质态。它由技术革命性突破、生产要素创新性配置、产业深度转型升级而催生，以劳动者、劳动资料、劳动对象及其优化组合的跃升为基本内涵，以全要素生产率大幅提升为核心标志，特点是创新，关键在质优，本质是先进生产力。"

我们可以从以下五个方面认识、把握和理解新质生产力：

第一，创新是新质生产力的特点和动力源泉。回顾历史，从 18 世纪第一次工业革命的机械化，到 19 世纪第二次工业革命的电气化，再到 20 世纪第三次工业革命的信息化，一次次颠覆性的科技革新，带来社会生产力的大解放和生活水平的大跃升，从根本上改变了人类历史的发展轨迹。一些国家抓住科技革命和产业变革的难得机遇，综合国力迅速增强，甚至一跃成为世界强国。当前，新一轮科技革命和产业变革蓄势待发，一些重大颠覆性技术创新正在创造新产业新业态，信息技术、生物技术、制造技术、新材料技术、新能源技术广泛渗透到几乎所有领域，带动了以绿色、智能、泛在为特征的群体性重大技术变革。我们迎来了世界新一轮科技革命和产业变革同我国转变发展方式的历史性交汇期，面临着千载难逢的历史机遇，新质生产力应运而生，并在实践中不断发展壮大。

第二，符合新发展理念是新质生产力的根本遵循。完整、准确、全面贯彻新发展理念，是我国进入新时代后经济社会发展必须长期遵循的指导思想，坚持以创新、协调、绿色、开放、共享的内在统一来把握发展、衡量发展、推动发展，为发展新质生产力指明了方向和路径。

第三，生产要素及其优化组合的跃升是新质生产力的基本内涵。生产力是推动社会进步最活跃、最革命的要素。

新质生产力的"新"体现在要素构成和具体表现两个方面。一是要素构成新。新质生产力以劳动者、劳动资料、劳动对象及其优化组合的跃升为基本内涵，具有强大发展动能，能够引领创造新的社会生产时代。劳动者、劳动资料、劳动对象和科学技术、管理等要素，都是生产力形成过程中不可或缺的。只有生产力诸要素实现高效协同，才能迸发出更强大的生产力。在一系列新技术驱动下，新质生产力引领带动生产主体、生产工具、生产对象和生产方式变革调整，推动劳动力、资本、土地、知识、技术、管理、数据等要素便捷化流动、网络化共享、系统化整合、协作化开发和高效化利用，能够有效降低交易成本，大幅提升资源配置效率和全要素生产率。二是具体表现新。新质生产力是依托于新技术、新产业、新业态和新领域的先进生产力。

新质生产力的"质"则体现为四个方面的要求。一是新本质。科学把握和实施创新驱动发展战略，要求新质生产力必须与传统生产力有本质区别，经济发展方式由传统要素驱动转向创新驱动。二是高质量。推进中国式现代化、全面建设社会主义现代化国家，要求新质生产力必须服务于高质量发展的目标取向。三是高品质。我国社会主要矛盾的转化，要求新质生产力必须更好满足人民对高品质生活的需要。四是"质"优势。中华民族伟大复兴战略全局，要求新质生产力必须服务于构筑"质""量"并重的国际竞争新优势。进入新发展阶段，新质生产力的“新”和“质”都是以科技创新为主的生产力，都需要摆脱传统增长路径，形成适应数字经济时代要求、推动实现高质量发展的先进生产力。

第四，全要素生产率大幅提升是新质生产力的核心标志。新质生产力相较传统生产力，最显著的差异在于质优，即更高的全要素生产率，原因是新质生产力与生俱来的纯技术进步效率，可以在劳动者、劳动资料、劳动对象等有形生产要素投入不变的情况下，依靠知识、教育、技术、规模、管理等无形的新的生产要素，大幅提高生产能力和产出水平。只有全力以赴加快科技强国、人才强国、交通强国、网络强国建设，才能大幅度提高全要素生产率，为绿色低碳转型奠定生产力基础。

第五，先进性是新质生产力的本质。各国的资源禀赋、发展阶段、社会制度和生产关系不同，生产要素配置千差万别，形成了质态和发展水平大相径庭的生产力。

三、新时代发展新质生产力实现高质量发展

新质生产力理论是对我国经济建设规律的深刻总结，是一项重大理论创新，具有重要的理论和现实意义，指明了推动高质量发展的重要着力点。我们一定要深刻领会新质生产力理论的丰富内涵和核心要义，充分认识发展新质生产力的重要意义，紧密结合实际，坚持问题导向和系统观念，以新质生产力推动高质量发展。

（一）着力推进科技创新

新质生产力是创新起主导作用的先进生产力质态，代表着科技革命和产业变革的新方向、新趋势，在推动高质量发展中具有关键作用。科技创新是推动形成新质生产力和高质量发展的“牛鼻子”。科技是生产力中最活跃、最具革命性的因素。马克思十分重视科学技术的发展及其在生产中的应用，强调“生产力中也包括科学”，将科学的发展视为“人的生产力的发展”的一个方面，并认为“劳动生产力是随着科学和技术的不断进步而不断发展的”“科学力量的巨大发展”能够增大“已经生产出来的生产力和由这种生产力构成的新的生产的物质基础”。沿着马克思主义生产力理论强调科技创新促进生产力发展的逻辑进路，新质生产力被视为以科技创新为主导、实现关键性技术和颠覆性技术突破而产生的生产力，昭示着科技创新在发展新质生产力过程中的核心地位。

技术革命性突破是催生新质生产力的关键前提。回顾近代以来人类生产力发展的历史，可以发现生产力的跃升离不开科学技术的革命性突破：蒸汽动力领域的技术突破催生了第一次科技革命，人类进入蒸汽时代；电力领域的技术突破催生了第二次科技革命，人类进入电气时代；原子能、电子计算机、空间技术和生物工程的发明和应用催生了第三次科技革命，人类进入信息时代。历史经验表明，技术革命是产业革命和生产力飞跃的动力源泉。从这种意义上来说，新质生产力与技术的革命性突破相伴相生。

（二）着力推进产业创新

传统产业是基本盘、老家底。要通过传统产业的高端化、智能化、绿色化升级夯实

代化产业体系的基底，提升当前生产力水平，推动新质生产力的形成。在产业高端化方面，要一手抓基础支撑，另一手抓产业高端装备引领，提升传统产业的技术密集程度，向价值链高端和产业链核心迈进。在智能化方面，要大力推进人工智能技术与传统产业的融合及在传统产业领域的应用，形成具有一定自治功能的智能生产和运行系统，打造智能工厂和智慧供应链。在绿色化方面，要加快实现绿色低碳技术重大突破，实施传统产业焕新工程，推进传统产业制造工艺革新和设备改造，提升产业绿色化发展水平。

高质量发展突出反映为围绕新质生产力布局产业链，将科技创新成果应用到具体产业和产业链上，改造提升传统产业，培育壮大新兴产业，布局建设未来产业，提升产业链供应链韧性和安全水平，保证产业体系自主可控、安全可靠，完善科技水平高、生产效率优、经济效益好、产业韧性强、生态负面影响小的现代化产业体系。在现代社会生产中，芯片、编码、程序、数据、信息等构成了新型劳动过程的核心要素。数字经济的高创新性、强渗透性、广覆盖性是新的经济增长点，也是改造提升传统产业的支点和构建现代化产业体系的重要引擎。应促进互联网、大数据、人工智能同产业深度融合，大力实施制造业重点产业链高质量发展行动，加强质量支撑和标准引领，积极促进产业高端化、智能化、绿色化；大力推进新型工业化，发展数字经济，加快推动人工智能发展；广泛应用数字技术对传统产业进行全方位、全链条改造，充分发挥数字技术对经济发展的放大、叠加、倍增作用；加快开辟量子、生命科学等未来产业新赛道；积极打造生物制造、商业航天、低空经济等若干战略性新兴产业。推进产业创新就是要通过科技创新开辟新赛道，构建互联互通的现代化制造产业体系，引领现代化产业体系建设。

（三）着力推进体制创新

发展新质生产力，推动高质量发展，必须进一步全面深化改革，塑造与之相适应的新型生产关系。生产关系必须与生产力发展要求相适应，这是经济发展的规律。发挥国有经济的中坚作用和新型举国体制的优势，加大对重要新科技、新产业、新业态的投入；推动经济体制、科技体制改革向纵深和具体处发展，着力打通束缚新质生产力和高质量发展的堵点卡点，促进有为政府和有效市场紧密结合，建立高标准市场体系，创新生产要素配置方式，构建鼓励民间各种新生产要素自由有序流动的资源流动机制，发挥企业创新主体作用和市场导向作用，营造有利于创新的政策和制度环境，让各类先进优质生产要素向发展新质生产力和高质量发展顺畅流动；强化政策设计，明确新质生产力主体的认定和奖励性政策，加强政策引导，通过税收、贷款、财政资金等倾斜性支持政策，完善新的收入分配机制，促进信息、数据、数字处理技术等新要素按其贡献参与分配。同时，要扩大高水平对外开放，坚持以开放促改革、促创新，为发展新质生产力和高质量发展营造良好的国际环境。

（四）加快发展方式创新

发展新质生产力，推动高质量发展，要加快发展方式创新，实现绿色转型。绿色发展是高质量发展的底色，绿色发展是发展新质生产力的内在要求，新质生产力本身就是绿色生产力。必须加快发展方式绿色转型，牢固树立和践行绿水青山就是金山银山的理念，坚定不移走生态优先、绿色发展之路，抓住绿色转型带来的巨大发展机遇，以创新为驱动力，大力推进经济、能源、产业结构转型升级，主要依靠科技进步、劳动者素质提高、管理创新，提升劳动效率、资本效率、土地效率、资源效率、环境效率、科技进步贡献率和全要素生产率，以效率变革、动力变革促进质量变革。加快绿色科技创新和先进绿色技术推广应用，做强绿色制造业，发展绿色服务业，壮大绿色能源产业，发展绿色低碳产业和供应链，打造高效生态绿色产业集群，构建绿色低碳循环经济体系，积极稳妥推进碳达峰碳中和，努力打造绿色低碳发展高地；在全社会大力倡导绿色健康生活方式，加强资源节约集约循环高效利用，建设资源节约型、环境友好型社会，建设美丽中国。

（五）着力发挥人才作用

人才资源是第一资源。以新质生产力推动高质量发展归根结底要靠人才，人才是最活跃、最积极的因素。习近平总书记指出："中国如果不走创新驱动发展道路，新旧动能不能顺利转换，就不能真正强大起来。"加快推进发展新旧动能转换，归根结底要靠人才。面向发展新质生产力和推动高质量发展的新要求，畅通教育、科技、人才的良性循环，完善人才培养、引进、使用、合理流动的体制机制，建设重要人才中心及高水平人才高地，吸聚高层次创新型人才，以人才工作的主动，更好掌握创新的主动、发展的主动；着力培养造就一流科技领军人才、卓越工程师、大国工匠和创新团队，在实践中形成更多能够创造新质生产力的战略人才和能够熟练掌握新质生产资料的应用型人才，为发展新质生产力、推动高质量发展培养配备急需人才。创造更多的平台和机会，健全全要素参与收入分配机制，营造鼓励创新、宽容失败的良好氛围，让各类人才在研究探索创新时拥有足够大的舞台，在科技成果转移转化中获得应有收益，激发更强创新动力，打通人才价值实现的通道。

知识链接

曲靖：充分发挥人才在产业转型升级中的智力支撑作用

近年来，曲靖市充分发挥人才引领产业发展作用，积极引导人才向重点产业集聚，以高端、管用、有效的"人才链"助力"产业链"发展，构建符合曲靖产业发展需要的现代产业人才体系。

以实施"珠源百人计划"等引才政策为依托，精准引进"急需紧缺产业人才"，持续放大产业人才增量。牢牢把握"当前人才工作重点在引进"这一阶段特点，2019年启动实施"珠源百人计划"产业人才专项，对引进人才入选高层次产业人才、高级经营管理人才、高技能专业人才分别给予每人40万元、20万元、10万元生活补贴，产业人才领衔的项目和高层次创新创业团队项目最高可分别获得200万元、500万元的支持经费。为充分发挥产业的人才"蓄水池"作用，制定出台人才服务现代产业发展七条措施，广泛开展各类园区、企业与人才、项目、资本的对接活动，将"3+6+2"现代产业体系产业链上的民营企业引进的全日制硕士、博士研究生和"双一流"大学本科生直接纳入“珠源百人计划”产业人才专项，享受对应层次补助待遇，引导更多人才源源不断流向园区和企业。特别是为补齐曲靖市高端产业人才缺口，动态调整完善高层次产业急需人才清单，在“珠源百人计划”基础上，探索建立支持急需紧缺高层次人才“一事一议”引育管用机制和柔性引才机制，简化流程、特事特办，确保精准引才、快速引才。

引才方式灵活多样，充分发挥“亲情、乡情、友情”情感纽带作用和“血缘、地缘、业缘”社会网络功能，创新实施“情系珠源·人才兴曲”工程，吸引在外曲靖籍优秀人才以人才回归、资金回流、创业回乡、智力支持等方式支持服务家乡建设；创新开展“双招双引”工程，依托驻外招商机构成立3个“招才引智”工作站，做到招商必招才，实现招商引资与招才引智同步推进；积极开展柔性引才，通过建立院士（专家）工作站等载体柔性引进科技创新人才288人。

以实施“珠源英才育才计划”等人才培育工程为抓手，系统培养“本地本土产业人才”，全面激活产业人才存量。牢牢把握“人才大多数要靠本地培养”这一基本规律，在大力引进高端产业人才的同时，基于人才成长周期，从优化政策和环境入手，多渠道加强本土高层次产业人才培养，从2015年开始实施“珠源”系列人才培养工程，每年遴选确定一批产业人才实行“一对一”对口跟踪培养和管理，并给予入选产业人才每人每年3万～6万元生活补贴，累计跟踪培养96名本土拔尖人才，其中30名成长为省级人才计划入选者，充分发挥了典型示范作用。从2023年起，结合现代产业人才发展需求，将“珠源”系列人才培养工程升级为“珠源英才育才计划”，每年遴选100名左右科技领军人才、产业创新人才、首席技师、创业人才、骨干社工、青年人才进行重点培养，计划用5年时间梯次培养一批自然科学、工程技术、教育医疗、人文社科、经营管理、技术技能等领域以及其他急需紧缺人才，实行精准培养和管理，不搞“大水漫灌”，力求精准、实用、可行，切实把人才链建在科研创新链、产业链上。特别是为进一步做实现代产业人才培养工作，聚焦曲靖“3+6+2”产业体系建设，探索实施“卓越企业家和产业人才培养工程”，依托曲靖经开区、曲靖职业技术学院以及园区相关企业联合组建“曲靖市现代产业人才培训学院”，针对园区重点企业开展产业人才培训，以人才培训促进人才集聚。

以体制机制改革和政策创新为重点，聚焦“用好用活人才”，持续提升产业人才质量。牢牢把握“人才以用为本”这一核心要求，积极探索以市场主体为主导的产业链、人才链、创新链深度融合机制，聚焦支持曲靖建设云南省先进制造业中心，在曲靖经开区等重点产业区域探索建设“产业人才特区”，重点突出发挥用才主体作用，围绕人才培引、评价激励、职称评聘、岗位设定、薪酬分配、流动配置、成果转化、创业创新、经费使用、服务保障等内容，鼓励创新、先行先试，冲破路径依赖，争取建成一批人才工作改革示范点，以点带面，推动曲靖人才工作水平持续巩固、全面提升。为进一步破除人才评价唯论文、唯职称、唯学历、唯奖项等现象，赋予用人主体更大自主权，全面激发企业引才用才积极性，制定出台《曲靖市领军企业自主认定高层次人才试点工作实施细则》，支持试点企业自主认定一批“珠源英才育才计划”产业创新人才和首席技师。

在产业人才的助力下，曲靖市大力推进补链强基、延链扩容、强链突破，共有世界500强7户、中国500强13户落户曲靖，催生了新能源电池、绿色硅光伏、绿色铝精深加工3个千亿级产业。2022年全市地区生产总值达3802亿元，经济增量和经济增速均居全省第1位，经济总量在全国城市中的排位4年前进了46位，排第79位，高质量跨越式发展迈上了新的台阶。

总之，要切实把思想和行动统一到习近平总书记重要讲话和全国两会精神上来，聚焦经济建设这一中心工作和高质量发展这一首要任务，进一步增强推动新质生产力发展的自觉性和主动性，坚持从实际出发，立足科技、产业、体制创新和发展方式创新，更好发挥人才作用，扎实推动新质生产力发展。

第三章

建设人与自然和谐共生的现代化

2023年9月17日，在沙特利雅得召开的联合国教科文组织第45届世界遗产大会上，通过评审委员会的现场决议，我国申报的“普洱景迈山古茶林文化景观”（见图3–1）被成功列入世界遗产名录，成为中国第57项世界遗产和全球首个茶主题世界文化遗产，生动展现场景是当地人民认识自然、敬畏自然、爱护自然的实践，彰显了人与自然和谐、人与人和谐，是“人与自然和谐共生”典型示范。

图3–1　景迈山古茶林

一、人与自然和谐共生的现代化的时代意义

党的二十大报告强调“中国式现代化是人与自然和谐共生的现代化”，赋予生态文明建设重要使命。新征程，我们必须深刻领悟人与自然和谐共生现代化的重大意义，站在人与自然和谐共生的高度谋划发展，书写美丽中国建设新篇章。

人与自然和谐共生的现代化是马克思、恩格斯的人与自然关系思想中国化、时代化的产物，深化了社会主义现代化建设的内涵，为新时代生态文明建设指明了方向，为世界各国现代化建设贡献中国智慧和中国方案。

（一）推动了马克思主义中国化时代化

马克思主义关于人与自然关系的思想是人与自然和谐共生的现代化的理论基石。人与自然的关系是人类社会最基本的关系。马克思指出：“社会是人同自然界的完成了的本质的统一，是自然界的真正复活，是人的实现了的自然主义和自然界的实现了的人道主义。”

马克思所追求的人与人之间和人与自然之间的关系的理想目标就是实现“人类与自然的和解以及人类本身的和解”，即人与人以及人与自然的和谐共生。习近平总书记继承和发展了马克思主义关于人与自然关系的思想，结合中国生态文明建设的具体实际，提出建设人与自然和谐共生的现代化。

中华优秀传统文化中蕴含的生态智慧是这一论断的民族土壤和文化基因。中华民族向来尊重自然、热爱自然，绵延5000多年的中华文明孕育着丰富的生态文化。中国历来重视环境，重视和尊重自然规律，如《周礼》：“令万民时斩材，有期日。凡邦工入山林而抡材，不禁，春秋之斩木不入禁。”《礼记·王制》云：“草木零落，然后入山林。”古人不仅重视保护环境，而且还制定了严酷的法令，如“凡窃木者有刑罚”，偷伐林木要用刑，这足以说明古人对环境的重视。生态保护的思想，源于我们传统文化的“天人合一”思想。“天人合一”从马克思主义哲学主客体认识来讲就是“主客合一”，是主观与客观的统一，肯定人与自然界的统一。习近平总书记继承和发展了中华优秀传统文化中蕴含的天人合一、道法自然等哲学思想，把马克思主义思想精髓同中华优秀传统文化精华融通、同人民群众日用而不觉的共同价值观念融通，将人与自然和谐共生作为社会主义现代化建设的本质要求，基于“两个结合”实现了马克思、恩格斯的人与自然关系思想的中国化时代化。

（二）深化了社会主义现代化建设的内涵

中华人民共和国成立以后，我们党孜孜以求，带领人民对中国的现代化建设进行了艰辛探索，其中就包括对如何处理人与自然关系的思考与探索。毛泽东同志提出，我们的任务“就是要安下心来，使我们可以建设我们国家现代化的工业、现代化的农业、现代化的科学文化和现代化的国防”，同时发出了绿化山川、植树造林的号召。改革开放和社会主义现代化建设新时期，我们党提出现代化建设的任务是多方面的，各个方面需要综合平衡，强调走人与自然协调发展的道路，建设资源节约型、环境友好型社会。我们党在不同历史时期提出的一系列理论，为在现代化建设中如何处理人与自然关系积累了宝贵经验。

进入新时代，以习近平同志为核心的党中央从中华民族永续发展的高度出发，深刻把握生态文明建设在新时代中国特色社会主义事业中的重要地位和战略意义，大力推动生态文明理论创新、实践创新、制度创新，创造性提出一系列新理念新思想新战略，形成了习近平生态文明思想，开辟了生态文明建设的新境界。党的十八大提出“推动形成人与自然和谐发展现代化建设新格局”；党的十九大强调“我们要建设的现代化是人与自然和谐共生的现代化”；党的二十大进一步将“人与自然和谐共生的现代化”明确为中国式现代化的特色之一，将“促进人与自然和谐共生”明确为中国式现代化的本质要求之一。这充分体现了我们党在领导和实现中华民族伟大复兴历史进程中，深化现代化理论认识、推动现代化实践探索的高度自觉，为新时代生态文明建设提供了理论指引和根本遵循。

（三）为中华民族伟大复兴和永续发展提供道路指引

习近平总书记指出："走向生态文明新时代，建设美丽中国，是实现中华民族伟大复兴的中国梦的重要内容。"党的十八大以来，我们加强党对生态文明建设的全面领导，坚持"绿水青山就是金山银山"的理念，把握"良好生态环境是最普惠的民生福祉"的宗旨要求，积极应对复杂多变的生态环境保护形势，全面推动环境保护和生态修复。进入新时代，生态文明已列入"五位一体"总体布局之中，这是我们党治国理政的新思想，是全面建设社会主义现代化国家的战略性举措。因此，实现党的第二个百年奋斗目标，仍然需要社会主义生态文明建设为社会主义现代化建设保驾护航，为中国式现代化强化生态底蕴。

新时代，在新发展理念的引领下，我国加快传统经济发展模式转型升级，从以资源环境消耗为特征的粗放型经济转变为以人才和科技创新实现绿色低碳发展的集约型经济，在落实发展目标的同时更加兼顾生态效益和社会效益。站在历史发展的角度上，从造福子孙后代、奋力实现中华民族伟大复兴的使命出发，建设人与自然和谐共生的现代化是我们的必选项，用生态文明有力支撑中华民族永续发展。

（四）为解决全球生态环境问题贡献中国智慧和中国方案

生态环境问题不是某一国家、某一民族的问题，而是需要全人类携手并肩、共同应对的重大挑战。中国坚持人与自然和谐共生的现代化道路，提出以生态文明建设为指引，协调人与自然关系；以绿色转型为驱动，助力全球可持续发展；以人民福祉为中心，促进社会公平正义，深刻回答了人类在生态环境变化十字路口究竟要往何处去的重大问题。党的十八大以来，以习近平同志为核心的党中央高扬社会主义生态文明建设旗帜，开辟出一条全新的超越资本主义现代化模式的现代化道路。为世界各国探索解决生态环境问题给出了中国方案、树立了中国样板、贡献了中国智慧。

1. 坚持以人为本

建设清洁美丽的世界，是为了造福世界各国人民。例如在浙江，越来越多乡村在"千万工程"引领下，逐梦"绿富美"。回溯到二十年前，当地经济大步向前，农村环境问题却日益严峻，"村村点火、户户冒烟"，水脏了、山秃了、垃圾成堆。"千万工程"以环境整治为先手棋，在浙江全域推进农村环境整治，深入实施垃圾、污水、厕所"三大革命"，积极开展"五水共治""四边三化"行动，一路走来，农居面貌发生质变。"千万工程"彰显了生态文明的思想，旨在创造美好生活环境，让生态文明建设的成果持续造福世界。

2. 坚持科学治理

要加深对自然规律的认识，自觉以对规律的认识指导行动。主要有以下措施：研究生态恢复治理防护的措施，加深对生物多样性等科学规律的认识，从政策上加强管理和保护，对全球变化、碳循环机理等加深认识，依靠科技创新破解绿色发展难题等。如我国在太原卫星发射中心采用长征四号乙运载火箭，成功发射首颗陆地生态系统碳监测卫星"句芒号"。这是世界首颗森林碳汇主被动联合观测的遥感卫星，能够实现对森林植被生物量、气溶胶分布、叶绿素荧光的高精度定量遥感测量（见图 3-2）。

图 3-2 “句芒号”可以量化评估全国的固碳成效，还能更好地推算出全球的碳汇状态

3. 积极打造绿色“一带一路”

“一带一路”是一条绿色发展之路。习近平总书记指出：“我们要着力深化环保合作，践行绿色发展理念，加大生态环境保护力度，携手打造‘绿色丝绸之路’”。共建“一带一路”倡议提出10多年来，在各方共同努力下，共建“一带一路”绿色发展取得积极进展，理念引领不断增强，交流机制不断完善，务实合作不断深化。中国智慧、中国技术、中国方案正不断转化为行动和成果，其中蒙内铁路就是共建“一带一路”的众多绿色名片之一（见图3-3）。

图 3-3 蒙内铁路是共建“一带一路”的众多绿色名片之一

二、建设人与自然和谐共生的现代化是历史选择

党的二十大报告提出中国式现代化的本质要求。其中，“促进人与自然和谐共生”作为一项重要要求，不仅凸显了生态维度在推进中国式现代化中的重要意义，扩宽了人类推进现代化实践的道路视野，而且在价值追求与责任伦理层面标定了人类生态文明建设的崭新高度。建设人与自然和谐共生的现代化的选择有其历史性。

（一）西方现代化模式的生态困境与中国基本的生态情况

西方先行的现代化模式带来了严峻的生态危机。工业革命以来，西方发达国家通过对生态环境和自然资源的疯狂掠夺完成了现代化，也付出了“世界八大公害事件”等惨痛代价。如英国伦敦曾多次发生的煤烟型烟雾事件（见图3-4），美国洛杉矶的光化学烟雾事件，日本水俣湾的慢性甲基汞中毒（水俣病）和神通川流域的慢性镉中毒事件等。从20世纪初至今，全世界发生公害事件60多起，公害病患者达40万～50万人，死亡10多万人。这种单向度掠夺式的现代化模式不可持续、不可复制、不可借鉴。

图3-4　1952年英国伦敦烟雾事件

中国走人与自然和谐共生的现代化道路，更是基于我国基本的生态情况 。尊重自然、顺应自然、保护自然，促进人与自然和谐共生，是中国式现代化的鲜明特点。我国庞大的人口基数、相对匮乏的人均资源占有量以及脆弱的生态环境承载能力，始终是影响中国现代化发展的核心问题之一 。人类进入工业文明时代以来，在创造巨大物质财富的同时，也加大了对自然资源的攫取，带来严重的生态环境问题。一方面，我们不能走西方征服自然、控制自然、掠夺自然的老路，不能为了实现经济社会现代化的目标而付出生态环境失治、自然资源浪费和人民健康受损的代价；另一方面，中国仍处于社会主义初级阶段，也不能只讲保护不谈发展，不能单纯强调生态环境保护而丧失发展机遇。人与自然和谐共生的现代化，是人与自然、生态环境保护与经济社会发展的有机统一，充分彰显了以人民为中心、以自然为伙伴、以共生为目标的中国式现代化价值追求。

（二）满足人民日益增长的优美生态环境需要

人与自然和谐共生的现代化是有效适应我国现阶段的发展需求，能够满足人民对美好生活的向往，确保中华民族永续发展的关键抉择。在党的二十大报告中，“人民”二字出现了100余次，充分凸显了人民始终是我们党开展一切工作的出发点和落脚点。促进人与自然和谐共生、持续抓牢生态文明建设是对以人民为中心的发展思想的根本遵循和深刻践行。随着中国特色社会主义进入新时代，我国社会主要矛盾已经转化为人民日益增长的美好生活需要和不平衡不充分的发展之间的矛盾，其中的“不平衡、不充分”就包括城乡生态环境治理不均衡、生态文明建设还有待加强等。

党的十八大以来，党中央围绕生态文明建设进行了深入思考，作出了一系列重大战略部署，开展了史无前例的生态文明建设和环境保护行动（见图3-5、图3-6），不断满足人民日益增长的优美生态环境需要。人民立场是习近平生态文明思想的根本立场和根本价值取向。国家统计局的数据显示，2020 年末，我国地级以上城市绿地面积达 259 万公顷，比 2012 年增长 38.2%，其中公园绿地面积 64 万公顷，增长 48.6%。鸟语花香、山清水秀的农村画卷铺展，水清路净、树绿景美的城市风光成为现实，人民群众的获得感、幸福感不断上升。良好的生态环境是最公平的公共产品，是最普惠的民生福祉。

图 3-5　改善洱海水质

图 3-6　秦岭生态卫士

（三）是新时代生态文明建设伟大实践、伟大成就的真实写照

党的十八大以来，我们党把生态文明建设摆在全局工作的突出位置，从思想、法律、体制、组织、作风上全面发力，谋划开展了一系列根本性、开创性、长远性工作。中国森林覆盖面积不断增加，沙化土地面积年均减少近 2000 平方千米。过去 20 年间，中国新增植被覆盖面积约占全球新增总量的 25%，居世界首位。

1. 生态文明建设战略地位更加凸显

把“生态文明建设”纳入“五位一体”总体布局，把“坚持人与自然和谐共生”纳入新时代坚持和发展中国特色社会主义的基本方略，把“促进人与自然和谐共生”纳入中国式现代化的本质要求，把“美丽中国”纳入社会主义现代化强国目标，把“绿色”纳入新发展理念，把“污染防治”纳入决胜全面建成小康社会三大攻坚战，党的十九大把“增强绿水青山就是金山银山的意识”等写入党章，2018 年 3 月十三届全国人大一次会议通过的宪法修正案把“生态文明”写入宪法。从上述种种措施可以看出，生态文明建设的谋篇布局更加完善、更加系统，也更加成熟。如大运会新能源车践行“绿色出行”理念（见图 3-7）。

图 3-7　2023 年成都大运会新能源车践行“绿色出行”理念

2. 生态文明制度体系更加健全

国家制定出台《中共中央　国务院关于加快推进生态文明建设的意见》《生态文明体制改革总体方案》等纲领性文件，制定数十项涉及生态文明建设的改革方案，生态文明

“四梁八柱”性质的制度体系已经基本形成。

2018 年 3 月，十三届全国人大一次会议通过宪法修正案，将“生态文明”写入宪法。宪法的有关规定是构建整个生态环境保护法律体系的依据，是推进生态文明体制改革的遵循。制定了《中华人民共和国长江保护法》《中华人民共和国黑土地保护法》《中华人民共和国黄河保护法》《中华人民共和国青藏高原生态保护法》等 10 部生态环境保护法律，填补了有关领域的立法空白，完善了生态文明制度体系；修订了《中华人民共和国环境保护法》《中华人民共和国大气污染防治法》《中华人民共和国野生动物保护法》等，增强了相关法律的可执行性和可操作性……目前，我国已有生态环境保护法律 30 余部、行政法规 100 多件、地方性法规 1000 余件，还有其他大量生态环境保护的法律法规规定，为生态文明制度体系打下了坚实基础。

3. 污染防治和生态保护更加有力

全方位、全地域、全过程加强生态环境保护，持续开展污染防治攻坚行动，深入实施大气、水、土壤污染防治三大行动计划，打好蓝天、碧水、净土保卫战。水源地保护得到有效加强，污染严重水体和不达标水体显著减少，土壤污染风险得到有效控制，我国成为全球大气环境质量改善速度最快的国家。开展农村人居环境整治，推行生活垃圾分类。优化国土空间开发布局，围绕国家重点生态功能区，实施全国重要生态系统保护和修复重大工程，筑牢国家生态安全屏障。人不负青山，青山定不负人。实践证明，人与自然和谐共生的现代化道路走得通、行得稳，是强国建设、民族复兴的正确道路。如 70 年间，彰武森林覆盖率由 2.9% 增加到了 31.47%（见图 3-8）。

图 3-8　70 年间，彰武森林覆盖率由 2.9% 增加到了 31.47%

三、建设人与自然和谐共生现代化的实现路径

走建设人与自然和谐共生现代化的新路是应对当前生态环境恶化的必然选择，是符合我国社会主义发展规律的正确道路。我们要积极学习贯彻习近平生态文明思想，坚持推进美丽中国建设，坚持山水林田湖草沙一体化保护和系统治理，统筹产业结构调整、污染治理、生态保护、应对气候变化，协同推进降碳、减污、扩绿、增长，推动生态优先、节约集约、绿色低碳发展。

（一）持续深入打好污染防治攻坚战

要坚持精准治污、科学治污、依法治污，保持力度、延伸深度、拓展广度，深入推进环境污染防治，持续改善生态环境质量。2023 年 7 月 17 日至 18 日，全国生态环境保护大会在北京召开。中共中央总书记、国家主席、中央军委主席习近平出席会议并发表重要讲话（见图 3-9）。

图 3-9 习近平出席全国生态环境保护大会并发表重要讲话

1. 坚决打赢蓝天保卫战

要加强区域联防联控，采取综合措施，加快消除重污染天气，守护好美丽蓝天。由于经济列车高速飞奔、城镇不断扩张，粗放的发展方式带来了严重的环境问题。自开展《大气污染防治行动计划》蓝天保卫战以来，成效持续显现，各地环境“颜值”普遍提升。2020 年，全国空气质量总体改善，全国地级及以上城市空气质量优良天数比率为 87%。环境美了，蓝天白云的好天气正在成为常态。

2. 深入实施碧水保卫战

要促进“人水和谐”，统筹水资源、水环境、水生态治理，深入推进长江、黄河等大江大河和重要湖泊保护治理。继续抓好长江十年禁渔措施落实。通过开展碧水保卫战，到 2020 年，全国地表水国控水质优良比例为 83.4%，清水绿岸、鱼翔浅底的景象明显增多。白洋淀，上承九河，下注渤海。过去，上游城镇生活污水和工业污水排放、白洋淀淀区百姓生活污水直排导致水质不断恶化。现在，白洋淀碧波荡漾、飞鸟翔集，“蒙尘的明珠”重放异彩（见图 3-10）。

图 3-10 白洋淀碧波荡漾、飞鸟翔集

3. 扎实推进净土保卫战

不同于大气、水污染，土壤污染不易察觉，治理更难且相对滞后。在浙江省沿海中部有一座美丽的城市——台州，每年吸引大量游客前往。然而，很多人不知道，这里也是我国的废旧金属拆解基地。针对土壤污染突出问题，台州市路桥区因地制宜，打造集花木生产、交易展示、休闲观光为一体的花木产业综合体，年产值数亿元。

多年来，我国先后出台了《土壤污染防治行动计划》《中华人民共和国土壤污染防治法》等一系列法律法规，高质量推进土壤污染防治工作。2023 年 6 月 5 日至 6 日，中共中央总书记、国家主席、中央军委主席习近平在内蒙古巴彦淖尔考察，并主持召开加强荒漠化综合防治和推进“三北”等重点生态工程建设座谈会（见图 3-11）。

图 3-11　2023 年 6 月 6 日上午，习近平在临河区国营新华林场考察

（二）加快推动发展方式绿色低碳转型

坚持把绿色低碳发展作为解决生态环境问题的治本之策，加快形成绿色生产方式和生活方式，厚植高质量发展的绿色底色。

1. 加快产业绿色转型升级

推动产业结构、能源结构、交通运输结构等调整优化。一方面，运用绿色低碳技术加快传统产业改造升级，减少过剩和落后产能，推进能源改革。例如，一批大型光伏风电基地在沙漠、戈壁和荒漠地区开工建设，煤电机组节能降碳改造、灵活性改造和供热改造加快实施等。另一方面，以绿色低碳技术创新和应用为重点，推动战略性新兴产业、高技术产业、现代服务业加快发展。

2. 推进各类资源节约集约利用

户用分布式光伏安放在农户屋顶，是广袤田畴的新鲜事物，也成为我国新能源发展的生动缩影，不仅串联起千家万户的日常用电、幸福生活，更有利于推动我国能源转型、助力乡村振兴（见图 3-12）。

图 3-12　户用分布式光伏

3. 推动形成绿色生活方式

各级党政机关和国有企事业单位要走在前列，大力倡导简约适度、绿色低碳、文明健康的生活理念和消费方式，让绿色出行、节水节电、“光盘行动”、垃圾分类等成为习惯。持续开展“美丽中国，我是行动者”系列活动，广泛动员园区、企业、社区、学校、家庭和个人积极行动起来，形成人人、事事、时时、处处崇尚生态文明的社会氛围。

（三）着力提升生态系统多样性、稳定性、持续性

党的二十大报告指出：“以国家重点生态功能区、生态保护红线、自然保护地等为重点，加快实施重要生态系统保护和修复重大工程。推进以国家公园为主体的自然保护地体系建设。实施生物多样性保护重大工程。”

1. 划定落实生态保护红线

划定生态保护红线、永久基本农田、城镇开发边界三条控制线以及各类海域保护线。加快推进青藏高原生态屏障区、黄河重点生态区、长江重点生态区和东北森林带、北方防沙带、南方丘陵山地带、海岸带等“三区四带”生态屏障建设；综合运用自然恢复和人工修复两种手段，因地因时制宜、分区分类施策，努力找到生态保护修复的最佳解决方案。

2. 加大生态系统保护力度

建立国家公园体制是党的十八届三中全会提出的重点改革任务之一，是我国生态文明制度建设的重要内容。建立国家公园，能够保护自然生态和自然文化遗产的原真性和完整性，为重要生态系统提供更为严格的保护，为珍稀野生动植物提供长效保护，给子孙后代留下自然遗产。2021 年 10 月，我国正式设立三江源、大熊猫、东北虎豹、海南热带雨林、武夷山等第一批国家公园。新疆阿尔金山国家级自然保护区有国家一级保护动物 17 种，活跃着藏野驴、野牦牛、藏羚羊、藏原羚、鼠兔、黑颈鹤等珍稀动物，生物多样性日益丰富（见图 3–13）。

图 3–13 2023 年 6 月 30 日，在阿尔金山国家级自然保护区拍摄的藏野驴

3. 拓宽绿水青山转化金山银山的路径

良好的生态环境蕴含着无穷的经济价值。习近平总书记提出的“两山”理论为生态价值实现提供了理论指引。生态产品价值实现的过程就是在绿水青山和金山银山之间搭建起桥梁和纽带。生态产品成为践行习近平生态文明思想的有形抓手和实践载体。生态产品价

值实现的路径成为落实“两山”理论的核心路径，我们要把潜在的生态价值向现实价值转化，以此较好地处理生态保护与经济发展之间的辩证关系。生态产品可分为生态物质产品、生态调节服务产品、文化服务产品等。通过发展生态旅游，吸引更多人投资，让潜在的生态旅游资源向现实价值转化。如浙江安吉余村：还一山绿色守千番景，富得一方百姓（见图 3–14）。

图 3–14　浙江“千村示范、万村整治”工程

（四）积极稳妥推进碳达峰碳中和

党的二十大报告指出：“实现碳达峰碳中和是一场广泛而深刻的经济社会系统性变革。立足我国能源资源禀赋，坚持先立后破，有计划分步骤实施碳达峰行动。完善能源消耗总量和强度调控，重点控制化石能源消费，逐步转向碳排放总量和强度‘双控’制度。”我们不仅要控制碳排放总量，还要控制碳排放强度，要将碳排放的总量与强度和产能产量挂钩。“推动能源清洁低碳高效利用，推进工业、建筑、交通等领域清洁低碳转型。”我国提出“双碳”战略是我国作出的重大战略决策，也是我们对国际的重要承诺。要深刻认识“双碳”战略在我国生态文明建设中的重要作用，调整能源结构，控制二氧化碳排放，增强森林等生态系统的碳汇能力，积极稳妥推进碳达峰碳中和，推动形成绿色低碳生产生活方式。一个个丰富多彩的低碳活动，一种种喜闻乐见的宣传形式，正在让绿色低碳生活方式成为一种新的潮流风尚（见图 3–15）。

图 3–15　蚂蚁森林项目荣获联合国“地球卫士奖”

（五）健全美丽中国建设保障体系

统筹各领域资源，汇聚各方面力量，打好法治、市场、科技、政策“组合拳”，为美丽中国建设提供基础支撑和有力保障。

强化法治保障。统筹推进生态环境、资源能源等领域相关法律制定修订，以良法保障善治。完善公益诉讼制度，加强生态环境领域司法保护。实施最严格的地上地下、陆海统筹、区域联动的生态环境治理制度，全面实行排污许可制。完善自然资源资产管理制度体系，健全国土空间用途管制制度。

完善绿色低碳发展经济政策。强化财政支持，优化生态文明建设领域财政资源配置，确保投入规模同建设任务相匹配。强化税收政策支持，严格执行环境保护税法，完善征收体系，加快把挥发性有机物纳入征收范围。强化金融支持，大力发展绿色金融，推进生态环境导向的开发模式和投融资模式创新，探索区域性环保建设项目的金融支持模式，引导各类金融机构和社会资本投入。

加强科技支撑。推进绿色低碳科技自立自强，把应对气候变化、新污染物治理等作为国家基础研究和科技创新重点领域，狠抓关键核心技术攻关。实施生态环境科技创新重大行动，建设生态环境领域大科学装置，培养造就一支高水平生态环境科技人才队伍，支持科技成果转化和产业化推广。加快建立现代化生态环境监测体系，健全天空地海一体化监测网络。深化人工智能等数字技术应用，构建美丽中国数字化治理体系，建设绿色智慧的数字生态文明。

新时代新征程，党的二十大擘画了以中国式现代化全面推进中华民族伟大复兴的宏伟蓝图，发出了为全面建设社会主义现代化国家、全面推进中华民族伟大复兴而团结奋斗的伟大号召。“新征程是充满光荣和梦想的远征。蓝图已经绘就，号角已经吹响。”让我们建设人与自然和谐共生的现代化，踔厉奋发、笃行不怠、勇毅前行，努力创造更加灿烂的明天。

第四章

铸牢中华民族共同体意识的时代意义与形势任务

习近平总书记在第五次中央民族工作会议上强调，“铸牢中华民族共同体意识是新时代党的民族工作的‘纲’，所有工作要向此聚焦”。这为新时代高水平推进民族工作指明了前进方向。历史和现实表明，铸牢中华民族共同体意识是国家统一之基、民族团结之本、精神力量之魂。新时代在民族地区铸牢中华民族共同体意识既是完整准确贯彻落实党中央重要战略部署的体现，也是自然结果和历史发展的必然趋势。

知识链接

铸牢中华民族共同体意识，是习近平总书记在党的民族理论方面作出的重大原创性论断，是新时代民族工作的主线。2013 年，在听取新疆工作报告时，习近平总书记首次提出“中华民族共同体意识”概念。2014 年，在中央新疆工作座谈会和中央民族工作会议上，习近平总书记先后强调，要“牢固树立”和“积极培养”中华民族共同体意识。2017 年，党的十九大在大会报告中提出“铸牢中华民族共同体意识”并将其明确写入党章。2019 年，在全国民族团结进步表彰大会上，习近平总书记强调，要以铸牢中华民族共同体意识为主线，把民族团结进步事业作为基础性事业抓紧抓好。2020 年，该工作目标又被纳入新时代党的治藏治疆方略。2021 年中央民族工作会议明确了新时代民族工作的主线和“纲”，并在 2022 年党的二十大上得到强调，体现了新时代党中央对加强和改进民族工作的深邃思考，具有重大的理论和实践意义。

一、铸牢中华民族共同体意识的时代意义

铸牢中华民族共同体意识是党的民族工作的重要组成部分，它符合中国现实国情和中华民族千百年来的发展融合规律，其中蕴含着丰富的中国智慧，明确了深邃的思想认识，凝聚了团结的奋斗热情，为实现第二个百年奋斗目标和中华民族伟大复兴奠定了坚实的政治基础，具有鲜明的时代特色。

（一）铸牢中华民族共同体意识是新时代民族工作思想创新发展的集中体现

党的十八大以来，习近平总书记就新时代民族工作作了一系列重要讲话及重要部署。

特别是习近平总书记在中央民族工作会议上强调“以铸牢中华民族共同体意识为主线，坚定不移走中国特色解决民族问题的正确道路，构筑中华民族共有精神家园，促进各民族交往交流交融，推动民族地区加快现代化建设步伐，提升民族事务治理法治化水平，防范化解民族领域风险隐患，推动新时代党的民族工作高质量发展”。通过引导各族人民自觉树立中华民族共同体意识，满足维护各民族根本利益的必然要求；通过筑牢“民族团结”“民族一家亲”的思想根基，实现民族地区社会稳定和长治久安的总目标；通过铸牢中华民族共同体意识，化解民族工作中遇到的各类风险挑战，完成实现中华民族伟大复兴的历史使命。因此，铸牢中华民族共同体意识是新时代民族工作的集中体现，只有铸牢中华民族共同体意识，才能增进“四个认同”，做到“两个维护”，夯实民族关系健康发展的思想基础，做实做细各项民族工作，开创新时代党的民族工作新局面。

（二）铸牢中华民族共同体意识是新时代民族工作的政治方向和理论指导

新时代民族工作的有序开展事关国家社会稳定和民族复兴伟业，必须准确把握其政治方向。铸牢中华民族共同体意识是新时代民族工作的“纲”，其基本内涵就是共建中华民族共有精神家园，构筑命运共同体意识，以实现中华民族伟大复兴为目标凝聚各族人民团结奋斗的磅礴力量。这是各族人民意志的集中体现，符合中华民族历史发展趋势和整体利益的需要，是全体中国人民的共同期盼。铸牢中华民族共同体意识在精神需要、物质进步、文化基础、法治建设、人才培养等诸多方面都对新时代民族工作发挥着理论指导作用，具有重要意义。

（三）铸牢中华民族共同体意识是维护国家统一和民族团结的重要保障

当今世界正处于百年未有之大变局，随着国际形势的变化和竞争的加剧，国外敌对势力对我国政策和民族关系的攻击和渗透也在不断增加，这给我国的统一和民族团结带来了巨大的威胁。铸牢中华民族共同体意识通过加强对中华民族的文化认同，构筑中华民族命运共同体和责任共同体，激发各族人民内心深处的情感共鸣，构建中华民族永葆强大凝聚力的思想根基，从而推动各族人民坚定维护祖国统一和民族团结。新时代民族工作必须持续铸牢中华民族共同体意识，引导广大干部群众树立正确的世界观、民族观、历史观，推动中华儿女在实现中华民族伟大复兴的中国梦中形成合力，确保祖国版图完整统一，民族关系高度和谐。

（四）铸牢中华民族共同体意识是建设中国特色社会主义伟大事业的内在要求

建设中国特色社会主义伟大事业的根本目的就是不断实现好、维护好、发展好最广大人民的根本利益，实现中华民族伟大复兴的中国梦，中国梦的实现不可能一帆风顺，必将经历艰难曲折和风险挑战。新时代脱贫攻坚目标任务已如期完成，但民族地区发展不平衡不充分的问题仍然比较突出。没有各民族的团结一心就难以推进中国特色社会主义伟大事业，没有各民族的共同繁荣也无法实现中华民族的伟大复兴。新时代，必须把铸牢中华民族共同体意识作为助推中华民族繁荣发展的动力，凝聚各族人民对美好生活的向往，引领各族同胞参与社会主义现代化建设，促进各族人民把握时代机遇、紧跟时代步伐，在平等团结互助和谐的民族关系下共同奋斗、繁荣发展，不断提升中华民族的凝聚力、向心力和感召力，从而促进各民族共同繁荣发展，携手迈向社会主义现代化新征程。

二、民族地区铸牢中华民族共同体意识的现实困境

民族地区大多地处祖国边疆，面积广阔、物产丰饶，是我国推进对外开放和促进经济文化交流的桥头堡，发挥着沿边沿线便利的窗口作用。但当前世界百年未有之大变局加速演进，国际形势复杂严峻，民族地区铸牢中华民族共同体意识面临着敌对势力分裂渗透、人才培养质量不高、经济社会发展不平衡不充分、民族团结教育工作深度力度有待加强等现实困境。

（一）反分裂意识形态领域面临潜在风险

民族地区是我国反分裂意识形态领域斗争的前沿阵地。近年来，西方反华势力利用各民族在语言文字、风俗习惯、宗教信仰等方面的现实差异散播分裂思想，蓄意制造民族隔阂，企图通过歪曲历史和扭曲事实的卑劣行径挑起民族争端，破坏民族团结。

知识链接

边疆地区是我国少数民族主要聚居区，同时也是外来敌对势力渗透的重点地区。巩固人民的共同体思想基础是边疆稳定的内在要求，铸牢中华民族共同体意识可以从意识形态领域提升边疆民族抵御外部势力渗透的意识，从而在思想上构筑起抵御外来敌对势力的坚实城墙，进而维系边疆地区的社会稳定。中华人民共和国成立初期，部分西方国家为打压我国，试图以边疆地区为突破口对我国边疆人民进行思想渗透和价值扭曲。边疆地区各族人民在中国共产党的坚强领导下，逐渐强化中华民族共同体意识，全国各族人民团结互助，使边疆地区的政治安全日益得到保障。

（二）高素质人才队伍建设存在短板弱项

要想将党的创新理论运用好、实践好，离不开一支素质优良、本领过硬的人才队伍。当前民族地区人才梯队建设特别是少数民族干部人才培养力度距离高质量开展民族工作仍有差距。一方面，干部人才的政治理论水平还不够高，对政策的理解把握仍不精准，主动学习的积极性和创新思维能力略显不足，个别偏远地区干部人才队伍整体文化程度和学识水平有待提高。另一方面，对干部人才的考核激励使用机制还不够灵活，评价方式较为单一，考核标准的量化细化还不够，人才引进存在困难，人才流失问题依然存在，现有干部的教育培养质量不高，与新形势下的干部教育培训需求相比，思路还不够开阔，眼界还不够宽广，办学形式还不够灵活，特别是广开渠道、开门培养干部尤为不够。

（三）不平衡不充分的发展造成利益差别

民族地区受限于自身区位条件劣势和产业发展瓶颈，客观上存在着加强贸易往来和沟

通合作的诸多困难，制约了当地经济社会发展。教育资源的匮乏也在一定程度上限制了民族地区的对外开放，长期封闭的环境造成一些人精神上的懈怠和性格上的保守，而较大的生活水平差距削弱了各族群众的共同利益基础，心态的失衡使个别人对国家民族政策的理解产生偏差，削弱了其对国家与中华民族的认同。

（四）教育引导工作的深度力度仍需加强

民族地区开展民族团结教育工作已有较长的历史，对各个历史时期民族工作的顺利开展都起到了关键作用。但当前，民族地区民族团结进步教育工作面临诸多困境。一是内容与形式没有紧跟时代发展诉求和社会现实需要。部分地区的民族团结教育过分拘泥于教学范围，教育内容脱离实际，知识更新缓慢，教育活动缺乏活力，形式固定僵化。二是还未建构爱国主义教育实践体系。当前民族地区的爱国主义教育与传统文化的融合还不够深入，对教学载体的运用还不够丰富，爱国主义教育的系统性和连贯性不足，不利于民族团结进步教育的发展和完善。

三、铸牢中华民族共同体意识需正确把握的“四对关系”

习近平总书记2021年在中央民族工作会议上的讲话中特别强调，要正确把握好“四对关系”。这为新时代加强和改进党和国家的民族工作提供了认识论和方法论。

（一）正确把握共同性和差异性的关系

共同性和差异性的关系在铸牢中华民族共同体意识“四对关系”中处于主导地位，统筹协调其他“三对关系”，并为其指明正确的方向。一方面，共同是主线和方向，体现着中华民族共同体发展的必然结果。从历史来看，中华民族作为“自在”的民族实体，形成了以炎黄华夏为凝聚核心的本体格局，衍生出“五方之民”“华夷一家”的政治追求。历经漫长的时间积累，各民族通过你来我往、互帮互助，共同开拓疆域、书写历史、创造文化、培养精神，为中华民族共同体意识的形成厚植基础养料。从现实来看，伴随着改革开放、市场经济、城镇化等社会条件的推动，各族群众你中有我、我中有你的交往交流交融更加频繁，在共同居住、共同学习、共同生活中不断强化着“五个认同”。另一方面，差异是要素和动力，体现着中华民族共同体的包容性、开放性和多元性。从外在差异性来看，主要表现为各民族在衣食住行等方面的物质需求的差异。在历史发展的长河中，以血缘、地缘等为纽带形成的各民族，产生了差异化的生产力和生产方式，造成了各民族在经济发展上呈现出不平衡不充分的状态。正因为如此，党和国家制定差异化的民族政策，将统一和自治相结合、民族因素和区域因素相结合，推动中华民族共同体建设在包容中创新发展。从内在差异看，主要表现为各民族在价值观念、宗教信仰、文化习俗等方面的精神需求的差异。各民族都有自己的发展史，孕育出了别具一格的民族文化和风土人情，在知情意行方面蕴含着特有的民族共识，其多元特征充实和延续着中华民族共同体的发展。

知识链接

一部中国史就是一部各民族交融汇聚成多元一体中华民族的历史，就是各民族共同缔造、发展、巩固统一的伟大祖国的历史。我国的辽阔疆域是各民族共同开拓的、悠久历史是各民族共同书写的、灿烂文化是各民族共同创造的、伟大民族精神是各民族共同培育的。这“四个共同”深刻诠释了正确的中华民族历史观的理论内涵；深刻阐明了中华民族形成发展的客观事实和中华民族交往交流交融的基本规律，中华民族从多元凝聚成一体，源自各民族文化上的兼收并蓄、经济上的相互依存、情感上的相互亲近，源自中华民族追求团结统一的内生动力；深刻揭示出中华民族是具有强大认同度和凝聚力的命运共同体（见图 4-1）。

图 4-1　文成公主进藏

资料来源：澎湃新闻网。

（二）正确把握中华民族共同体意识和各民族意识的关系

中华民族共同体意识和各民族意识的关系在铸牢中华民族共同体意识“四对关系”中发挥覆盖作用，解决的是党和国家战略布局中的意识形态和价值导向问题，其本质上是为构筑中华民族共有精神家园而助力。民族意识是社会成员对自己民族归属和利益的感悟，具有自觉性和能动性。尤其在长期的生产生活实践中，各民族的分界心理在集体中留下了深刻的烙印，个体性的自我意识得以彰显。但是随着国家政权的产生，各民族作为国家的一分子，经过不断努力和奋斗，将自在自觉自强的民族实体不断夯实提升，彼此之间交往交流交融使情感加深，塑造出了更高层次的共有认知——中华民族共同体意识。中华民族共同体意识承载了各民族在政治、经济、文化等方面的共有期待，熔铸着每一位中华儿女个体体验与集体认知的“社会性”的意识，可以将民族意识包容在中华民族共同体意识之下，并使之内化为自愿维护中华民族利益的潜意识。

正确把握中华民族共同体意识和各民族意识的关系坚持了系统思维，在联系共同体内部各要素的基础上，统筹全局，整合了各族群众的思想差异。中华民族是自古有之的有机系统，由 56 个民族构成这一民族实体，具有多元性的个体享有中华民族的国民身份，同时具备各自的民族身份，这双重身份自然会产生相应的心理归属，使得两种意识密不可分且长期存在。从整体与部分看，中华民族共同体意识是整体，各民族意识是部分，既要树立全局观念，又要发挥局部作用，实现整体和部分的辩证统一。在认识中，只有时刻谨记“四个与共”的共同体理念，将自身的荣辱祸福与国家的前途命运紧密联系在一起，各族群众的生命安全、生存权益、生活幸福才有保障。在实践中，要始终引导各族儿女将中华民族的利益放在首位，将本民族的利益放在次位，这样才能在实现中华民族整体利益过程中更好实现各民族的具体利益。

知识链接

习近平总书记在中央民族工作会议上指出，铸牢中华民族共同体意识，就是要引导各族人民牢固树立休戚与共、荣辱与共、生死与共、命运与共的共同体理念。“四个与共”道出了一家人同呼吸、共命运、心连心的辉煌历史、现实奋斗和坚强决心。在漫长的历史演进中，各民族心手相连、守望相助，共同的价值追求使中华民族焕发出无与伦比的强大凝聚力。

（三）正确把握中华文化和各民族文化的关系

中华文化和各民族文化的关系在铸牢中华民族共同体意识“四对关系”中发挥整合作用，塑造着人们的思想和行为。中华文化在时间维度上包括中华优秀传统文化、革命文化、社会主义先进文化，在空间维度上包括物质文化、制度文化、精神文化。无论何种维度交织出来的中华文化都是各族儿女共有的宝贵财富，不断以满足人们的需求为基础，发挥着教化、引领、规范、凝聚的主干功能。各民族经过人与自然、人与人、人与社会的互动过程中所孕育出的农耕文明、游牧文明、海洋文明，提炼和延续出了各自特有的民族文化形式与符号，既丰富了自身民族文化的枝叶，又滋养了中华文化的根基。

中华文化是各民族文化的集大成者，衔接了不同时代、不同区域、不同民族的优秀精华，是“你中有我，我中有你”的文化交融体，凭借兼容并包的特点吸收真善美的文化基因，使其达到“美美与共，天下大同”的最佳状态。同样，各民族文化绝不是孤立存在的，它们“从中华母文化的肌体上吸收养分”，自身肌体的生成因子早已嵌在中华文化内部结构之中，形成了“各美其美，美人之美”的文化生态。

（四）正确把握物质和精神的关系

物质和精神的关系在铸牢中华民族共同体意识“四对关系”中具有标本兼治的功能，支撑并驱动着中华民族共同体的建设。从当下民族工作的发展方位来看，处理好物质和精神的关系至关重要，哪一方面的问题解决不好都会出问题。铸牢中华民族共同体意识作为一个综合性工程，需要处理好物质和精神这两种力量，使其并驾齐驱，中华民族共同体才会牢不可破。既要“富口袋”，物质上促发展，也要“富脑袋”，精神上促引导，这是铸牢中华民族共同体意识的双重保障。伴随新时代我国主要矛盾的变化，党和国家全面布局、科学判断、制定政策，使得各民族和民族地区的社会生活都发生了实质性的转变，东西部各民族间的差距不断缩小，共同性逐渐增强。习近平总书记强调："要赋予所有改革发展以彰显中华民族共同体意识的意义。"各族群众物质水平提高了，生活条件改善了，自然会切身感受到国家为民谋福祉的决心，不断体会到安全感、获得感、幸福感，从而为铸牢中华民族共同体意识赢得有利的社会环境。脱离经济发展这层物质力量，铸牢中华民族共同体意识就失去了根基，不可能长远地维持下去。同时，要实现长治久安，经济发展固然重要，但绝不能忽视心灵相通与人心凝聚。中华民族共同体意识作为国家意识范畴之一，核心在于增强"五个认同"，这样才能使各民族在现代化道路上行稳致远，真正成为共同富裕的建设者和受益者。

知识链接

习近平总书记在总结我们党关于加强和改进民族工作宝贵经验和重要思想时提出，"必须以铸牢中华民族共同体意识为新时代党的民族工作的主线，推动各民族坚定对伟大祖国、中华民族、中华文化、中国共产党、中国特色社会主义的高度认同，不断推进中华民族共同体建设"。阐明了"五个认同"是中华民族共同体意识的核心内容，是新时代铸牢中华民族共同体意识的基石和根本立足点。

四、铸牢中华民族共同体意识的重点任务

铸牢中华民族共同体意识的民族工作主线，创新发展了中国特色解决民族问题的正确道路，传承与发展中国共产党领导中国革命、建设和改革的民族工作的实践经验，为新时代民族工作如何实现高质量发展提供了根本遵循和衡量标准。

（一）推进中华民族共有精神家园建设，夯实思想政治基础

中华民族共有精神家园是我国各民族共同创造、共同依托、共同传承、共同发扬的文化精神、价值观念和情感态度的总和，主要包括共同的文化根基、共同的时代精神和共同的价值追求。中华民族共有精神家园是中华民族凝聚人心、团结奋进的强大精神纽带。中华民族多元一体格局始终是我国历史发展的主脉，国家统一的发展方向始终是我国历史发展的主流。中华民族在5000多年历史长河中，共同培育了革故鼎新、勇于发明的伟大创造精神，勤劳坚韧、自强不息的伟大奋斗精神，齐心协力、同舟共济的伟大团结精神，向往美好、不懈追求的伟大梦想精神，是中华民族最独特的精神标志，是中华民族共有精神家园的重要内涵。加强中华民族共有精神家园建设，要弘扬伟大中华民族精神，并使之与时代精神相统一，用共同理想信念凝心铸魂，赓续精

图 4-2　广西田林喜迎"三月三"，共筑民族情

资料来源：中国科技网。

神血脉，团结全国各族人民共同投身中华民族伟大复兴事业（见图 4–2）。

（二）扎实推进共同富裕，推动各民族为全面建设社会主义现代化国家而共同奋斗

共同富裕的主体是全体人民，没有共同富裕，中华民族共同体意识就缺失了物质保障，如无源之水、无本之木。要践行以人民为中心的发展思想，不断夯实铸牢中华民族共同体意识的物质基础，增强全体中华儿女的认同感、获得感和归属感。全面建设社会主义现代化国家，一个民族都不能少。这既是党对各族人民的郑重承诺，也表明中国共产党致力于各民族共同团结奋斗、共同繁荣发展的信心和决心。一要不断完善差别化区域支持政策，不断深化民族地区改革，提升其自我发展的能力。二要推动民族地区牢牢把握发展机遇、准确定位自身发展阶段，以新发展理念为指导，积极主动融入中国式现代化的发展格局，以促进各民族地区实现共同富裕为切入点和发力点，着力夯实基础设施建设，优化调整民族地区产业结构，走人与自然和谐共生的绿色发展路子，实现民族地区经济社会的高质量发展，不断扩大共享中国式现代化成果的范围，增强各族群众获得感、幸福感和安全感。三要强化巩固民族地区脱贫攻坚的成果，并同国家乡村振兴战略相关部署有效衔接，不断完善民族地区特别是边境地区的开发开放政策，深入开展固边兴边富民行动，大力发展边境经济，推进边民团结幸福，巩固边防安全稳定。

典型案例

“闽宁模式”：铸牢中华民族共同体意识的生动实践

（资料来源：中国民族报）

1996 年，福建省与宁夏回族自治区建立起对口协作关系，经过多年探索，创造出东西扶贫协作的“闽宁模式”。随着我国脱贫攻坚取得全面胜利，“东西部扶贫协作”改称“东西部协作”。闽宁两省区不断拓展协作深度，创新协作方式，坚持深化多层次、宽领域、全方位对口协作机制，在推进巩固拓展脱贫攻坚成果同乡村振兴有效衔接中，不断续写“闽宁模式”的新篇章。“闽宁模式”不仅是东西部协作的成功典范，也是铸牢中华民族共同体意识的生动实践。新征程上，闽宁两省区紧紧围绕“宁夏加快建设铸牢中华民族共同体意识示范区”这一目标深化闽宁协作，充分把握政治、经济、文化、社会等各方面相辅相成的内在机理，加快推动东西部协作向全面合作转变，深入探索建设新时代民族工作高质量发展全国典范的新思路、新方法、新举措，大力推动各民族共同团结奋斗、共同繁荣发展，书写“闽宁模式”铸牢中华民族共同体意识的新篇章，为全面建设社会主义现代化美丽新宁夏汇聚磅礴力量（见图 4–3）。

图 4–3　闽宁产业园续写山海协作新篇章

资料来源：东南网。

（三）立足中华民族大团结，促进各民族广泛交往交流交融

各民族交往交流交融是民族团结的前提和基础。各民族成员之间只有通过在经常性的经济社会生活中的交往交流，才能共同培育和形成“你中有我、我中有你、谁也离不开谁”的中华民族命运共同体意识。这既是中华民族作为巨土广族得以形成和发展的重要社会历史根源，也是铸牢中华民族共同体意识必不可少的社会生活基础。新时代推进各民族交往交流交融，一是要大力开拓各族人民互动交往的形式和载体。要积极通过文化旅游、商贸往来、研学进修等各种途径促进不同地域各族人民的互动往来，并注重互联网、新媒体等力量在促进和引导各族人民交往交流交融方面发挥的积极作用。二是要积极探索各族人民交往交流交融的途径。只有通过交往交流打造“互嵌式社会结构”，才能最终实现各民族共同团结进步、共同繁荣发展。就当前各地在促进民族交融方面的实践探索来看，要有序推动各族群众跨区域流动，特别要加强西部民族地区和东中部地区各族群众的交往交流交融，顺应并促进各民族大流动大融居的发展趋势，推动多民族形成互嵌式社会结构，创造各族群众共居共学、共建共享、共事共乐的社会条件。要充分考虑不同民族、不同地区的实际，统筹城乡建设布局规划和公共服务资源配置，完善政策举措，营造环境氛围，逐步实现各民族在空间、文化、经济、社会、心理等方面的全方位嵌入，引导和促使各族群众交朋友、做邻居，共谋幸福生活，共同发展进步（见图 4–4）。

图 4–4 “相约黄鹤楼 齐声颂中华”旅游促进各民族交往交流交融

资料来源：长江网。

（四）筑牢治理基石，推进民族事务治理体系和治理能力现代化

推进民族事务治理体系和治理能力现代化是推进国家治理体系和治理能力现代化的重要内容，是关系国家长治久安、人民幸福安康的重大问题。要坚持一切从实际出发，坚持正确的，调整过时的，突出区域化和精准性，坚持以公平正义为原则，更多针对特定地区、特殊问题、特别事项制定实施差别化区域支持政策，让各族群众切实感受到党的温暖，为铸牢中华民族共同体意识提供坚强的政策支撑。一是必须坚持和完善民族区域自治制度。这是中国共产党长期探索、依据国情作出的正确抉择，是党的民族理论的升华，是党的民族政策的实践创举。不仅有利于促进民族团结，推动民族地区的经济发展，改善各民族民生状况，增强中华民族共同体凝聚力，还能确保党和国家的基本法律政策的顺利实施，是中国特色解决民族问题的正确道路的重要内容和制度保障。二是必须提升民族事务

治理法治化水平。依法治国是我国的基本方略，依法治理民族事务是其中的一个重要方面，有助于推动民族工作高质量发展。要牢固树立法治观念和法治思维，民族工作部门要做到依法履行职责，依法处理民族事务；要增强和培养民族工作干部和群众的法治意识和法治精神，不断夯实铸牢中华民族共同体意识的法治基础；坚持各民族平等，在突出区域化和精准化的同时，依法妥善处理涉民族因素的事件，依法打击各类违法犯罪活动；尊重和保护各族人民的合法权益，用法律保障民族团结，用法律法规支撑特定地区、特殊问题、特殊事项的处理政策。三是要把民族事务纳入共建共治共享的社会治理格局。铸牢中华民族共同体意识要补齐社会治理短板，其中最为关键的是要完善共建共治共享的社会治理制度，构建共建共治共享的社会治理格局，建立“人人有责、人人尽责、人人享有的社会治理共同体”。建立依托党委领导、政府负责、民主协商、社会协调、公众参与、法治保障、科技支撑的社会治理体系，切实将涉民族因素的矛盾纠纷化解在基层、化解在萌芽状态。

（五）坚持问题导向，防范化解民族领域重大风险隐患

防范化解民族领域风险隐患是铸牢中华民族共同体意识的重要条件。要强化忧患意识和风险意识，居安思危，把防范化解重大风险隐患作为加强和改进新时代党的民族工作的重要工作来抓，深谋远虑、深思熟虑，打有准备之仗。一是要守住守好意识形态阵地，积极稳妥处理涉民族因素的意识形态问题，坚决防范民族领域重大风险隐患，持续肃清民族分裂、宗教极端思想流毒。二是要特别防范和坚决打击暴力恐怖活动、民族分裂活动、宗教极端活动，严密防范境内外敌对势力的各种渗透颠覆破坏活动。三是要健全民族领域防范化解风险隐患的体制机制，提升对突发事件的处置能力。要加强风险隐患的全面摸底排查、科学监测预警、细致分析研判，对存量风险扭住不放、跟踪到底，对潜在风险开展拉网式调查摸排，确保无盲区、全覆盖，做到心中有数、有备无患，牢牢把握处置突发状况的工作主动权。

典型案例

湖北：在法治轨道上推进民族事务治理现代化

（资料来源：中国民族报）

全面贯彻落实总体国家安全观，坚持底线思维，健全风险隐患防控体系，发挥民族工作协调机制、民委委员制的制度优势，建立信息共享、会商研判和协同处置机制，实现预防在先、发现及时、处置稳妥。把握意识形态斗争主动权，创办“荆楚道中华”外宣栏目，成立 18 个理论研究基地，做好研究阐释工作，聚合媒体机构、互联网企业、“网红大 V”等力量，利用“网言网语”传播有利于铸牢中华民族共同体意识的正能量、好声音。坚持互嵌共融，完善现代公共法律服务体系，推动法治力量向引导和疏导端用力，在大中城市设立培训点，推广普及国家通用语言文字，宣传党和国家法律法规。全面推行“律师进村，法律便民”服务，确保矛盾纠纷有效化解在基层。

第五章

全面贯彻总体国家安全观　提升我国网络安全能力

没有网络安全就没有国家安全，没有国家安全，党和国家的各项事业发展就会严重受阻。加强网络安全，必须树立总体国家安全观，要有“大安全”意识，要把“安全”理念贯穿党和国家事业发展的各领域、各方面和各环节。要坚持系统观念，系统分析国家安全形势、全面评估安全风险、整体谋划安全策略、防范化解各类风险，为网络强国建设提供坚强保障。

知识链接

2014 年，在中央网络安全和信息化领导小组第一次会议上，习近平总书记提出“努力把我国建设成为网络强国”的目标愿景。2015 年，党的十八届五中全会明确提出要实施网络强国战略。2018 年，在全国网络安全和信息化工作会议上，习近平总书记提出“最终达到技术先进、产业发达、攻防兼备、制网权尽在掌握、网络安全坚不可摧的目标”。2023 年 7 月，习近平总书记对网络安全和信息化工作作出重要指示，明确“十个坚持”重要原则，强调要“坚持筑牢国家网络安全屏障”。

一、网络安全：时代之需

网络安全是国家安全的重要组成部分。随着信息化的推进和国际竞争的加剧，网络安全形势日益复杂，各国面临的网络安全挑战也不断加剧。网络安全出现问题，不仅会影响社会稳定与经济发展，也会威胁到整个国家的安全和利益。筑牢网络安全防线，不仅有利于维护经济社会稳定以及人民的切身利益，更是保障国家安全、推进网络强国建设的必然之举。

（一）落实总体国家安全观的重大战略举措

网络信息安全形势日趋复杂，对于个人生活、经济活动乃至政治军事都造成了严峻的挑战。物理隔离可被跨网入侵，金融交易信息可被窃取，勒索病毒爆发和网络攻击可导致诸多行业瘫痪，用户隐私数据泄露和不当使用会导致对政治经济的冲击，这些现象都表明了网络信息安全威胁和风险日益突出。而且，网络与各行各业的紧密结合也导致了网络信息安全牵一发而动全身，并且呈现出向政治、经济、文化、国防等安全领域辐射性扩散态势，成为众多安全领域中较为基础又尤其紧迫的一环。网络技术发展滞后、网络空间治理不力，都会导致国家在复杂的网络安全形势和国际竞争局势中处于劣势，从而严重影响国家安全。近年来，互联网、大数据、云计算、物联网等数字技术日新月异，将人民生活完全融入到了信息网络中，人们在享有互联网发展红利的同时，也在遭受着数字技术被滥用的危害。强化网络安全保障，就是构建保护人民根本利益的坚实基础，让人民群众更放心地享受网络强国建设成果，为落实国家总体安全观提供了坚实基础，为完善国家安全制度体系与安全治理体系提供强大助力。

（二）建设社会主义现代化强国的重要内容

当今世界已进入信息化时代，信息革命正在以前所未有的方式深刻影响着各行各业，“互联网＋”作为网络信息化思维创新与产业实践结合的新模式，推动经济形态在传统行业演变，为社会经济实体带来新活力、新增长、新发展。以移动互联网、云计算、物联网、区块链以及人工智能等技术为代表的第二轮信息化浪潮也席卷而来，数字经济、共享经济等创新型经济业态相继涌现，为网络信息革命注入了新动能、开拓了新方向、实现了新突破。信息化浪潮云奔潮涌，各个大国之间在网络技术和网络空间的角力与竞争也越发激烈。现代化的核心是信息化，建设现代化强国必须以建设网络强国为基础支撑。

党的二十大报告明确提出，“高质量发展是全面建设社会主义现代化国家的首要任务”，并要求“以新安全格局保障新发展格局”。网络安全是新安全格局的重要构成部分，是经济社会高质量发展不可或缺的要素，是建设社会主义现代化强国的重要内容。一方面，全球新一轮科技革命和产业变革深入推进，互联网成为影响世界的重要力量，各国围绕制网权、数据主权的争夺日益激烈，网络安全成为塑造国家竞争优势的战略支点。另一方面，随着我国数字技术与实体经济加快融合，网络安全风险加速演进升级，给关键信息基础设施稳定运行、重要核心数据安全等带来不确定因素。网络安全是构建新发展格局、推进高质量发展的有力保障。

（三）构筑网络空间命运共同体的强大力量

在信息化时代，互联网本身就是一个超越国界的存在，它突破了各国边界，让世界彼此相连。一国的网络安全不仅影响着本国的安全，也影响着全球的安全。反之，全球的安全也影响着各国的网络安全和国家安全。习近平总书记指出：“网络安全是全球性挑战，没有哪个国家能够置身事外、独善其身，维护网络安全是国际社会的共同责任。”携手应对网络安全问题，需要充分发挥联合国的主渠道作用和其他各类行为主体的积极作用，推动制定各方普遍接受的网络空间国际规则，制定网络空间国际反恐公约，健全打击网络犯罪司法协助机制；需要各国坚持相互尊重、互信共治的基本原则，践行开放合作的网络安全理念，坚持安全与发展并重，深化预警防范、信息共享、应急响应等交流合作，共同遏制网络信息技术滥用，共同反对网络监听、网络攻击、网络空间军备竞赛，共同维护网络空间和平安全。同时，发挥好互联网在推动世界优秀文化交流互鉴中的独特优势，使互联网成为增进各国人民心灵沟通、推动世界网络文化繁荣发展的重要平台和精神家园，为共治全球网络安全问题、构建网络空间命运共同体提供丰厚文化滋养。互联网是人类的共同家园，各国应该共同构建网络空间命运共同体，推动网络空间互联互通、共享共治，为开创人类发展更加美好的未来助力。网络无国界，网络空间日益成为世界文明展示的广阔平台，助力文明交流超越文明隔阂、文明互鉴超越文明冲突、文明共存超越文明优越。构建网络空间命运共同体，是全人类在信息化时代所面临的共同任务。而推进网络强国建设，提升我国参与网络空间国际治理的能力与水平，是中国作为一个负责任大国所应有的使命与担当。

二、网络安全：形势所迫

随着互联网、人工智能、大数据等新技术飞速发展，国家网络安全形势日趋严峻复杂，网络安全成为关乎国计民生、关乎战略全局的一件大事。网络空间是国家的“第五疆域”，事关国家主权。网络安全也往往“牵一发而动全身”，对政治、军事、经济、文化、社会、科技等各领域安全产生深刻影响。互联网时代无疑带来了前所未有的机遇与红利，但网络空间安全领域正面临日益复杂且紧迫的挑战，网络安全风险已成为非传统安全风险的典型代表。

（一）网络攻击

美国是最大的网络攻击来源地，是全球网络空间安全的最大威胁。长期以来，美国利用自身信息技术优势和“五眼联盟”等国家网络资源，对世界各国包括盟友进行大规模监听窃密，非法获取别国政要、企业和公民的海量数据，“黑客帝国”的真实面目早已尽人皆知。作为全球最大的“黑客帝国”和网络窃密者，美国的所作所为严重损害别国主权，严重侵犯全球互联网用户隐私。美国还把网络攻击与传统情报手段相结合，作为“混合战争”的重要手段。美英等国全面提速网络军事化进程，频繁开展网络空间军事行动，不断推动“先发制人”“网络威慑”等战略走实，给全球带来严重网络安全威胁。

知识链接

劣迹斑斑的“黑客帝国”——起底美国破坏全球网络安全

（资料来源：新华社）

2023年5月4日，中国国家计算机病毒应急处理中心与360公司共同发布《“黑客帝国”调查报告——美国中央情报局》。这份报告显示，美国中央情报局开展了规模庞大的全球性网络攻击行动：使用一大批至今未被披露的后门和漏洞，在世界各地建立“僵尸”网络和攻击跳板网络，针对网络服务器、网络终端、交换机和路由器，以及数量众多的工业控制设备分阶段实施攻击入侵行动。在专门针对中国境内目标实施的网络攻击行动中，相关机构成功提取了多个“穹顶7”网络攻击武器样本，多个东南亚国家和欧洲的机构也提取到了几乎完全相同的样本。“穹顶7”正是2017年“维基揭秘”网站披露的美国中央情报局网络情报中心的秘密攻击手段。

2022 年 4 月，西安警方接到报警，中国西北工业大学信息系统发现遭受网络攻击痕迹。调查这一事件的技术团队先后从该大学的多个信息系统和上网终端中提取到木马程序样本，综合使用国内现有数据资源和分析手段，并得到欧洲、东南亚部分国家合作伙伴的通力支持，全面还原了相关攻击事件的总体概貌、技术特征、攻击武器、攻击路径和攻击源头，初步判明相关攻击活动源自美国国家安全局的“特定入侵行动办公室”。中国国家计算机病毒应急处理中心最新发布的通报说，在配合侦办西北工业大学遭受网络攻击案过程中，成功提取了名为“二次约会”的间谍软件多个样本。根据黑客组织“影子经纪人”泄露的美国国家安全局内部文件，该恶意软件为美国国家安全局开发的网络“间谍”武器。它主要部署在目标网络边界设备（网关、防火墙、边界路由器等）中，隐蔽监控网络流量，并根据需要精准选择特定网络会话进行重定向、劫持、篡改。

上述案例是美国对中国开展网络攻击的冰山一角。中国国家互联网应急中心网站 2021 年发布的互联网网络安全态势综述报告显示，2020 年中国捕获计算机恶意程序样本数量超过 4200 万个，其中境外恶意程序主要来自美国，占比达 53.1%。2020 年，控制中国境内主机的境外计算机恶意程序控制服务器数量达 5.2 万个，其中位于美国的控制服务器约 1.9 万个，高居首位。

（二）网络犯罪

网络社会不断发展完善，成为与真实社会并行的庞大“虚拟空间”。以大数据为代表的新一代信息技术与网络安全紧密关联，极大地增加了信息安全管理的复杂性、交织性、动态性和综合性，使得信息安全管理面临空前威胁。随着公民个人信息泄露的情况日益严峻，通过非法获取公民个人信息实施精准网络犯罪的案件不断增多。“广撒网、多捞鱼”的获利模式导致累积犯罪数额不断提高。相较于传统犯罪，新型网络犯罪呈现明显的集团化、产业化状态，表现出跨部门、跨行业色彩，形成了盘根错节的网络犯罪黑色产业链（见图 5–1）。

图 5–1 《孤注一掷》揭秘境外网络诈骗全产业链黑幕

资料来源：广州日报大洋网。

知识链接

起底《孤注一掷》背后的网络安全犯罪

（资料来源："学习强国"）

电影《孤注一掷》取材自真实案例，全景式呈现了境外电信网络诈骗产业的黑幕，刻画了电信网络诈骗团伙的凶残、狡诈。其实，《孤注一掷》所呈现的只是境外电信网络诈骗犯罪的"冰山一角"，是这个犯罪链条的"下游"。而这个犯罪链条的"上游"则是网络安全犯罪，具体地说，就是侵犯公民个人信息犯罪。

近年来，伴随着智能手机、平板电脑等移动终端的普及，以及物联网、云计算等移动互联网技术的成熟，大数据技术成为企业精准投放广告、精准实施营销、精准提供服务的一件"利器"，也为我们在线社交、协同办公、休闲购物提供了极大的便利，深刻地改变了企业的商业模式和我们的生活方式。在这个过程中，我们无时无刻不在生成、上传包括身份信息、位置信息、财产信息、通信信息、健康信息、工作信息在内的公民个人信息。企业则对这些公民个人信息进行挖掘、筛选、整合、分析，将其作为"养分"，持续推动大数据模型的进化。企业坐拥如此海量的公民个人信息，一旦缺乏有效的技术防范手段和完善的监督制度，就会造成公民个人信息的泄露。公民个人信息是推动大数据模型进化的"养分"，也是实施电信网络诈骗犯罪的"原料"。

那么，电信网络诈骗团伙是如何非法获取这些公民个人信息的呢?

一是通过部分企业、单位的"内鬼"。商业银行、保险公司、移动运营商、快递公司、电商平台、医院、人力资源和社会保障部门、民政部门等企业、单位往往掌握着海量的公民个人信息。电信网络诈骗团伙在网上高价求购公民个人信息，这些企业、单位一些负责信息系统的员工经不起利益诱惑，将之打包出售。例如，2020 年 1 月，某快递公司员工余某利用负责将流水线上的快递包裹装车的便利，通过手机拍照的方式，非法收集快递面单上的客户姓名、联系方式、收货地址等客户交易信息 1900 条，在网上进行出售，非法牟利 1900 元。最终，余某因侵犯公民个人信息被判处有期徒刑一年零十个月，并处罚金。

二是通过网络安全犯罪手段。电信网络诈骗团伙通过开发、散布恶意软件，进行网络钓鱼，组织域名系统（DNS）攻击、分布式拒绝服务（DDoS）攻击、SQL 注入（SQLi）攻击，借助"爬虫"技术，从商业银行、保险公司、移动运营商、快递公司、电商平台、医院、人力资源和社会保障部门、民政部门等企业、单位的业务系统中窃取公民个人信息。例如，2022 年 9 月，某电信网络诈骗团伙成员刘某通过组织 SQL 注入（SQLi）攻击，借助"爬虫"技术，从某教育培训机构网站抓取学生姓名、联系方式、家庭住址等公民个人信息 20 余万条。最终，刘某因侵犯公民个人信息被判处有期徒刑一年零三个月，并处罚金。

（三）网络意识形态安全问题

习近平总书记特别重视网络意识形态工作，指出：互联网已经成为今天意识形态斗争的主战场，西方反华势力妄图以这个“最大变量”来“扳倒中国”，我们在这个战场上能否顶得住、打得赢，直接关系到我国的意识形态安全和政权安全。进入信息化高度发达的网络社会阶段，西方发达资本主义国家采用更为隐蔽的网络手段对我国进行意识形态渗透，网络社会中充斥着各种威胁我国主流意识形态安全的思潮。

近年来，各级党和政府加强和改进了网络正面宣传和舆论引导工作，并将其列入重要议事日程，形成了主要负责领导亲自抓、各职能部门协调配合、人民群众积极参与的良好格局。同时，党和政府加强了对各种类型的网络违法犯罪行为的管治，专门出台了关于治理网络诈骗、网络募捐、网络借贷、网络直播、网络信息搜索、网络传销、网络色情、网络赌博、网络虚假新闻等方面的管理规定或意见措施，在一些领域采取了专门行动，收到较好的效果。经过党的十八大以来的强力纠治，在公共舆论领域，各种明显而直接的针对主流意识形态进行攻击的观点言论已经基本销声匿迹。但风险不会消失，只是发生了转移，而且新风险更加具有挑战性。自媒体的兴起、资本力量的介入等使得全媒体时代传统主流媒体的地位和影响力受到挤压，各种思想舆论在互联网场域中相互激荡，各种信息与观点的生产、分配、传播、接受呈弥散化态势，意识形态建设面临的挑战前所未有。

三、网络安全问题的应对之道

有效维护国家网络安全，必须要明晰网络空间安全的特点，采取有力举措筑牢国家网络安全屏障。

（一）坚持网络安全共治

网络安全是一项系统工程，涉及的领域广、方面多。维护网络安全不仅仅是某个人、某个部门或某个组织的事，而是全社会的共同责任，需要党、政府、企业、社会组织、广大网民共同参与、共同努力，共筑网络安全防线。要坚持系统思维，充分调动各个主体的积极性，最大限度凝聚各方力量，形成维护网络安全的最大合力。

1. 坚持党的领导

必须旗帜鲜明、毫不动摇地坚持党管互联网，加强党对网络安全工作的全面领导。网络意识形态安全关系我国意识形态安全和政权安全，关系人民群众的根本利益，只有坚持党的领导，才能在面对错综复杂的形势时始终保持正确方向。要清醒看到，网络安全建设是一项系统性综合工程，需要加强顶层设计和通盘考虑，确保在关键问题、复杂问题、难点问题上明确定调，并督促落地。

党的二十大报告提出，“中国共产党是最高政治领导力量，坚持党中央集中统一领导是最高政治原则”，要把党的领导贯彻落实到党和国家事业各领域各方面各环节。坚持党对网信事业的全面领导，不仅可以发挥党的政治优势，确保网信事业的正确方向，而且可以发挥党的组织优势，有效调动汇聚各方力量，形成保障网络安全的磅礴之力。要坚持党对网信事业的全面领导，把握网络建设总方向，谋划网信工作全局，审定网络安全相关政策，促进网信事业改革，总揽全局，统筹谋划。

2. 坚持人民主体地位

网络安全建设必须坚持以人民为中心，筑牢网络安全的群众屏障。这要求我们必须走好网上群众路线，坚持问政于民、问需于民、问计于民。人民既是网络安全事业的参与者，也是网络安全事业的落脚点。国家网络安全工作要坚持网络安全为人民、网络安全靠人民，保障个人信息安全，维护公民在网络空间的合法权益。人民是网络安全的主体力量，是推进网络强国建设的力量之源。坚持人民的主体性，就是要充分提高广大人民群众的网络素养和网络安全意识，充分激发人民群众的积极性和主动性，不断发挥人民群众在维护网络安全中的积极作用。

3. 激发企业活力

网络安全技术的创新和应用，离不开企业的积极推进。要加大对网络安全产业链企业的培育，提升整个产业的创新能力；要加大对重点骨干安全企业的培育力度，充分发挥骨干企业的创新引领作用；要加强政府与企业的协同合作，通过定期开展网络安全技能培训、网络安全新产品推介、搭建政企合作网络安全平台等方式，推进网络安全企业各种项目顺利落地。

（二）强化网络安全能力

能力是意识转化为行动的关键。强化网络安全能力，主要是强化网络安全防护能力。网络安全防护能力是国家治理能力的重要组成部分，不断提升网络安全防护能力是推进国家网络空间治理能力现代化的基本要求。

1. 提供网络安全人才保障

技术是能力的重要体现，人才是技术创新的关键要素。要提升网络安全技术创新的能力，一方面需要加强核心技术的研发，打造具有中国标准的网络安全产业体系，形成独立自主的产业生态；另一方面要加强对网络安全专业人才的培养，尤其是高层次人才的培养，优化校企联合育人新模式，不断拓展联合育人新平台，构建网络安全人才库，为网络安全技术创新提供人才保障。网络空间的竞争，归根结底是人才竞争。各级政府部门要充分尊重知识、尊重人才，把讲政治、懂网络、敢担当、善创新作为人才培养的重要标准，为网络安全建设提供坚强组织保证和人才支撑（见图 5-2）。

图 5-2　全国网络空间安全产教融合共同体成立大会暨网络安全人才培养论坛

资料来源：搜狐网。

2. 提升网络安全风险预警能力

感知网络安全态势是最基本最基础的工作，只有意识到风险在哪儿，是什么样的风险，什么时候发现风险，才能做到关口前移，防患未然。要准确把握网络安全风险发生的规律、动向以及趋势，经常性地全面排查网络安全风险。要着眼建设良好网络生态，广泛开展“净网”行动，坚决反对和清除危害国家统一、主权和领土完整，歪曲党的历史、中华人民共和国历史、人民军队历史，损害国家尊严、荣誉和利益等言行，打造风清气朗的网络空间。要构筑网上网下“同心圆”，主动融入时代、恰当运用网络，让网络意识形态安全成为社会发展进步的有力屏障，让网络空间成为我们党凝聚共识的重要阵地。

数字时代，数据是国家经济发展的新型生产要素和基础性战略资源，人工智能成为引领科技革命和产业变革的战略性技术，能否确保国家数据安全和人工智能安全、可靠、可控，对国家安全而言牵一发而动全身，事关国家安全和发展大局。因此，必须加强对关键信息基础设施的安全排查，发现存在安全漏洞必须及时整改，切实保护国家关键数据资源。

3. 提升网络安全事件应急能力

要善于运用互联网技术和信息化手段开展工作，科学认识网络传播规律，不断推进网络安全工作理念、方法手段、载体渠道、制度机制等的改进创新。面对突发的网络安全事件，不能手忙脚乱，要沉着应对。要采取及时有效的应对策略，加强对突发事件的监控、引导与管理，降低危害，减少不利影响，防止事态恶化。

（三）依法强化网络治理

网络空间是虚拟的，但网络行为的主体是人，互联网不是“法外之地”。依法开展网络治理是加强网络安全的重要法治实践，也是维护人民网络权益的重要举措。

1. 加强网络安全立法实践

法治具有固根本、稳预期、利长远的重要作用，是维护国家网络安全的重要保障。党的十八大以来，我国加快了网络安全领域顶层设计的步伐，在深入贯彻落实《中华人民共和国网络安全法》基础上，制定了一系列法律法规及政策文件，网络安全法规体系的“四梁八柱”逐步建立。在现有法律的基础上，着力加强对于新兴领域的网络安全立法，推进网络安全的法治化进程。党的十八大以来，我国制定了多部互联网领域的法律法规，填补了网络安全、数据安全、个人信息保护、反电信诈骗等互联网领域的立法空白，网络立法日臻完善。立法部门除出台了多部基础性法律法规外，还针对网络治理中的新问题、新隐患，修订了多部相关法律法规。

2. 着重开展网络内容治理

习近平总书记指出：“网络空间天朗气清、生态良好，符合人民利益。网络空间乌烟瘴气、生态恶化，不符合人民利益。”网络环境好坏直接关系人民群众的切身利益。党的十八大以来，党和政府加强了网络综合治理，习近平总书记提出的“坚持正能量是总要求、管得住是硬道理、用得好是真本事”已成为网络综合治理的重要原则。国家互联网信息办公室发布的《网络信息内容生态治理规定》界定了正反两方面的信息内容，明确了网络信息内容建设与管理的具体要求，规定了服务平台、使用者、网络行业组织等主体在网络信息内容生产、传播、使用方面的规范，更好地促进了互联网内容的正向建设。坚持法治思维，网信部门出台了多部规章制度，并且联合工信部、公安部等部门，开展了“清朗”“净网”“云剑”“护苗”等多个互联网专项整治行动，一系列法治举措有力地打击了网络乱象和网络违法犯罪行为。

（四）织密网络安全体系

网络安全是要通过构建安全的网络体系来维护人民的利益，维护经济社会的稳定。网络安全体系是保护网络安全的重要屏障。

1. 完善网络安全教育机制和联防联控机制

扩展网络安全宣传教育广度，将网络安全宣传教育贯彻到底、执行到位。丰富网络安全宣传教育内容，及时向人们普及最新的网络信息安全、网络数据安全、网络意识形态安全及网络设施安全等网络安全知识，让人们对网络安全有更全面、更深刻的认识。拓宽网络安全宣传教育渠道，科学运用新媒体新技术等，完善网络安全宣传教育的数字化信息平台，推进网络安全宣传教育的数字化发展。优化网络安全宣传教育方式，坚持网络安全理论与网络安全实践相结合，针对不同人群采取不同的教育方式，在人们的头脑中真正筑起网络安全的“防火墙”。建立统一高效的网络安全风险报告机制、共享机制及研判处置机制。要加强网络信息管理，准确监测网络舆情，及时掌握网络安全风险动向，及时予以引导与处置。要充分调动政府、企业、社会团体等各方力量，密织网络安全之网，共享资源、协同配合，做到联防联控，实现优势互补，形成强大合力效应（见图 5-3）。

图 5-3　开展网络安全宣传周活动

资料来源：东北新闻网。

2. 加强网络安全领域的国际合作

互联网时代，世界经济社会交往不断深化，彼此联系、相互依存的程度日益加深。网络安全不是一国的问题，而是世界各国普遍面临的问题。习近平总书记在第二届世界互联网大会上提出构建网络空间命运共同体，倡议各国应该秉持“和平、安全、开放、合作”的网络空间建设目标，指出“一个安全、稳定、繁荣的网络空间，对一国乃至世界和平与发展越来越具有重大意义”，网络空间命运共同体是践行人类命运共同体理念的先行领域，是基于全球思维作出的科学选择。中国坚持全球思维，倡导建立网络空间命运共同体，推进全球互联网治理向相互尊重、公平正义、合作共赢的方向发展（见图 5-4）。

图 5-4　世界互联网大会数字丝路发展论坛新闻发布会现场

资料来源：西安报业。

开展网络安全国际合作是筑牢国家网络安全屏障的重要路径。习近平总书记指出，“网络安全是共同的而不是孤立的”，“中国愿同世界各国一道，携手走出一条数字资源共建共享、数字经济活力迸发、数字治理精准高效、数字文化繁荣发展、数字安全保障有力、数字合作互利共赢的全球数字发展道路，加快构建网络空间命运共同体，为世界和平发展和人类文明进步贡献智慧和力量”。要持续加强双边、多边国际对话合作，依托“一带一路”、上海合作组织等国际合作平台，不断深化网络安全国际交流合作，构建安全且富有弹性的网络安全供应链合作伙伴体系。积极探索国内制度和国际规则的协同发展，为国际网络安全治理贡献中国方案。

知识链接

我国主办的世界互联网大会已经成为吸引合作、凝聚共识的国际互联网盛会，每届会议都吸引了大量世界各国政要、企业家、专家积极参与。世界互联网大会不仅有力传达了中国关于国际互联网治理的立场和主张，还成为推动互联网领域共商共建共享的国际新平台。2022 年 7 月，世界互联网大会国际组织正式成立，进一步推动了网络空间命运共同体理念的落地。中国不断推进网络空间命运共同体理念在全球的实践，不仅积极参与国际标准规则制定，维护和完善多边数字经济治理机制，还充分尊重各国网络主权以及自主选择网络发展道路、网络管理模式和互联网公共政策的权利。不仅如此，中国还深入参与联合国框架下的网络空间交流合作，并在二十国集团、金砖国家、上海合作组织等多边平台中加强数字经济合作。

网络安全是整体的而不是割裂的，是动态的而不是静态的，是开放的而不是封闭的，是相对的而不是绝对的，是共同的而不是孤立的，这正是贯彻落实总体国家安全观的核心要义。坚决贯彻总体国家安全观的网络强国建设对内可以全面加强网络安全保障体系和能力建设，夯实网络安全基础，推进国家安全体系和能力现代化建设；对外将助力我国积极参与网络空间国际交流与合作，深度融入网络空间国际治理进程，推动全球互联网治理体系朝着更加公正合理的方向迈进，共同构建和平、安全、开放、合作的网络空间，携手构建网络空间命运共同体。

第六章

推进文化自信自强　铸就社会主义文化新辉煌

习近平总书记指出：“泱泱中华，历史何其悠久，文明何其博大，这是我们的自信之基、力量之源。”坚定文化自信，是事关国运兴衰、事关文化安全、事关民族精神独立性的大问题。文化自信是更基础、更广泛、更深厚的自信，是更基本、更深沉、更持久的力量。自信才能自强。习近平总书记关于文化自信的重要论述，深刻阐明了文化自信的特殊重要性，彰显了我们党高度的文化自觉和文化担当。要立足中华民族伟大历史实践和当代实践，用中国道理总结好中国经验，把中国经验提升为中国理论；将中华文化融入推进中国式现代化的伟大实践中，共同努力创造属于我们这个时代的新文化，意气风发、信心百倍地铸就社会主义文化新辉煌，建设中华民族现代文明。

知识链接

党的二十大报告提出：“推进文化自信自强、铸就社会主义文化新辉煌。”这为文化繁荣发展、推进文化强国建设指明了方向。新时代以来，中国共产党着眼于国家发展大局，在“四个自信”的阐释中，凸显了文化自信在现代化强国建设和实现民族复兴中的时代意义。文化自信何以如此重要？因为它是更深沉、更广泛、更持久的力量，能够维护中国的文化安全，推动各族人民增强民族认同，全方位推动文化交流，着力推进文化强国建设。在强国建设、民族复兴的新征程上，把文化自信融入全民族的精神气质与文化品格中，养成昂扬向上的精神风貌和理性平和的心态，就能增强实现中华民族伟大复兴的精神力量，推动中华文明焕发出新的时代光彩。

一、推进文化自信自强的重大意义

文化关乎国本、国运，文化兴则国运兴，文化强则民族强。在全面建设社会主义现代化国家的新征程中，需要我们更好担负起新的文化使命，坚定文化自信、秉持开放包容、坚持守正创新，在新起点上继续推动文化繁荣、建设文化强国、建设中华民族现代文明，为推进和拓展中国式现代化注入强大的精神力量。

（一）维护国家文化安全的迫切要求

当前，百年未有之大变局加速演进，世界进入新的动荡变革期，世界多极化、经济全球化、社会信息化、文化多样化深入发展，各种思想文化交流交融交锋更加频繁，以发展道路、国家形象、价值观念、民族精神为核心的软实力竞争也愈加激烈。从一定意义上说，谁占据文化发展的制高点，谁拥有强大的文化软实力，谁就能够在激烈的国际竞争中赢得主动、占得先机。新时代世界不同文化之间的竞争趋于白热化，西方文化霸权日益扩张，严重威胁着中国的意识形态安全和文化安全。我们必须高度警惕西方强权国家的文化殖民和文化霸权对中华文化的影响，必须全方位开展主流文化的学习教育，夯实全党全社会的价值观自信和文化自信，坚决维护国家文化安全。坚定文化自信的首要任务，就是立足中华民族伟大历史实践和当代实践，用中国道理总结好中国经验，把中国经验提升为中国理论，既不盲从各种教条，也不照搬外国理论，实现精神上的独立自主。

（二）建设社会主义现代化强国的应有之义

建设社会主义文化强国，是全面建设社会主义现代化国家的重要组成部分。习近平总书记指出："文化兴国运兴，文化强民族强。""文化兴""文化强"就是要实现文化的自强与兴盛。要实现"两个一百年"奋斗目标，把我国建设成为社会主义现代化强国，文化建设是重中之重和当务之急，文化自强是现代化国家的基本要求和现代化强国的基本指标。中国特色社会主义进入新时代面临的重要任务就是使中国强起来，文化强起来既是题中之义，也是实现新时代新任务新目标的现实需要。实现文化自强，是提升国家文化软实力、建成社会主义文化强国的根本要求，是实现中华民族伟大复兴的基本要求。当中华民族对中华文化高度自信时，就会形成并保持对中华文化创新发展的高度信心。这种高度自信是中华民族推进文化创新和突破文化发展困境的重要支撑，创造力与自信心彼此推进、彼此砥砺。新时代需要汲取文化养分，以坚韧不拔的顽强毅力坚持社会主义文化发展道路，在高度的文化自信中推进文化强国建设。

（三）实现中华民族伟大复兴的现实需要

党的二十大以强烈的文化使命感，对推进文化自信自强，铸就社会主义文化新辉煌作出部署，强调要坚持中国特色社会主义文化发展道路，增强文化自信，围绕举旗帜、聚民心、育新人、兴文化、展形象建设社会主义文化强国，增强实现中华民族伟大复兴的精神力量。文化自强是实现中华民族伟大复兴的强大动力。实现中华民族伟大复兴是近代以来中华民族最伟大的梦想。中华民族曾经创造出辉煌灿烂的文明成就，历经千年而不衰，为世界历史和文化发展作出了巨大贡献。近代衰落的中国被西方惊醒之后，众多仁人志士开始探索救亡图存之道，逐渐走上实现民族复兴之路。在这样的时代背景下，中国共产党一经成立就勇挑重担，致力于再现中华民族辉煌。中国共产党的担当正是源自中国文化的自觉自信自强，中华民族的伟大复兴也最终体现为中华文化的复兴，使中华文化再次屹立于世界文化之巅。在新征程上，我们越接近实现中华民族伟大复兴的目标，越是国际地位显著提高，就越需要提升中华文明在世界文明之林中的影响力、竞争力，让世界更多的人了解、理解并共享中国精神、中国价值，从而为人类文明进步作出新的更大贡献。因此，推进文化自信自强既是中华民族实现伟大复兴的重要内容，也是中华民族实现伟大复兴的助推力量。

二、铸就社会主义文化新辉煌的基本遵循

新时代新征程，要切实担负起新的文化使命，把对历史自信、文化自信的认识提高到新的高度，坚定不移推进文化自信自强，繁荣社会主义文化，建设中华民族现代文明。

（一）在推进“两个结合”中增强文化自信

坚持把马克思主义基本原理同中国具体实际相结合、同中华优秀传统文化相结合，是推进马克思主义中国化时代化的根本途径，是开辟和发展中国特色社会主义的必由之路，也是繁荣发展中国特色社会主义文化的必由之路。“两个结合”特别是“第二个结合”极大巩固和增强了中华文化的主体性，为增强文化自信铸就了根本依托。习近平总书记指出：“中华文明历经数千年而绵延不绝、迭遭忧患而经久不衰，这是人类文明的奇迹，也是我们自信的底气。”习近平总书记明确提出“第二个结合”，体现了我们党对中华文明发展规律的深刻把握，表明我们党的历史自信、文化自信达到了新高度。

知识链接

在不断推进“两个结合”中牢牢掌握历史主动

（资料来源：光明日报）

习近平总书记指出：“只有把马克思主义基本原理同中国具体实际相结合、同中华优秀传统文化相结合，坚持运用辩证唯物主义和历史唯物主义，才能正确回答时代和实践提出的重大问题，才能始终保持马克思主义的蓬勃生机和旺盛活力。”“第二个结合”把马克思主义思想精髓同中华优秀传统文化精华融通，同人民群众日用而不觉的价值观念融通，从而使马克思主义成为中国的，中华优秀传统文化成为现代的，中华文化的主体性在这个结合中得到巩固和增强。在推进马克思主义同中华优秀传统文化相结合的过程中掌握历史主动。习近平总书记指出：“中华优秀传统文化是我们党创新理论的‘根’。”马克思主义能够扎根中国大地，成为我们党推动中国伟大历史变革的行动指南，与其与中华优秀传统文化之间有内在的融通性与契合性密不可分。在新时代的伟大征程中不断开辟马克思主义中国化时代化新境界，必须充分发挥马克思主义与中华优秀传统文化相融相通的独特优势。例如，中华优秀传统文化强调“兼善天下”“利济苍生”，强调“以和为贵”“与人为善”“己所不欲，勿施于人”，强调“兼容并包”“亲仁善邻”“和而不同”等，这些价值观念和道德规范已融入中华民族血脉，成为支撑中华民族生生不息、薪火相传的重要力量，同马克思主义天下观、道德观、社会观等具有内在共通性、高度契合性。挖掘中华优秀传统文化中的这些优秀因子，有

助于使马克思主义的中国化时代化建立在中国的历史基础和群众基础之上，有助于马克思主义在中华大地上牢牢扎根。同时，要把马克思主义思想精髓同中华优秀传统文化精华融通、同人民群众日用而不觉的共同价值观念融通，同中国人的生产方式、生活方式、思维方式和民族心理结合；提炼展示中华文明的精神标识和文化精髓，加快构建和创新马克思主义中国化时代化的话语体系、价值体系和传播体系，不断推动中华优秀传统文化创造性转化、创新性发展，使与中华优秀传统文化相结合的马克思主义在中华大地上展现出更强大、更有说服力的真理力量。

（二）在深化文明交流互鉴中彰显文化自信

不同文明交流互鉴，是人类文明发展的普遍规律。在各国命运紧密相连的今天，不同文明包容共存、交流互鉴，在推动人类社会现代化、繁荣世界文明百花园过程中发挥着不可替代的作用。新时代新征程，我们要坚定文化自信，坚持自立自强和开放包容相统一的文化立场，在与世界文明交流互鉴中丰富中华文明，永葆生机活力。中华文明始终尊重文明的多样性，在并存共处中汲取不同文明的长处为我所用，形成了突出的包容性，从根本上决定了中华民族交往交流交融的历史取向，决定了中华文化对世界文明兼收并蓄的开放胸怀。中华文明主张美人之美、美美与共，以宽广的眼界眼光观察世界、以博大的胸怀拥抱世界。一方面贯彻“洋为中用、以我为主”的方针，汲取外来文化精华充实自己；一方面以高度自信走向世界，让世界了解中华文化既是历史的、也是当代的，既是民族的，也是世界的。

党的二十大报告提出：“坚守中华文化立场，提炼展示中华文明的精神标识和文化精髓，加快构建中国话语和中国叙事体系，讲好中国故事、传播好中国声音，展现可信、可爱、可敬的中国形象。”这是深化文明交流互鉴、推动中华文化走向世界的重要任务，也是增强国家文化软实力、坚定中华文化自信的必然要求。铸就社会主义文化新辉煌既要将目光聚焦于本民族，还要观照全人类、全世界，需要立足全人类共同价值创作更多体现中国价值观念的高质量文化作品，实现中国价值与全人类共同价值的高度耦合，采取融通国内外的精准传播形式更好地传播中华文明，全方位提高中华文明国际传播的实效性和影响力。

（三）在不断满足人民精神文化需求中提升文化自信

坚定文化自信不仅是理论问题，更是实践问题。人民群众的文化自信既来自对道理的认知，更来自对实践的认同。习近平文化思想坚持鲜明的人民立场和群众观点，提出把满足人民精神文化需求作为出发点和落脚点，尊重人民主体地位，解决好“为了谁、依靠谁、我是谁”这个根本问题，为广大人民群众提供更丰富、更有营养的精神食粮，增强人民群众的文化获得感、幸福感。强大的文化自信在推进社会主义现代化建设中转化为巨大的实践力量，人民从中获得更多更现实的利益，必然会进一步增强文化自信，更加自觉地推进中国特色社会主义文化繁荣兴盛。

满足人民精神文化需求是中国式现代化的本质要求。要促进人民精神生活共同富裕，必须创造出更多满足人民日益增长的精神文化需求的文化产品。准确把握人民群众需求的多样性、变动性，深入了解人民群众喜爱什么样的文化产品，才能生产群众需要的精神食粮。

加强公共文化设施建设、增加公共文化服务供给，是满足人民群众精神文化需求、促进精神生活富裕的普惠性、基础性工程。要坚持区域协调发展，统筹推进城乡文化建设，引导各种资源向农村、基层和不发达地区倾斜，补齐“短板”，做强“弱项”。要重视运用大数据等现代信息技术，建设覆盖面广、利用便捷的公共文化资源共享平台，进一步完善公共文化服务体系，提高公共文化服务的可及性和互动性。着力提升文化场所利用率，鼓励和吸引群众参加各类文化活动，参与文化创新和文化治理，发挥人民群众在中国特色社会主义文化建设中的主体作用，持续激发人民群众更为主动的精神力量。

三、铸就社会主义文化新辉煌的核心任务

党的二十大报告中围绕“推进文化自信自强，铸就社会主义文化新辉煌”，深刻阐明了在全面建设社会主义现代化国家伟大征程中，以什么样的立场和态度对待文化、用什么样的思路和举措发展文化、朝着什么样的方向和目标推进文化等重大问题，为推动社会主义文化繁荣兴盛、建成社会主义文化强国明确了指导方针和发展路径，提供了根本遵循。

（一）建设具有强大凝聚力和引领力的社会主义意识形态

习近平总书记在党的二十大报告中指出：“意识形态工作是为国家立心、为民族立魂的工作。”意识形态决定文化前进方向和发展道路，始终坚持马克思主义在意识形态领域指导地位的根本制度，是持续推进文化自信自强最根本的要求、最集中的体现。党的十八大以来，面对意识形态领域出现的错综复杂局面，我们党破立并举、激浊扬清，就意识形态领域许多方向性、战略性问题作出部署，确立和坚持马克思主义在意识形态领域指导地位的根本制度，健全意识形态工作机制，旗帜鲜明反对和抵制各种错误观点，推动全党大抓宣传思想工作。以习近平同志为核心的党中央从正本清源入手加强宣传思想工作，召开全国宣传思想工作会议，分别召开文艺工作、党的新闻舆论工作、网络安全和信息化工作、哲学社会科学工作座谈会和全国高校思想政治工作会议，就一系列根本性问题阐明原则立场、廓清理论是非、校正工作导向，思想文化领域发展态势向上向好。特别是我们党创立习近平新时代中国特色社会主义思想，实现了马克思主义中国化时代化新的飞跃，确立和坚持意识形态领域的根本制度，夯实全国各族人民的思想政治根基，意识形态领域形势发生全局性、根本性转变。站在新征程新起点上，我们要牢牢掌握意识形态工作领导权，无论是理论武装还是新闻宣传，无论是文艺创作生产还是文化体制改革，无论是精神文明创建还是网络建设管理，都要高扬马克思主义旗帜，巩固马克思主义指导地位，全面落实意识形态工作责任制，巩固壮大奋进新时代的主流思想舆论，建设具有强大吸引力、凝聚力和引领力的社会主义意识形态。我们弘扬主流价值理念最重要的任务，就是要通过持续不断的努力，巩固马克思主义在意识形态领域的指导地位，巩固全党全国人民团结奋斗的共同思想基础，更好构筑中国精神、中国价值、中国力量。

（二）广泛践行社会主义核心价值观

任何一个国家、一个社会都存在多种多样的价值取向，要把全社会的意志和力量凝聚起来，必须有一套与经济基础和政治制度相适应并能广泛形成社会共识的主流价值理念、主流意识形态。否则，国家就没有赖以维系的精神纽带，社会就会失去凝聚力。习近平总书记强调：“人类社会发展的历史表明，对一个民族、一个国家来说，最持久、最深层的力量是全社会共同认可的核心价值观。核心价值观，承载着一个民族、一个国家的精神追求，体现着一个社会评判是非曲直的价值标准。”社会主义核心价值观决定着文化的性质，对文化发展的方向也起着关键性作用。只有充分发挥社会主义核心价值观的引领作用，才能确保文化建设沿着正确方向前进，才能更好地传承、弘扬和发展中国文化。社会主义核心价值观把涉及国家、社会、公民的价值要求融为一体，对于巩固社会主义制度、推进国家繁荣发展、维系社会和谐稳定具有重要作用。党的十八大以来，我们党以培养担当民族复兴大任的时代新人为着眼点，强化教育引导、实践养成、制度保障，发挥社会主义核心价值观对国民教育、精神文明创建、精神文化产品创作生产传播的引领作用，在把社会主义核心价值观融入社会发展各方面、转化为人们的情感认同和行为习惯等方面取得显著成效。奋进新征程，我们要持续加强社会主义核心价值体系建设，把培育和弘扬社会主义核心价值观作为凝魂聚气、强基固本的基础工程，弘扬以伟大建党精神为源头的中国共产党人精神谱系，坚持以社会主义核心价值观引领文化建设，进一步强化社会主义核心价值观在凝聚人心、汇聚民力上的强大力量。让时代的新风新貌影响每一个人，融入每一个人的日常工作和生活，在每一个人的内心滋养出一种深沉的力量，汇聚起实现中华民族伟大复兴的磅礴力量（见图 6-1）。

图 6-1　庆祝中国共产党成立 100 周年大会在北京天安门广场隆重举行

资料来源：新华社。

（三）努力提高全社会文明程度

社会文明程度是衡量一个国家现代化水平的基础指标。恩格斯曾深刻指出：“文明是实践的事情，是社会的素质。”党的十八大以来，我们党高度重视提高社会文明程度这项立心塑人的工作，坚持持续用力、久久为功，使国民素质和社会文明程度达到新高度，国家文化软实力显著增强，全党全军全国各族人民文化自信明显增强、精神面貌更加奋发昂扬。新时代新征程，我们要进一步提高社会文明程度，坚持“两手抓、两手都要硬”，在持续抓好经济建设、推进物质文明发展的同时，也努力抓好社会主义精神文明建设，推动精神文明与物质文明协调发展。坚持和加强党的全面领导，努力用党风建设成果辐射和引领社会风气建设。实施公民道德建设工程，传承弘扬中华传统美德，加强社会公德、职业道德、家庭美德、个人品德建设。加强家教家风建设，推动明大德、守公德、严私德，提高人民道德水准和文明素养。深化党史学习教育，推动对革命、建设、改革时期各类先进典型的学习宣传，尊崇褒扬英雄模范，关心关爱先进典型人物。健全家庭、学校、政府、社会相结合的思想道德教育体系，把立德树人贯穿学校教育全过程。发挥优秀文化产品陶冶道德情操的作用，广泛开展弘扬时代新风行动，在全社会营造培育劳动精神、奋斗精神、奉献精神、创造精神、勤俭节约精神的良好环境，形成崇尚先进、见贤思齐的浓厚氛围。持之以恒以法治推进社会文明建设，继续增强全民法治观念，让尊法学法守法用法成为每个人的共同追求，让文明理念根植于每个人的思想和行动，从而在全社会凝聚文明共识，夯实文明基础。

（四）繁荣发展文化事业和文化产业

习近平总书记指出："发展文化事业是满足人民精神文化需求、保障人民文化权益的基本途径。"铸就社会主义文化新辉煌，必须按照党的二十大作出的新部署，全面发展文化事业和文化产业，满足人民群众的精神文化需求。社会主义文化繁荣发展的动力在于人民，需要始终坚持人民至上的文化创作导向，优化和调整文化资源的配置，将人民满不满意视为检验文化事业发展水平的重要标准。一是通过提供高质量的文化产品增强人民的文化幸福感和获得感。新时代，我国的文化产业政策由过去的"国民经济支柱产业转变为推进经济高质量发展的支柱产业"，文化产业发展的高质量将更加显著，世界性、科技性、质量性、人民性等在文化发展中将集中凸显出来。在推进中国式现代化进程中需要高质量的文化产品和文化精神的滋养，着眼于文化产业全面服务人民的原则，要依托高质量的文化作品、多元化的阐释方式来展示中华文化的丰富内涵和核心要义；立足"大文化"发展原则，形成共建共享、社会参与、政府主导的文化发展格局，处理好经济效益与社会效益、产业属性与意识形态属性之间的关系，建设一批具有典型示范性、创新引领性的文化项目集群，推动各地区、各领域文化的协同发展。二是通过增强效能确保公共文化服务有温度、有内涵、有品质。新时代，我们党将现代公共文化服务体系的建构上升到全面深化改革的高度，推进公共文化服务的可及性与均衡性，有效配置民族文化、地方文化和社会主义先进文化，全面把握优秀文化产品与民族文化生活、地方文化之间的内在关系。

推出高质量文化产品对于繁荣发展文化产业，提升广大人民群众的生活品质具有重大意义。文化产品的精心打造必须坚持以社会主义核心价值观为导向，守正创新挖掘中华优秀传统文化、革命文化和社会主义先进文化深层肌理，用开放的思维推动产品种类创新，用先进的科技手段带动产品提质升级。近年来方兴未艾的沉浸式博物馆、沉浸式体验馆、沉浸式展览正是科技赋能文化产品的典型代表，将产品融入现代美学和最新科技，使其更具当代感和未来感。文化产品的精心打造要用更贴合大众的呈现方式，开发兼具艺术性和实用性、适应现代生活需要、符合市场消费需求的产品，以更好满足人们日益增长的精神文化需求，提升人们的文化获得感、幸福感、体验感。通过文化产品的创新创造让中华优秀传统文化“活起来”，“飞入寻常百姓家”，不断扩大优质文化产品供给，提升广大人民群众的文化认同感和自豪感（见图 6-2）。

图 6-2 2023 青岛数字文化应用发展大会

资料来源：网易网。

近年来，我国文化产业规模持续扩大，利润平稳增长，结构不断优化，文化产业增加值在国民经济中的占比逐年提高，数字文化产业等新业态带动作用进一步增强，国内外影响力持续攀升。同时，城市打造城市书房、文化驿站等融合图书阅读、艺术展览、文化沙龙等服务的新型文化业态，营造小而美的公共阅读和艺术空间。乡村以挖掘革命文化、民俗文化、历史文化等资源为基础，改造或建设小书屋、小礼堂、小戏台等主题功能空间。并且，随着数字技术的发展，公共文化服务群众的“最后一公里”被逐渐打通。借助国家公共文化云平台、智慧图书馆、“云端博物馆”和“云上村晚”等各类数字化服务，城乡群众能同步分享公共数字文化产品（见图 6-3）。

图 6-3 腾讯举办中法文化交流研讨会，探讨敦煌学的数字保护与传播

资料来源：腾讯网。

知识链接

数字化展览：云端一览敦煌莫高窟文物

（资料来源：腾讯网）

腾讯携手敦煌研究院和法国吉美国立亚洲艺术博物馆（以下简称“吉美博物馆”）宣布启动“数字藏经洞”项目，探索敦煌莫高窟文物数字化保护与弘扬的新路径。这项举措将让更多人通过数字导览欣赏现存于吉美博物馆的莫高窟字画、雕刻以及经文，部分文物珍宝甚至早于马可·波罗的丝绸之路探险。未来三年，腾讯将持续投入助力敦煌研究院在中国及海外的展览。同时，三方也将联动更多中西文化机构加入这一数字化文物保护项目。腾讯将利用3D高清图像采集处理技术，结合先进的VR360沉浸式技术以及人工智能等方式，助力文化遗产和历史文物的数字化保护与保存。腾讯还将以区块链等新技术为基础，探索数字化文物的版权保护。据悉，"数字藏经洞"项目将会在小程序"云游敦煌"中落地。该小程序为用户提供敦煌莫高窟的虚拟导览服务。"敦煌石窟的东方美学具有世界性，体现了多民族多地域文化的特点，"敦煌研究院院长赵声良表示，"数字化是敦煌文化得以弘扬的重要手段，我们希望更多联动法国吉美亚洲艺术博物馆在内的文博机构，推动敦煌文物的数字化以及学术交流，在全球更好弘扬敦煌文化。"法国吉美博物馆主席索菲·玛卡里欧也肯定了这次合作的重要意义："吉美馆藏的敦煌文物在艺术及文化上具有相当的学术价值和社会价值，"她说，"期望在疫情中，借助数字桥梁，让中法之间的敦煌文化交流能够不断得到加深与拓展，并能够开展更多数字化文物的联展。""通过文物数字化采集扫描，文物可以被赋予新的数字物理形态，"腾讯集团市场与公关部副总经理刘小岚表示，"这绘出了传统文化的新生命形态。"在2021年春节期间，腾讯上线了"全球数字国宝"小程序，让超过300份的海外珍稀文物在线上与千万用户见面。其中吉美馆藏的经典文物超过了190件，吸引了超过100万用户浏览观赏。

（五）着力提升国家文化软实力和中华文化影响力

古往今来，任何一个大国的发展进程，既是经济总量、军事力量等硬实力提高的过程，也是价值观念、思想文化等软实力提高的进程。党的十八大以来，我们党大力推动国际传播守正创新，打造具有国际影响力的媒体集群，积极推动中华文化"走出去"；有效开展国际舆论引导和舆论斗争，我国国际话语权和影响力显著提升。然而，在国际话语权斗争复杂激烈的大背景下，西方话语与叙事体系依靠先发优势，目前仍占据相对强势地位。新征程上，我们必须持续加强国际传播能力建设，创新发展前沿传播理论、运行机制以及传播科技，大力培养国际传播专门人才，深化文明交流互鉴，遵循传播基本规律，全面提升传播效能，汇聚各方资源，凝聚传播合力。必须高举人类命运共同体旗帜，依托我国发展的生动实践，立足5000多年中华文明，大力宣传中华民族"和而不同""美美与共""天下大同"等价值追求，宣传好新时代中国的发展观、文明观、安全观、人权观、生态观、国际秩序观和全球治理观，讲好中国共产党治国理政的故事、中国人民奋斗圆梦的故事、中国坚持和平发展合作共赢的故事，向世界展现可信、可爱、可敬的中国形象，努力形成同我国综合国力和国际地位相匹配的国际话语权，推动中华文化更好地走向世界。

要通过传播好中国声音、讲好中国故事，全方位、立体式增强中华文明的传播力和影响力，这是铸就社会主义文化新辉煌的题中之义，也是对外展示中国形象的重要任务。中华文明的传播和中国形象的塑造都需要依靠健全完善的传播体系，需要着眼于战略布局和顶层设计，加强国际舆论引导力、中国话语说服力、中国形象亲和力、中华文化感召力，以提高国际传播能力。

知识链接

不断提升国家文化软实力和中华文化影响力

（资料来源：海外网）

习近平总书记近日对宣传思想文化工作作出重要指示，提出“着力加强国际传播能力建设、促进文明交流互鉴，充分激发全民族文化创新创造活力，不断巩固全党全国各族人民团结奋斗的共同思想基础，不断提升国家文化软实力和中华文化影响力，为全面建设社会主义现代化国家、全面推进中华民族伟大复兴提供坚强思想保证、强大精神力量、有利文化条件”。文明因多样而交流，因交流而互鉴，因互鉴而发展。党的十八大以来，戏曲、影视剧、网络文学等加快“出海”、持续“圈粉”，丝绸之路国际艺术节、“欢乐春节”、“四海同春”、中国文化年（节）等重大文化交流活动类型丰富、形式多样，展现了可信、可爱、可敬的中国形象。广大文化文艺工作者坚守中华文化立场，提炼展示中华文明的精神标识和文化精髓，加快构建中国话语和中国叙事体系，致力于讲好中国故事、传播好中国声音，深化文明交流互鉴，推动中华文化更好走向世界（见图 6-4）。

图 6-4　甘肃省歌舞剧《丝路花雨》在 40 多个国家和地区演出

资料来源：海外网。

第七章

扎实推进“一国两制”实践和祖国统一大业

解决台湾问题、实现祖国完全统一，是党矢志不渝的历史任务，是全体中华儿女的共同愿望，是实现中华民族伟大复兴的必然要求。长期以来，我们党为此进行了不懈奋斗，付出了巨大努力。党的十八大以来，中国特色社会主义进入新时代，中华民族迎来了从站起来、富起来到强起来的伟大飞跃，比以往任何时候都更有能力、更有信心也更加接近实现祖国完全统一。党的十八大以来，以习近平同志为核心的党中央全面准确推进“一国两制”实践，香港、澳门保持长期稳定发展良好态势；提出新时代解决台湾问题的总体方略，促进两岸交流合作，指引对台工作克难前行。

一、不可阻挡的统一大势

实现祖国完全统一是全体中华儿女的共同愿望，是民族复兴的题中之义。国家强大、民族复兴、两岸统一的历史大势，任何人任何势力都无法阻挡。民族复兴、国家统一是大势所趋、大义所在、民心所向。

（一）祖国完全统一是中华民族伟大复兴的必然要求

在中华民族5000多年的发展进程中，追求统一、反对分裂始终是全民族的主流价值观，这一价值观早已深深融入整个中华民族的精神血脉。由于西方列强的入侵和封建统治的腐败，近代中国逐步沦为半殖民地半封建社会，国家蒙辱、人民蒙难、文明蒙尘，中华民族遭受了前所未有的劫难。台湾被日本霸占半个世纪的历史，是中华民族近代屈辱的缩影，给两岸同胞留下了剜心之痛。一水之隔、咫尺天涯，两岸迄今尚未完全统一是历史遗留给中华民族的创伤。两岸同胞应该共同努力，谋求国家统一，抚平历史创伤。

实现中华民族伟大复兴，是近代以来中国人民和中华民族最伟大的梦想。实现祖国完全统一，才能使两岸同胞彻底摆脱内战的阴霾，共创共享台海永久和平；才能消除台湾再次被外国侵占的危险，粉碎外部势力遏制中国的图谋，维护国家主权、安全、发展利益；才能更好地凝聚两岸同胞的力量建设共同家园，增进两岸同胞利益福祉。中华民族在探寻民族复兴强盛之道的过程中饱经苦难沧桑。“统则强、分必乱”，这是一条历史规律。实现祖国完全统一，是中华民族的历史和文化所决定的，也是中华民族伟大复兴的时和势所决定的。

知识链接

党的十一届三中全会以后，以邓小平同志为主要代表的中国共产党人，从国家和民族根本利益出发，在争取和平解决台湾问题思想基础上，确立了争取祖国和平统一大政方针，创造性提出“一个国家，两种制度”科学构想。1984年6月，邓小平会见香港人士时，提出“一个国家，两种制度”：“我们的政策是实行‘一个国家，两种制度’，具体说，就是在中华人民共和国内，大陆十亿人口实行社会主义制度，香港、台湾实行资本主义制度。”祖国大陆提出“一国两制”构想之后，主动缓和两岸军事对峙状态，推动打破两岸长期隔绝状态，开启两岸民间交流合作大门，两岸关系进入新的历史阶段。“一国两制”提出之后，首先运用于解决香港、澳门回归问题，通过谈判和平解决历史遗留的领土问题，完成了实现祖国完全统一的重要一步，这在人类政治实践中是一个创举，改变了历史上但凡收复失地都要兵戎相见的定式。

（二）中国共产党具有实现祖国完全统一的坚强决心

中国共产党始终把解决台湾问题、实现祖国完全统一作为矢志不渝的历史任务，团结带领两岸同胞，推动台海形势从紧张对峙走向缓和改善，进而走上和平发展道路，两岸关系不断取得突破性进展。

新中国成立以来，党中央为解决台湾问题作出了诸多努力，从1950年至1979年，共五次发表《告台湾同胞书》。1979年1月1日发表的《告台湾同胞书》提出了结束两岸军事对峙、开放两岸“三通”、扩大两岸交流等方针，对台态度和政策都是一个历史性转变，意义最为重大。进入中国特色社会主义新时代，中国共产党实现国家完全统一的愿望更加迫切，意志更为坚定。

2019年1月1日是《告台湾同胞书》发表40周年。习近平总书记在纪念会上发表讲话，重申了我国的一贯原则和立场，指出“历史不能选择，现在可以把握，未来可以开创。新时代是中华民族大发展大作为的时代，也是两岸同胞大发展大作为的时代。前进道路不可能一帆风顺，但只要我们和衷共济、共同奋斗，就一定能够共创中华民族伟大复兴美好未来，就一定能够完成祖国统一大业”。2019年10月党的十九届四中全会通过的《中共中央关于坚持和完善中国特色社会主义制度、推进国家治理体系和治理能力现代化若干重大问题的决定》再次重申了实现国家完全统一的决心：“坚定推进祖国和平统一进程。解决台湾问题、实现祖国完全统一，是全体中华儿女共同愿望，是中华民族根本利益所在。”2021年7月1日，习近平总书记在庆祝中国共产党成立100周年大会上再次向两岸同胞和世界宣告：“解决台湾问题、实现祖国完全统一，是中国共产党矢志不渝的历史任务，是全体中华儿女的共同愿望。”“任何人都不要低估中国人民捍卫国家主权和领土完整的坚强决心、坚定意志、强大能力！”

（三）香港、澳门的顺利回归为完全统一提供了经验借鉴

在“一国两制”原则的指引下，中国顺利解决了香港和澳门问题，在21世纪之前成功实现了香港和澳门的回归。“一国两制”原则本来是为解决台湾问题而提出的，它在解决香港和澳门问题上取得的成功，为解决台湾问题提供了经验借鉴。

香港、澳门回归祖国后，重新被纳入国家治理体系，走上了同内地优势互补、共同发展的宽广道路。香港曾一度受各种内外复杂因素影响，“反中乱港”活动猖獗，局面严峻。中国共产党和中国政府审时度势，采取一系列标本兼治举措，坚持和完善“一国两制”制度体系，推动香港实现由乱到治重大转折，进入由治及兴新阶段，为推进依法治港治澳、促进“一国两制”实践行稳致远打下坚实基础。“一国两制”在香港和澳门20多年实践取得的宝贵经验显示，这是经过实践反复检验、符合各方利益、能够实现共赢的制度，具有强大的生命力和巨大的优越性。

知识链接

在庆祝香港回归祖国二十五周年大会暨香港特别行政区第六届政府就职典礼上的讲话

（资料来源：光明日报）

中华民族五千多年的文明史，记载着华夏先民在岭南这片土地上的辛勤耕作。鸦片战争以后的中国近代史，记载着香港被迫割让的屈辱，更记载着中华儿女救亡图存的抗争。中国共产党团结带领人民进行的波澜壮阔的百年奋斗史，记载着香港同胞作出的独特而重要的贡献。有史以来，香港同胞始终同祖国风雨同舟、血脉相连。

香港回归祖国，开启了香港历史新纪元。25年来，在祖国全力支持下，在香港特别行政区政府和社会各界共同努力下，“一国两制”实践在香港取得举世公认的成功。

回归祖国后，香港在国家改革开放的壮阔洪流中，敢为天下先，敢做弄潮儿，发挥连接祖国内地同世界各地的重要桥梁和窗口作用，为祖国创造经济长期平稳快速发展的奇迹作出了不可替代的贡献。香港积极融入国家发展大局、对接国家发展战略，继续保持高度自由开放、同国际规则顺畅衔接的优势，在构建我国更大范围、更宽领域、更深层次对外开放新格局中发挥着重要功能。香港同内地交流合作领域全面拓展、机制不断完善，香港同胞创业建功的舞台越来越宽广。

回归祖国后，香港战胜各种风雨挑战，稳步前行。无论是国际金融危机、新冠肺炎疫情，还是一些剧烈的社会动荡，都没有阻挡住香港行进的脚步。25年来，香港经济蓬勃发展，国际金融、航运、贸易中心地位稳固，创新科技产业迅速兴起，自由开放雄冠全球，营商环境世界一流，包括普通法在内的原有法律得到保持和发展，各项社会事业全面进步，社会大局总体稳定。香港作为国际大都会的勃勃生机令世界为之赞叹。

回归祖国后，香港同胞实现当家作主，实行“港人治港”、高度自治，香港真正的民主由此开启。25年来，以宪法和基本法为基础的特别行政区宪制秩序稳健运行，中央全面管治权得到落实，特别行政区高度自治权正确行使。制定香港国安法，建立在香港

特别行政区维护国家安全的制度规范，修改完善香港选举制度，确保了“爱国者治港”原则得到落实。香港特别行政区的民主制度符合“一国两制”方针，符合香港宪制地位，有利于维护香港居民民主权利，有利于保持香港繁荣稳定，展现出光明的前景。

（四）《中华人民共和国反分裂国家法》为完全统一提供了法律依据

2005 年 3 月 14 日，第十届全国人民代表大会第三次会议高票通过了《中华人民共和国反分裂国家法》。《中华人民共和国反分裂国家法》明确指出了大陆和台湾的关系以及台湾的主权归属：“大陆和台湾同属一个中国，中国的主权和领土完整不容分割。维护国家主权和领土完整是包括台湾同胞在内的全中国人民的共同义务。”这部重要法律以宪法为依据，贯彻党中央对台工作大政方针，对坚持一个中国原则、遏制“台独”分裂、推进祖国和平统一、维护台海和平稳定、维护国家主权和领土完整、发展两岸关系、反对外部势力干涉台湾问题等重大问题作出明确规定，充分体现了中国共产党和中国政府、中国人民和全体中华儿女尽最大努力争取祖国和平统一的一贯主张，充分彰显了坚定捍卫国家主权和领土完整，绝不允许任何势力以任何名义、任何方式把台湾从中国分裂出去的国家意志。这部重要法律是坚持“一国两制”、推进祖国和平统一制度体系的重要组成部分，是反“独”促统政治责任和使命要求的重要遵循。这部重要法律深得民心民意，契合历史大势，受到海内外爱国统一力量的热烈拥护，得到国际社会的广泛支持、理解和尊重，极大震慑了“台独”分裂势力，维护了中华民族的根本利益，影响至深至远。

二、“一国两制”的港澳经验

党的十八大以来，我们全面准确推进“一国两制”实践，坚持“一国两制”、“港人治港”、“澳人治澳”、高度自治的方针，推动香港进入由乱到治走向由治及兴的新阶段，香港、澳门保持长期稳定发展良好态势。“一国两制”在香港、澳门的成功实践，为我们解决台湾问题提供了重要经验。

（一）“一国两制”的香港经验

1. 必须全面准确贯彻“一国两制”方针

“一国两制”方针是一个完整的体系。维护国家主权、安全、发展利益是“一国两制”方针的最高原则，在这个前提下，香港、澳门保持原有的资本主义制度长期不变，享有高度自治权。社会主义制度是中华人民共和国的根本制度，中国共产党领导是中国特色社会主义最本质的特征，特别行政区所有居民应该自觉尊重和维护国家的根本制度。全面准确贯彻“一国两制”方针将为香港、澳门创造无限广阔的发展空间。“一国”原则愈坚固，“两制”优势愈彰显。

2. 必须坚持中央全面管治权和保障特别行政区高度自治权相统一

香港回归祖国，重新被纳入国家治理体系，建立起以“一国两制”方针为根本遵循的特别行政区宪制秩序。中央政府对特别行政区拥有全面管治权，这是特别行政区高度自治权的源头，同时中央充分尊重和坚定维护特别行政区依法享有的高度自治权。落实中央全面管治权和保障特别行政区高度自治权是统一衔接的，也只有做到这一点，才能够把特别行政区治理好。特别行政区坚持实行行政主导体制，行政、立法、司法机关依照基本法和相关法律履行职责，行政机关和立法机关既互相制衡又互相配合，司法机关依法独立行使审判权。

3. 必须落实“爱国者治港”

政权必须掌握在爱国者手中，这是世界通行的政治法则。世界上没有一个国家、一个地区的人民会允许不爱国甚至卖国、叛国的势力和人物掌握政权。把香港特别行政区管治权牢牢掌握在爱国者手中，这是保证香港长治久安的必然要求，任何时候都不能动摇。守护好管治权，就是守护香港繁荣稳定，守护700多万香港居民的切身利益。

“爱国者治港”是全面准确贯彻“一国两制”方针必须遵循的根本原则。凡是治港者，必须深刻认同“一国”是“两制”的前提和基础，旗帜鲜明维护宪法和基本法确定的宪制秩序，充分尊重国家主体实行的社会主义制度，正确处理涉及中央和香港特别行政区关系的有关问题，坚定维护国家主权、安全、发展利益和香港长期繁荣稳定，坚守“一国两制”原则底线，坚决反对外国势力干预香港事务。

4. 必须保持香港的独特地位和优势

背靠祖国、联通世界，这是香港得天独厚的显著优势。香港长期保持独特地位和优势，巩固国际金融、航运、贸易中心地位，维护自由开放规范的营商环境，保持普通法制度，拓展畅通便捷的国际联系。在全面建设社会主义现代化国家、实现中华民族伟大复兴的历史进程中，香港必将作出重大贡献。

(二)“一国两制”的澳门实践

1. 坚持全面准确理解和贯彻“一国两制”方针，严格依照宪法和基本法办事

25年来，澳门特别行政区政府与民众坚决维护中央对澳门的全面管治权，坚定维护国家的主权、安全、发展利益。2009年，澳门特别行政区完成基本法第二十三条规定的立法任务，制定《中华人民共和国澳门特别行政区维护国家安全法》；2016年，全国人大常委会对香港基本法第一百零四条作出解释后，澳门特别行政区主动修订立法会选举制度，增加“防独”条款；2017年，及时完成国歌法本地立法；2018年，设立由行政长官担任主席的特别行政区维护国家安全委员会。正如习近平总书记所指出的，澳门“在贯彻落实‘一国两制’方针和基本法、维护国家安全和统一方面树立了榜样”。同时，澳门特别行政区依法行使高度自治权，广大澳门居民享有比历史上任何时候都更为广泛的民主权利和自由。澳门特别行政区依照基本法行使行政管理权、立法权、独立的司法权和终审权，自行管理特别行政区自治范围内的事务，加入的国际组织从50多个增至100多个，参加的国际公约从150多个增至600多个，以中国澳门名义签署的国际协议分布在经济、贸易、金融、司法协助、民航等领域。澳门特别行政区高度自治水平得到国际社会的普遍认同。

澳门特别行政区政府和社会各界充分尊重宪法和基本法权威，以宪法和基本法为基

础，以国家有关立法和特别行政区法律为主要依据，成功构建起一整套法制统一、权责明确、运作良好的宪制秩序和法律体系。此外，政府、学校和民间社团紧密合作，建立了多元合作、协调统一的宪法和基本法宣传教育体系。回归以来，澳门行政、立法和司法机关严格依照宪法和基本法履职尽责，以行政为主导的政治体制畅顺运行，尊崇国家宪制、尊重基本法权威、维护社会法治的意识深入人心。

2. 坚持集中精力发展经济和改善民生，主动融入国家发展大局

澳门回归后25年时间里，地区生产总值增长近9倍，人均地区生产总值跃居亚洲第一、世界第二。从幼儿园到高中实现15年免费教育，长者、婴幼儿、中小学生、孕妇享受免费医疗，开创了历史上最好的发展局面。近年来，国家给予澳门“一中心、一平台、一基地”定位，支持粤澳横琴深度合作区建设，推动澳门融入国家发展大局。在博彩业“一业独大”经济结构下，受新冠疫情影响，澳门经济遭受巨大冲击，但在伟大祖国的支持下，澳门社会始终保持繁荣稳定，社会各界也更加深刻认识到加快融入国家发展大局、促进澳门经济适度多元发展的重要性和紧迫性。近年来，澳门积极对接共建“一带一路”倡议和粤港澳大湾区建设等国家战略，努力建设世界旅游休闲中心、中国与葡语国家商贸合作服务平台，以及以中华文化为主流、多元文化共存的交流合作基地，着力培育经济增长新动力，拓展经济发展新空间，为澳门特色“一国两制”实践行稳致远注入源源不断的动力。

3. 坚持包容共济，促进爱国爱澳旗帜下的广泛团结

澳门特别行政区历任行政长官、司局长、部门首长等高级官员以及社会各界代表、行业精英，始终高举爱国爱澳的伟大旗帜，牢固树立国家民族观念；始终坚持“一国”原则，正确处理特别行政区与中央的关系；始终把建设好澳门与实现民族复兴的奋斗目标紧密联系在一起，自觉维护国家主体实行的社会主义制度。广大澳门同胞绝不允许任何破坏“一国两制”的行为，坚决杜绝一切危害国家主权安全、挑战中央权力和基本法权威以及利用澳门进行渗透破坏的活动。爱国爱澳已经凝聚成为澳门全社会的核心价值。特别是澳门青年一代，能够正视并衷心拥护主权回归，主动拥抱祖国、信任祖国、依靠祖国，爱国爱澳蔚然成风。澳门将宪法和基本法列为通识教育必修课，爱国爱澳力量在澳门社会生活中始终占据主导（见图7-1）。

图7-1　澳门濠江中学附属英才学校小学生喻彦茜朗读习近平主席的回信

资料来源：新华社。

三、深刻把握新时代党解决台湾问题的总体方略的实践要求

党的十八大以来，习近平总书记就对台工作发表一系列重要论述，作出一系列重要指示批示，提出一系列新理念新思想新战略。党的十九大进一步确立坚持“一国两制”和推进祖国统一的基本方略。习近平总书记在《告台湾同胞书》发表40周年纪念会上系统宣示新时代推进祖国和平统一的重大政策主张。党的十九届四中全会明确坚持和完善“一国两制”制度体系、推进祖国和平统一。党的十九届六中全会首次提出新时代党解决台湾问题的总体方略，内涵丰富、逻辑严密、系统完备，深刻回答了新征程上推进祖国统一的根本保证、历史方位、战略思路、大政方针、政治基础、实践途径、根本动力、必然要求、外部条件、战略支撑等重大理论和实践问题，为新时代解决台湾问题、实现祖国完全统一指明了方向。

（一）把握历史主动，坚定推进祖国统一进程

习近平总书记强调要把握历史主动，创造新的历史伟业。党的二十大报告把握中华民族伟大复兴不可逆转的历史大势，立足党和国家事业发展全局谋划对台工作，提出“牢牢把握两岸关系主导权和主动权，坚定不移推进祖国统一大业”的对台工作目标。党的二十大将有力推进祖国大陆现代化建设进程，我们要发挥历史主动精神，把日益增长的综合实力、显著的制度优势持续转化为推进统一进程的强大动能。报告坚持“和平统一、一国两制”方针，强调“以最大诚意、尽最大努力争取和平统一的前景，但决不承诺放弃使用武力，保留采取一切必要措施的选项”，目的是从根本上维护祖国和平统一的前景、推进祖国和平统一的进程，体现了我们党对民族大义、同胞福祉与两岸和平的珍视，对中华民族前途命运和国家发展全局的深刻把握，彰显了我们的战略信心和定力。

（二）增进人民福祉，深化两岸各领域融合发展

习近平总书记强调要增进两岸同胞福祉，实现两岸同胞对美好生活的向往。党的二十大报告提出“继续致力于促进两岸经济文化交流合作，深化两岸各领域融合发展，完善增进台湾同胞福祉的制度和政策，推动两岸共同弘扬中华文化，促进两岸同胞心灵契合”的对台工作举措，彰显以人民为中心的发展思想、为同胞谋福祉的不变初心。经济文化交流合作是发展两岸关系的“两个轮子”，是促进两岸共同发展、增进同胞亲情福祉的重要渠道，要拉紧两岸同胞利益联结和情感纽带，铸牢两岸命运共同体意识。两岸各领域融合发展是和平统一的基础工程，要在探索两岸融合发展新路上迈出更大步伐，支持福建率先建设两岸融合发展示范区；支持台胞台企抓住党的二十大带来的广阔发展空间和发展机遇，更好融入国家新发展格局、参与高质量发展。台湾同胞与大陆百姓共享福祉，是台胞作为中国公民的应有之义，要积极落实同等待遇，依法保障台湾同胞权益，不断提升其获得感和认同感。中华文化是两岸同胞的根和魂，是两岸关系中最天然的联结、最深沉的力量，也是最牢不可破的纽带，从根本上决定了“台独”分裂必然失败。要共同弘扬中华文化，增强中华文化认同、自信，建设共同精神家园。

知识链接

福建在对台工作全局中具有独特地位和作用。为深化两岸各领域融合发展，推进祖国和平统一进程，支持福建探索海峡两岸融合发展新路、建设两岸融合发展示范区。坚持贯彻新时代党解决台湾问题的总体方略，践行“两岸一家亲”理念，突出以通促融、以惠促融、以情促融，努力在福建全域建设两岸融合发展示范区。充分发挥福建对台独特优势和先行示范作用，善用各方资源，深化融合发展；始终尊重、关爱、造福台湾同胞，完善增进台湾同胞福祉和使台湾同胞享受与大陆人民同等待遇的政策制度；坚持问题导向，突出先行先试，扩大授权赋能，持续推进政策和制度创新；坚持先易后难、循序渐进、持续推进、久久为功，因时因地制宜，支持条件好、优势突出的地区率先试点、以点带面，引导其他地区找准定位、协同增效。两岸融合发展示范区基本建成，福建作为台胞台企登陆第一家园的效应充分显现。融合发展的政策制度体系更加完善，“两岸一家亲、闽台亲上亲”的社会氛围更加浓厚；闽台人员往来更加便捷，贸易投资更加顺畅，交流合作向更宽领域、更深层次拓展；厦门与金门、福州与马祖融合发展示范效应不断显现，平潭综合实验区对台融合作用充分发挥（见图 7-2）。

图 7-2　福建省漳州市闽南茶樱花园

资料来源：“学习强国”。

（三）发扬斗争精神，坚决粉碎“台独”分裂和外来干涉图谋

习近平总书记强调要坚定斗争意志，增强斗争本领。统一就是同“台独”分裂势力和外来干涉势力不断斗争直至最终胜利的过程。一个时期以来，台湾民进党当局坚持“台独”错误立场，拒不承认一个中国原则和“九二共识”，甘为外部势力遏华棋子，不断进行谋“独”挑衅。美国大打“台湾牌”，试图掏空一个中国原则，提升与中国台湾地区的往来层级，加大对台售武，图谋阻挠中国统一和民族复兴进程。党的二十大报告强调斗争精神，划出底线红线，展现敢于斗争、敢于胜利的决心信心。要增强忧患意识，坚持底线思维，敢于斗争、善于斗争，巩固拓展反分裂反干涉斗争成果，坚决挫败“台独”挑衅和外来干涉行径，坚定捍卫国家主权和领土完整，为党和国家事业发展营造稳定的台海环境。

知识链接

国务院台湾事务办公室发言人就台湾地区领导人“5·20”讲话表态

（资料来源：政府网）

国台办发言人陈斌华20日就台湾地区领导人“5·20”讲话中有关两岸关系内容表示，当前，台海形势复杂严峻，根源在于民进党顽固坚持“台独”分裂立场，拒不承认体现一个中国原则的“九二共识”，勾连外部势力不断进行谋“独”挑衅。今天台湾地区领导人的讲话，顽固坚持“台独”立场，大肆宣扬分裂谬论，煽动两岸对立对抗，妄图“倚外谋独”“以武谋独”。要和平不要战争、要发展不要衰退、要交流不要分离、要合作不要对抗，是岛内的主流民意。台湾地区领导人罔顾民意、逆流而动，释放了谋“独”挑衅、破坏台海和平稳定的危险信号，充分暴露了其“台独工作者”的本性。

陈斌华指出，大陆与台湾同属一个中国，台湾是中国不可分割的一部分。“台独”与台海和平水火不容。我们解决台湾问题、完成国家统一的意志坚如磐石，维护国家主权和领土完整的能力坚不可摧，反对“台独”分裂和外来干涉的行动坚决有力。对于任何形式的“台独”分裂行径，我们决不容忍、决不姑息。

陈斌华表示，祖国必须统一，也必然统一。不管岛内局势如何变化，不管谁当权，都改变不了两岸同属一个中国的事实，改变不了两岸关系的基本格局和发展方向，阻挡不了祖国终将统一的历史大势。我们将全面贯彻新时代党解决台湾问题的总体方略，毫不动摇坚持一个中国原则和“九二共识”，团结广大台湾同胞，努力推动两岸关系和平发展、融合发展，坚定不移推进祖国统一大业。

（四）促进团结奋斗，携手共创祖国统一、民族复兴历史伟业

习近平总书记强调团结奋斗是中国人民创造历史伟业的必由之路。党的二十大报告突出团结奋斗的重要性。台湾同胞是中华民族的成员，是发展两岸关系、推进祖国统一的重要力量，岛内爱国统一力量更是其中的中坚力量。我们要团结广大台湾同胞，坚定支持岛内爱国统一力量，共同把握历史大势，坚守民族大义，坚定反“独”促统。两岸同胞血脉相连，是一家人。我们要始终尊重、关爱、造福台湾同胞，绵绵用力、久久为功，增进台湾同胞尤其是青少年对民族、对国家的认知和感情，加深他们对统一有好处、“台独”是绝路、外人靠不住的认识，引导他们自觉投身祖国统一和民族复兴的光辉事业。两岸的事是两岸同胞的家里事，当然也应该由家里人商量着办。我们愿意在一个中国原则和“九二共识”基础上，推进同台湾各党派、各界别、各阶层人士就两岸关系和国家统一开展广泛深入协商，共同推动两岸关系和平发展、推进祖国和平统一进程，创造全体中国人共同的美好未来。

第八章

继往开来：大国建交与大国相处之道

“志之所趋，无远弗届。”历经 75 年接续奋斗，中国外交进入了新时代，站上了服务“两个一百年”奋斗目标和中华民族伟大复兴进程的新起点。面对世界大变局和中国新时代的相互交织激荡，机遇前所未有，风险挑战也在积累显现。中国外交将以习近平新时代中国特色社会主义思想和习近平外交思想为指引，紧紧围绕服务民族复兴、促进人类进步这一主线，坚持并强化党对外交工作的集中统一领导，高举人类命运共同体的旗帜，推动建设新型国际关系；积极打造全球伙伴关系网络，不断深化全方位外交布局。

一、中美建交 45 周年的回顾与展望

2024 年 1 月 1 日是中美建交 45 周年纪念日。在世界经历百年未有之大变局的当下，中美关系何去何从，举世关注。

习近平主席在同美国总统拜登举行旧金山会晤时谈及中美面临的两种选择：一种是加强团结合作，携手应对全球性挑战，促进世界安全和繁荣；另一种是抱持零和思维，挑动阵营对立，让世界走向动荡和分裂。

中美关系是当今世界最重要的双边关系。两种选择代表着两个方向，不仅事关两国人民利益，也将决定人类前途和地球未来。站在两国建交 45 周年的历史节点，中美双方应坚持相互尊重、和平共处、合作共赢，相向而行、继往开来，推动中美关系“再出发”。

（一）中美建交的历史回顾

1979 年 1 月 1 日，中美两国正式建立外交关系，从而结束了长达 30 年之久的不正常状态（见图 8-1）。这是在美国政府接受中方提出的“断交、废约和撤军”建交三原则情况下取得的成果，同时也是两国关系史上具有里程碑意义的大事，由此揭开了两国关系的新篇章，对国际形势和世界格局产生了重大而深远的影响。事实证明，中美建立和发展正常的国家关系，符合两国人民的根本利益，顺应了时代潮流，不仅给两国人民带来巨大福祉，也为亚洲和世界的和平、稳定与发展作出了重要贡献。中美建交也是中华人民共和国与西方关系突破的标志性大事。

人民日报 号外

一九七八年十二月十六日

中华人民共和国和美利坚合众国
关于建立外交关系的联合公报

中华人民共和国和美利坚合众国关于建立外交关系的联合公报

一九七九年一月一日

图 8-1　1978 年 12 月 16 日，中国和美国建交联合公报号外

中美建交过程：

20 世纪 70 年代初，随着国际形势的变化和发展，中美两国领导人清醒地意识到，改善双边关系符合两国的共同利益。

1971 年 4 月 10 日至 17 日，以美国乒乓球协会主席格雷姆 · 斯廷霍文为团长的美国乒乓球代表团应邀访华，这是新中国成立后第一个应邀访华的美国团体。美国乒乓球代表团的访华，重新打开了中美交往的大门，为中美关系的发展奠定了良好开端，因而被称为“小球转动了大球”的“乒乓外交”。

1971 年 7 月 9 日至 11 日，美国总统尼克松的特使、美国国家安全事务助理基辛格秘密访问中国，为尼克松访华铺平道路。1972 年 2 月 21 日至 28 日，美国总统尼克松应中国国务院总理周恩来的邀请访华。毛泽东主席与尼克松横跨太平洋的握手，打破了中美冻结 20 余年的坚冰。尼克松访华期间，中美双方于 1972 年 2 月 28 日在上海发表了《中美联合公报》，即“上海公报”。在公报中，双方回顾了经历着重大变化和巨大动荡的国际形势，阐明了各自的立场和态度，并确定了共同的基本原则。然而，尚未来得及实现中美关系正常化，尼克松就因“水门事件”提前下台。继任总统福特由于各种原因也未能实现中美关系的新突破。

1977 年，卡特入主白宫。基于中国在地区和世界上的作用日益重要这一事实，卡特政府把同中国关系正常化作为它对外政策的主要目标。1977 年 8 月和 1978 年 5 月，卡特分别派国务卿万斯和国家安全事务助理布热津斯基访华，就中美关系正常化与中方进行磋商。1978 年 7 月，中美两国代表在北京开始建交谈判。台湾问题是谈判的关键。1978 年 12 月 13 日，中国领导人邓小平在北京会见了美方谈判代表伍德科克，直接与他就建交联合公报方案交换意见。美方随后提出修改草案，基本满足了中方要求。在关键时刻，邓小平亲自参与谈判，使中美建交谈判在数日内一锤定音。

1978 年 12 月 16 日，中美两国发表了《中华人民共和国和美利坚合众国关于建立外交关系的联合公报》，即“中美建交公报”。中美两国宣布互相承认并建立外交关系。中美建交公报重申上海公报中双方一致同意的各项原则，并决定于 1979 年 3 月 1 日互派大使并建立大使馆。

（二）新时代中美关系的主要特征

认为当下及今后的中美关系是一种新的状态，主要是因为历史条件已经同“昨天”大不相同，更不同于“前天”。这个历史条件除了中美两国都身在其中的世界百年未有之大变局之外，主要是中美两国都有了新的自身定位，即进入新时代。两国自身定位变化直接导致双边关系变化——中美关系也进入新时代。

2017 年 10 月，中国共产党举行第十九次全国代表大会，习近平总书记在大会报告中宣布：“经过长期努力，中国特色社会主义进入了新时代，这是我国发展新的历史方位。”从外交角度看，在中国特色社会主义新时代，中国要全面推进中国特色大国外交。“大国外交”意味着中国在国际舞台上要奋发有为。

从 1972 年至 2018 年，中美总体上是战略合作伙伴，当然伴随着竞争和冲突，双边关系也是跌宕起伏。无论特朗普政府还是拜登政府，都将中国定位为战略竞争对手。虽然中方未被美国“带节奏”，没有在官方正式文件或权威表态中接过战略竞争对手这个定位，而是“强调美方同中方相向而行，共同致力于构建不冲突不对抗、相互尊重、合作共赢的中美关系”，但从双边关系的现实运行情况来看，在美国强调同中国竞争的同时，中国也突出了对美斗争性的一面，两国的战略竞争已经在客观上成为主旋律。战略竞争成为双边关系的主旋律主要表现在，美国在双边关系中是实力较强的一方，而且在对待双边关系上具有主动性、进攻性，而中国作为实力相对较弱的一方，所作所为在很大程度上是对美方有可能损害自己利益行为的正当防卫，既正常又正义。如果将中美关系视为一对矛盾的话，那么美国则是矛盾的主要方面。

相互尊重、和平共处、合作共赢，这是从中美关系发展历程中提炼出的经验，也是历史上大国冲突带来的启示，同样应该成为中美共同努力的方向。

正如习近平主席所指出的，中美关系不是一道是否搞好的选择题，而是一道如何搞好的必答题。世界的未来需要中美合作。作为世界上最大的发展中国家和发达国家，中美要好好打交道，从历史中汲取智慧与力量，推动中美关系实现稳定、健康、可持续发展。

二、中俄建交 75 周年的回顾与展望

75 年来，世界风云变幻，两国也发生了翻天覆地的变化，中俄友好合作关系经受住了严峻考验，不断取得新的、举世瞩目的发展。特别是 20 世纪 90 年代以来，两国关系经历了三个重要发展阶段，从建立“面向 21 世纪的中俄战略协作伙伴关系”，到“平等信任、相互支持、共同繁荣、世代友好的中俄战略协作伙伴关系”，再到“新时代中俄全面战略协作伙伴关系”，两国关系始终保持高水平运行，一步一个脚印，不断迈上新台阶，成为当今世界绝无仅有的对话而不对抗，结伴而不结盟，不针对任何第三方的新型大国关系典范，也成为世界上互信程度最高、协作水平最高、战略价值最高的一对大国关系。一个“典范”，三个“最高”，使中俄关系非常紧密、非常坚实、牢不可破，既给两国人民带来了切切实实的好处，也给世界的和平、安全和发展提供了坚实可靠的保障。

（一）中俄建交的历史回顾

从1949年开始，中俄关系走过了75年的建交史，这是分析当前中俄关系历史逻辑的重要背景，也是理解中俄关系历史逻辑不可缺少的信息来源渠道。回望中俄建交75年的历史，有三个重要的时间节点揭示着当前中俄关系的历史逻辑，它们分别是1949年、1989年和1991年。75年来，中俄之间还有其他很多重要的时间节点，但上述三个节点的标志性历史意义是独一无二的，是深刻理解当前中俄关系历史逻辑的标志性历史事件。之所以认为1949年、1989年和1991年在构建中俄关系历史逻辑过程中具有决定性作用，是因为这三个时间节点分别有着“历史开篇”“历史转折”和“历史经验”的意义。

历史的开篇是指，这三个时间节点均在中俄建交75年历史中起着结束过去，走向未来的作用，掀开了历史新的一页。1949年是中苏建交，1989年是中苏关系正常化，1991年是中苏关系向中俄关系的顺利过渡，三大时间节点都掀开了中俄关系新的一页，由此进入一个新的历史进程。

（二）中俄长期睦邻友好是历史的必然

第一，中俄关系的过去证明了中俄长期睦邻友好是历史正确的选择。习近平主席曾在《踔厉前行，开启中俄友好合作、共同发展新篇章》一文中指出，“中俄关系已经走过70余年风风雨雨。抚今追昔，我们深深感受到，今天的中俄关系来之不易，中俄友谊历久弥新，必须倍加珍惜”。在70余年的风雨中，有中苏“蜜月”时期，有社会主义阵营的团结时期，但是，中苏两国意识形态的辩论、边境的冲突、长期的对抗，作为中俄关系历史上的“反面教材”，始终提醒中俄两国，合则两利，斗则两伤。中俄两国积极地、正面地看待这一“反面教材”，都认识到只有坚持长期睦邻友好才是两国正确的选择，这是基于历史的正确选择。从这一意义上说，中俄坚持长期睦邻友好是历史的必然选择。

第二，中俄关系的现实证明了中俄长期睦邻友好符合历史发展的潮流。1989年中苏关系正常化，尤其是1991年以后，中俄战略伙伴关系不断向前发展，一直到新时代中俄全面战略协作伙伴关系的形成，中俄关系的发展取得了丰硕的成果，达到历史最高水平并持续向前，中俄关系成为周边关系、大国关系的典范。在全球化倒退、全球治理陷入困境、大国竞争加剧、冷战思维回潮的背景下，中俄睦邻友好无论是在大国关系还是区域合作方面都显示出大国的责任与担当。作为大国、作为联合国安理会常任理事国，中俄在相互尊重、和平共处、合作共赢基础上坚持睦邻友好，无疑是站在历史正确一边，引领历史发展的方向。从这一意义上看，中俄坚持长期睦邻友好合作是历史的必然要求。

第三，中俄睦邻友好合作体现出长期性、稳定性与战略性的特点，这是历史发展潮流决定的，同样具有历史必然性。历史长河波澜壮阔，正如习近平主席所说：“我们对时间的理解，是以百年、千年为计。”中俄关系以宏阔的历史视野连接起过去、现在和未来，揭示出中俄关系成熟、稳定、自主、坚韧的历史必然，展现出马克思主义的唯物史观，给世人以深刻启示。2023年3月，习近平主席在访问俄罗斯期间与普京总统会谈时强调，中俄互为彼此最大邻国，同俄罗斯巩固和发展长期睦邻友好关系，符合历史逻辑，是中方的战略抉择，不会因一时一事而改变。世界潮流，浩浩荡荡，尽管世界之变、时代之变、历史之变正以前所未有的方式展开，但是，和平、发展、合作、共赢的历史潮流不可阻挡。我们相信，中俄关系的未来符合和平发展、合作共赢的历史潮流，是历史的必然走向。

总之，中俄关系的过去和现在深深地表明，中俄长期睦邻友好是历史的必然选择，是历史的必然要求，也是历史的必然走向，这是新时代中俄关系深刻而清晰的历史逻辑。

（三）中俄打造大国关系新范式

应国家主席习近平邀请，2024 年 5 月 16 日至 17 日，俄罗斯总统普京对中国进行了国事访问。2023 年 3 月，习近平同志再次当选国家主席后首次国事访问选择了俄罗斯。而 2024 年普京总统启动新的任期并访华。中俄两国元首均把对方作为新任期的首访国家，显示了中俄两国全面战略协作伙伴关系的高质量、高水准与深厚的战略互信。2024 年是中俄建交 75 周年，在历史的长河中看今天中俄关系的健康稳定运行，生动地证明中俄两国打造了与冷战旧时代截然不同的大国关系新范式。

中俄打造大国相处新范式。中俄建交 75 年来，历经风雨，最重要的是找到了两个大国相处的正确之道，那就是不结盟、不对抗、不针对第三方。中俄建交 75 年来，历史上的“反面教材”始终提醒中俄两国，合则两利，斗则两伤。也正因如此，冷战后的中俄关系不断在伙伴关系的道路上深化发展，并走向新时代全面战略协作伙伴关系，中俄大国相处新范式为新型国际关系树立了一个典范。

中俄打造大国合作新范式。习近平主席在 2023 年访问俄罗斯时说，中俄是发展振兴道路上的同道人。中俄坚定地相互支持对方的发展道路与发展模式，俄方支持中方提出的全球发展倡议，支持中方实现中国式现代化，中方支持俄方实现 2030 年前国家发展目标，务实合作、共同发展、互利共赢成为中俄合作的主基调。

中俄打造大国协调新范式。元首外交引领、民心密切相通、国家战略对接是中俄之间大国协调的有效渠道。过去 10 年，中俄两国元首在不同场合会晤 42 次，引领了中俄关系的发展。中俄不同部门、不同层级的沟通渠道畅通，对话频繁，积极落实两国元首的合作倡议。

中俄打造的大国相处、大国合作、大国协调新范式都体现出与冷战旧时代完全不同的特点。中俄关系历经 75 年国际风云变幻的挑战，承受两国双边关系起伏跌宕的考验，发展成为如今互信程度、协作水平和战略价值最高的一组大国关系。植根于两国珍贵的传统友谊，历经重大历史变革而初心不改，中俄长期睦邻友好在务实合作的原则和基础之上，切实保护双方的根本利益，是符合两国人民愿望和两国关系发展的历史必由之路。

三、中法建交 60 周年的回顾与展望

2024 年 5 月 5 日，在赴巴黎对法国进行国事访问之际，国家主席习近平在法国《费加罗报》发表题为《传承中法建交精神　共促世界和平发展》的署名文章。

文中讲道：“今年是中法建交 60 周年。60 年前，戴高乐将军从时代的战略眼光出发，决定同新中国建交。在冷战正酣的背景下，作出这一独立自主决定是极为不易的，事实证明也是正确和富有远见的。中法建交架起沟通东西方的桥梁，也推动国际关系朝着对话合作的方向演变。”（见图 8–2）

图 8–2　中法建交 60 周年

（一）中法建交的历史回顾

1964 年 1 月 27 日，中华人民共和国与法兰西共和国宣布建立外交关系，在全世界引起巨大反响。法国成为西方大国中第一个突破意识形态壁垒与中国共产党领导的社会主义中国建立大使级外交关系的国家。

1959 年，戴高乐就任法国总统，随即开始与北约脱钩，并呼吁欧洲发展独立的防务能力，致力于在美苏争霸的夹缝中争取法国的大国地位。毛泽东对此十分赞赏：“我们很欣赏法国这种独立政策。不能跟随少数大国转，它们说什么就跟着说什么。”“世界在变化，不是一两个大国所能管住的。”与此同时，中国亦不满苏联种种侵犯他国主权的行为，在社会主义阵营中反对苏联修正主义。反对霸权和维护自身利益的共同诉求，最终促使中法开启建交议程（见图 8–3）。

人民日报
RENMIN RIBAO
毛主席就最近日本反美大示威发表谈话
中国人民支持日本人民伟大的爱国斗争
周总理从几内亚到达苏丹
中国和法国决定建立外交关系
两国政府商定在三个月内任命大使
坚决支持日本人民拔除美军基地
周总理将访问埃塞俄比亚
Le Monde
DANS UN COMMUNIQUÉ CONJOINT
PARIS ET PÉKIN ANNONCENT OFFICIELLEMENT L'ÉTABLISSEMENT DE RELATIONS DIPLOMATIQUES
Formose paraît pencher pour la rupture avec la France

图 8–3　1964 年 1 月 28 日，中国《人民日报》和法国《世界报》同时在头版刊登中法两国建交消息

资料来源：外交部。

1963 年 10 月 22 日，作为戴高乐代表的法国前总理埃德加·富尔抵达北京。为对美国保密，戴高乐亲自安排设计富尔去中国的路线。富尔在中国进行半官方“旅行”期间，周恩来、陈毅同其进行了 6 次实质性会谈，双方都认为中法建交的时机已经成熟。1964 年 1 月 27 日，中法两国同时宣布建立外交关系，并在三个月内互派大使，《中法建交联合公报》在北京和巴黎同时发表，这份仅有两句话，45 个字的建交公报，可能是中国外交史上措辞最为简洁的建交公报，但却被西方媒体评价为一次“外交核爆炸”。

中法建交不仅对于两国意义重大，而且带动了美西方世界对华关系的破局。意义更为深远的是，中法两国用切实行动反对霸权主义和强权政治，展现了在两极格局下谋求独立自主的雄心和魄力。在当今美国推动的新一轮"阵营化""脱钩断链"和"新冷战"的复杂形势下，中法建交所体现的独立外交精神尤为值得各国思考和借鉴。

1. 共同谋求发展动力，构建全面战略伙伴关系

长期以来，法国是中国在欧盟内最重要的经贸合作伙伴之一。由于中法关系的特殊性，法国成为对华投资和在华建立合资企业最早的国家之一。受1979—1982年席卷欧美的经济危机影响，法国经济在20世纪80年代呈现停滞状态，大批企业破产，失业率飙升。彼时中国刚刚实行改革开放，具有广阔的市场和巨大的消费潜力，于是法国把目光投向了中国。

1980年10月，德斯坦总统率团访华，这是中国改革开放以来接待的第一位西方大国元首。德斯坦总统提出要使双边经贸关系适应两国良好的政治关系，得到中方积极回应。法国成为第一个与中国签订政府间科技合作协定的西方国家，也是第一个与中国开展和平利用核能合作的国家。1983年5月，密特朗总统在未出访美苏的情况下，首选中国作为欧洲之外的出访国。经过友好协商，中方同意在引进技术问题上对欧洲采取更加开放的政策。如今中国高铁、核电和航空事业实现快速发展，很大程度上得益于与法国的合作。1997年7月，希拉克总统访华，中法就服务业特别是金融业合作达成重要共识，并同意推动建立面向21世纪的全面伙伴关系，这是中国首次与西方大国建立的新型关系。中法关系再次领先于中国与其他西方国家的关系。近几年，在新冠疫情、俄乌冲突等多方因素的影响下，中法经贸关系虽然遭遇了一些波折，但总体保持着良好的增长势头。根据法国统计局数据，2022年中法货物贸易首次突破千亿欧元大关，法国是中国在欧盟的第二大进口国及第四大出口国。

2023年4月，法国总统马克龙率领近百人代表团访华，其中最为引人注目的是包括空客（Airbus）、法国电力集团（EDF）、阿尔斯通（ALSTOM）、欧莱雅（L'ORÉAL Paris）、威立雅（Veolia）、法国巴黎银行（BNP PARIBAS）等在内的60多家法国知名企业组成的经贸代表团。他们此行向世界表明，法国将着力通过加强中法经贸合作，"重启"与中国的全面战略伙伴关系。

2012年，"欢欢"和"圆仔"从成都大熊猫繁育研究基地来到法国博瓦勒野生动物园，开启为期10年的中法大熊猫繁育合作计划。2017年8月4日，"欢欢"诞下雄性幼崽"圆梦"，"圆梦"是首只在法国出生的大熊猫（见图8-4）。2023年7月25日，"圆梦"返回中国。

图8-4 "中法和平使者"

资料来源：新华社。

2. 彰显大国责任担当，携手应对全球风险挑战

历史总是惊人的相似。进入 21 世纪，国际格局加速分化演变，中法关系面临新的机遇和挑战。特别是近年来，美国在维护霸权的目的的驱使下，全面调整对华政策，开展对华战略竞争，并反复施压盟友以牺牲自身利益为代价选边站队，共同遏制中国。同时，欧洲自身也面临一体化的困境和多重叠加危机。在“跨大西洋联动效应”作用下，欧盟开始追随美国对华政策，加入美国发起的贸易战、科技战、金融战，提出对华“去风险”策略。欧洲又被动地陷入大国对抗的夹缝之中。

在此背景下，法国总统马克龙呼吁欧洲要提升自身能力和韧性，坚持战略自主，建设“主权欧洲”。法国再次体现出独立的大国思想和欧洲意识。习近平主席支持欧洲战略自主，他多次强调，中方对欧政策保持稳定连贯，希望欧方形成自主的对华认知，奉行自主的对华政策。面对当前地区冲突、气候变化、经济衰退、逆全球化等重大国际问题，中法两国也取得了一系列共识。2023 年 11 月 24 日，中法碳中和中心正式启动，向世界发出中法加强绿色科技合作、携手应对气候变化的有力信号。

（二）中法关系的战略性特征

第一，中法关系具有鲜明的战略性。中国和法国都是对世界格局具有重大影响的国家：中法同为联合国安理会常任理事国，又都是核大国，法国是欧洲的“领头羊”，中国是最大的发展中国家，两国的文明文化都在世界文明格局中占有一席之地。就中法关系对世界的影响而言，无论是在冷战国际体系下中法建交，还是在后冷战国际体系下中法确立战略伙伴关系，都是对国际体系具有战略性影响的举动，牵动着国际战略平衡和大国关系格局。在双边关系层面，中法两国都在对方的对外战略格局中占有特殊地位，两国领导人始终从战略高度看待对方，从战略上定位和处理双边关系。与其他大国关系相比，中法关系历来具有突出的战略性。

第二，战略自主是中法关系的基础。中法两国的战略影响、中法关系的战略性来源于两国在战略上的独立自主。中国和法国是奉行独立自主外交政策的典型大国，都强调国家主权和独立的重要性，强调将国家命运和内外政策的决定权掌握在自己手中，坚决反对超级大国和霸权国家对国际事务的垄断和操控，主张多边主义、世界多极化和国际关系民主化。这种独立自主的精神深深植根于两国的民族精神和战略文化。没有战略上的独立自主，中法就不可能赢得尊重，不可能有国际体系中的影响力。没有战略自主，中法不可能打破社会制度、意识形态和联盟体系的制约发展彼此关系。相似的战略自主诉求和独立自主的精神是中法建立和发展战略关系的重要基础。在冷战国际体系下，战略自主体现为中法在各自阵营中对美苏霸权的反抗。在后冷战国际体系下，战略自主体现为两国对单边主义和霸权政治的抵制。

第三，战略引领是中法关系的独特价值。中法总是在国际关系中敢为天下先，这是中法关系的又一显著特征。这种引领性首先体现在中法关系对中欧关系和中国与西方国家关系的引领作用上。冷战国际体系下，法国是西方大国中第一个同新中国建交的国家，撬动了中国与欧洲乃至与整个西方世界关系的突破。后冷战国际体系下，法国不仅首先与中国

建立起战略伙伴关系，还促进了欧盟对华政策的“法国化”，推动中欧建立全面战略伙伴关系。中法关系在中欧关系中具有举旗定向的作用。中法关系的引领性还体现为中法共同推动国际关系的民主化和全球善治。中法两国是应对全球性问题的积极推动者，在气候变化、维护和平、发展援助等全球治理领域发挥着重要的引领作用。全球治理成为中法合作的主要领域。

第四，坚持从战略上认识和把握双边关系是中法关系健康稳定发展的保障。60 年的历程并非一帆风顺，中法关系也曾经历起伏甚至危机。总结历史的经验教训，我们不难发现，相互尊重，坚持从战略高度认识对方、把握关系，中法关系就能健康稳定发展；一叶障目、短视逐利，中法关系就容易受到意识形态、人权等问题的干扰破坏，容易受到其他大国的牵制，走下坡路甚至出现严重倒退。站在战略的高度，就能克服短期利益的诱惑，遵守政治共识，妥善处理涉及彼此核心利益的问题；站在战略的高度，就能克服身份障碍和竞争焦虑，聚焦共同面对的挑战，推进全球和地区问题的解决。

（三）中法打造更加牢固、更富活力的全面战略伙伴关系

世界正经历百年未有之大变局，世界、时代、历史以前所未有的方式加速演进。面对国际格局的深刻复杂变革，面对各自国家发展改革的艰巨任务和人类社会新的复杂挑战，作为两个有担当的大国和有抱负的民族，如何继往开来，在新的大变局中打造更加牢固、更富活力的中法全面战略伙伴关系，考验着两国的胸襟和智慧。

第一，中法战略合作面临新的空间与契机。百年变局下国际权力格局呈现新的特征，大国竞争加剧、地缘政治回归、热点问题爆发，不确定性、不稳定性剧增。尽管在新的大国竞争中法国的国家实力不比从前，然而大国关系的调整，尤其是中美战略博弈态势的出现，使得法国和欧洲的战略价值再度凸显，法国和欧洲也面临在中美之间选边站队的战略风险和战略困境。推动构建总体稳定、均衡发展的大国关系格局离不开中法之间的战略协调和合作。在国际秩序的重整方面，同样离不开中法之间的战略协调和合作。中法在国际秩序改革方面的共识是在诸大国中相对较多的。地区热点问题的解决同样离不开中法之间的战略协调和合作，中法都坚定主张多边主义、政治解决和平衡公道的原则。

第二，在新形势下确立客观正确的战略认知。对法国而言，需要消除意识形态和政治制度的偏见，以更加包容平等的态度认识中国的崛起和中国式现代化道路，需要理性看待国际力量对比的变化，充分重视中国在推动国际秩序变革和全球治理中与日俱增的影响力和塑造力。在气候、环境、多边主义等事务上，法国高度重视中国的地位和作用。2016 年，具有历史性意义的《巴黎协定》生效，时任巴黎气候大会主席法比尤斯告诉记者，中国为《巴黎协定》的达成作出了历史性贡献。2023 年 6 月，新全球融资契约峰会在巴黎召开前，法国外交部官员在媒体吹风会上说，中方的参与对会议成功至关重要。会后，法国总统马克龙、总统外事顾问博纳、外交部部长塞茹尔内又在不同场合表示，希望邀请中方支持峰会成果（见图 8–5）。

图 8–5 2023 年 6 月 23 日上午，国务院总理李强在巴黎出席新全球融资契约峰会闭幕式并发表讲话

资料来源：新华社记者刘彬摄。

对中国而言，需要尊重法国的大国地位，充分重视法国在大国战略格局中的分量和在欧盟中的领导地位，重视法国作为地缘政治大国在广大发展中国家的影响力，重视法国倡导的多边主义和文明多样性在世界文明格局中的积极作用。

第三，继续发挥战略引领的独特优势。中法要继续引领中欧关系健康稳定发展。由于英国“脱欧”和德国领导力相对削弱，以及东欧与西欧关系的变化，法国在发展中欧关系中的作用上升。中法要积极作为，引领欧盟树立正确对华认知，处理好竞争与合作的关系，在共同防止阵营对抗、世界分裂和遏制“新冷战”方面发挥积极作用，以中法关系的不断提升对中欧和平、增长、改革、文明四大伙伴关系发展形成示范和带动作用。新形势下，中法还要超越中欧双边范畴，在更广泛的全球领域发挥引领作用。中法可以努力成为新旧大国非对抗性关系的范例，可以成为通过协调合作实现国际秩序新旧转换的伙伴，可以成为差异性文明对话交流的典范，最终以中法关系影响甚至引领新型大国关系和新型国际关系的构建。在全球治理领域，中法要继续高举真正多边主义的旗帜，在气候变化、能源、地区安全与全球发展等重点领域发挥引领作用。